U0433616

“十一五”国家重点图书出版规划项目

BAINIAN XUEAN DIANCANG SHUXI **百年学案典藏书系**

周中新 主编

WANGGUOWEI SHIJI KUHUN

王国维：世纪苦魂

王國維

NGGUOWEI SHIJI KUHUN

王国维：世纪苦魂

夏中义 著

图书在版编目(CIP)数据

王国维:世纪苦魂/夏中义著.—北京:北京大学出版社,2006.1
(百年学案典藏书系)
ISBN 7-301-10065-5

Ⅰ.王… Ⅱ.夏… Ⅲ.①比较美学—研究 ②王国维(1877—1927)—美学思想—研究 ③叔本华,A.(1788—1860)—美学思想—研究 Ⅳ.B83

中国版本图书馆 CIP 数据核字(2005)第 129970 号

书　　　名:王国维:世纪苦魂
著作责任者:夏中义 著
书 系 统 筹:王炜烨
责 任 编 辑:王炜烨
标 准 书 号:ISBN 7-301-10065-5/G·1740
出 版 发 行:北京大学出版社
地　　　址:北京市海淀区成府路 205 号　100871
网　　　址:http://cbs.pku.edu.cn
电 子 信 箱:xuyh@pup.pku.edu.cn
电　　　话:邮购部 62752015　发行部 62750672
　　　　　　编辑部 62750673
排　版　者:北京高新特打字服务社　82350640
印　刷　者:三河市新世纪印务有限公司
经　销　者:新华书店
　　　　　　787mm×1092mm　16 开本　18.75 印张　235 千字
　　　　　　2006 年 1 月第 1 版　2006 年 10 月第 2 次印刷
定　　　价:33.00 元

总序

Preface

夏中义

研究百年中国文论史案，是我这辈子最想做的事。我已为此工作了十余年。

1

始原意向最早可追溯到上世纪80年代末。逼近世纪末的我痛感中国现当代文学研究格局的"不对称"。这就是说，百年中国文学这辆车，本有两个轮子，一是作家—作品，一是思潮—理论，且学者暨批评家为百年文坛留下的世纪性痕迹，并不比作家浅，但他们在当今学界所承蒙的重视程度却远不如前者。只需一瞥当年学术力量的分布，你不难发觉，无论北京大学（钱理群、陈

>>>>>>>>>>>>>>

平原、洪子诚)、中国社会科学院(赵园),还是华东师范大学(王晓明)、复旦大学(陈思和),那群才子才女皆倾心于作家—作品;对同样亟待系统评述的思潮—理论,则用心者甚少。后至20世纪90年代中叶,虽陆续有北京大学温儒敏著《中国现代文学批评史》、复旦大学吴中杰著《中国现代文艺思潮史》、苏州大学刘锋杰著《中国现代六大批评家》等问世,但与热衷作家—作品的豪华阵容相比,犹嫌单薄。如此境况,弊端有二:一是创造了百年文论的那几代批评家,本是以评论奠定其历史影响的,却长年得不到后人的精心勘探与郑重评估,这似有失学术公正;二是着眼于学科建构,若作为百年文学的有机构建的百年文论迟迟得不到学术善待,则整个20世纪中国文学史乃至中国现代知识分子精神史研究,都难免有遗珠之憾。

在我看来,百年中国文论史研究当是对郭绍虞20世纪40年代所奠定的中国文学批评史的学术延展。曾被学界定为二级学科并设相应博士点的中国文学批评史,最初在郭绍虞那儿是从孔子文学观写到桐城派,嗣后其弟子将其尾声延伸到王国维的文学批评。其实,王国维主要撰于1904年—1908年间的人本—艺术美学(其代表作是《人间词话》),既是延绵千年的古代、近代中国文学批评史的最后一幕,同时也是昭示20世纪中国现代文论的光辉序曲。故潜心于晚近百年文论之史学爬梳,无疑是对中国文学批评史这一先贤学业的殷实传承与发展。毕竟作为历史真实展开的中国文学批评史并没有终止于晚清,故后学也就有理由不惮续貂之尾。

2

治百年中国文论，门径有二：或通史，或个案。我独钟个案。

不是不想做通史，而是怕缺乏史案研究之沉积的学术史写作是无根的，因浮滑而轻飘，失却史的凝重。我甚至以为，面对某一有分量的课题，你若无意投入相应的心力，那你最好不去轻率地惊动它。你不碰，让它继续沉睡藏书楼或档案馆，它或许还是干净的，尚未被弄脏——这便酷似恋爱：当你还没有充分的精神准备为她的纯情负责时，你可默默地体味你对她的"喜欢"，但无权走近她说"爱"，因为爱是需要责任感的，它与敬畏相连，不含敬畏的爱近乎轻佻。

本人所以情系个案，除谨防学风浮躁、恐亵渎百年文论遗产外，另一根由是确认百年文论实是一叠多卷本的陈年老账，本由诸多分账合成，故若一笔笔细账不理清，便贸然纵笔春秋，其后果，除了将通史搅成一派混账或让通史濒临空白（所谓"开天窗"，又曰"避席畏闻文字狱"）外，第三条路便只能是人云亦云，甚至起邪念，伸手剽窃了。所以，还不如用平常心做个案，挨个儿做，虽慢，但坚实，较靠得住。

这就是说，映在我脑海里的百年文论，与其说是一幢结构精湛、保存完好的古堡，毋宁说是一片劫后残存的废墟：悲风落木，残垣断壁，被夕照抹得血红的荒草掩埋着苍苔浸润的石阶……个案研究的使命，便是将散落野地的青砖白玉、柱础门楣，尽可能地悉数打捞，细心洗刷，并将其一一还原出昔日楼宇的沉雄或幽美。若无个案的局部还原之累积，百年文论的整体通史之重建，恐属海市蜃楼。

3

我治百年文论史案，至20世纪90年代中叶，实绩有二：

一、先抓20世纪中国现代文论之发生，也就是算清青年王国维美学这笔账，其成果是《世纪初的苦魂》(上海文艺出版社，1995年)。这是海内外学界第一部尝试用文献—发生学方法，来系统探究王国维人本—艺术美学与叔本华哲学之关系的比较美学专著。

二、我抓的另一头是新时期文论重估，其成果是《新潮学案》(上海三联书店，1996年)。新时期文论无疑是百年中国文论史的厚重一页。此书所评述的诸位学人，如李泽厚、刘再复、刘晓波、刘小枫等，皆是学界公认的新潮文论作者，既然他们曾或深或浅地影响了新时期思潮，其人其说也就不再是纯个体存在，而已转化为不乏学术史、思想史意味的学案，或者说他们已进入历史且凝为历史本身。

20世纪80年代的新时期文论，其成就、其教训，对百年中国文论史来说，分量不轻。若与五四新文化运动时的文论相比，新时期文论无论在方法更新、观念突破、学科重建、学人阵容与思潮规模上，都不是“五四”文论所能比拟的。新时期文论已给百年中国文学史乃至思想史留下了厚重遗产。我所以格外珍视这份遗产，乃至情不自禁地去整理且重估它们，是因为我想到自己不仅参与了这笔遗产的创造，同时也是这笔遗产的守望者兼反思者。我在那时曾亲眼看到一群年轻的与不太年轻的学人在怎样创造他们的历史，我还以一个过来人的眼光，重新打量这段刚刚辞去，似还带着我的体温的历史。仅仅事隔数年，便来重估新时期文论，或许早了些。我承认，当后人描述这段历史时，他们所占有的材料可能比我详尽，打量历史的眼光可能比我冷静，评判历史的视野可能比我开阔，但有一点——他们永远不可能像我（们）过来人那样，拥有创造这段历史时的生命冲动，也不可能具有我（们）反思这段历史时的殷切、深切与痛切。所以我相信，后人治史时是愿一读我留下的《新潮学案》的。

4

我主张将文献—发生学方法引入百年文论史案研究。

文献—发生学方法作为一种学术思维原则，其特点在于，对给定个案（它在百年文论史框架呈示为人格载体，即学者或批评家）的研究须分两步走：

首先，在文献学层面予对象的理论（含批评）以整体性逻辑还原，即从百年文论演化谱系出发去陈述“他是谁”，与先哲和时贤相比，他为学术史—思想史贡献了什么，及其赖以贡献的知识学背景又是什么——这势必要求在文献学层面

>>>>>>>>>>>>>>

下苦功。因为你若不细嚼慢咽其主要著述，将无计享有发言权。无怪某些连通读一本书的耐心都没有，便下笔万言的恣肆汪洋者，一般不屑染指个案。

其次，又不止于文献学层面的陈述，而是旋即沉潜到心理学层面去探询对象，为何他能在百年文论史的"这一个"时段做出"这一个"理论（含批评），亦即勘探对象的学术行为赖以萌动与展开的直接心理动因——我将此称之为发生学研究。假如说，文献学研究旨在陈述对象"是什么"，那么，发生学研究则重在追问对象"为什么"。诚然，文献学研究与发生学研究，本是两种既可独立生成，又能互渗互动的操作水平，但一俟凭借方法的自觉，将上述异质水平的两大环节相耦合，便能使学问的触角坚韧地由表及里，由浅入深，独辟蹊径，别有洞天。

不妨以王国维美学研究为例。海内外学界几乎无人不知王国维的美学建树离不开叔本华哲学的背景，故王国维美学研究之难点，不仅在于从文献学角度确认王国维到底从叔本华《作为意志和表象的世界》一书中接受了什么（佛雏撰《王国维诗学研究》之学术贡献即在于此）；其难点还在于，同时要追问青年王国维为何在1902年—1904年间如此痴迷叔本华哲学中的"人本"忧思，且如何在扬弃西方哲贤的基础上，再创出有中国特色的现代人本—艺术美学的；并进而深究，几乎在整个20世纪，大陆学界为何迟迟未对上述关系给出系统的科学剖析——这一切当是发生学研究应肩负的责任。

5

若着眼于思维艺术，则文献—发生学在方法论层面的创意至少有二：

一是为学界治学术—思想史提供另种“写法”。学界惯常将学术—思想史描述为纯粹概念或范畴发生与演化的历史。至于这些概念或范畴是如何在人脑中酝酿且发展的，这并不重要，因为英雄是时势造成的，某人不扮演时代思潮的主角，自有他人顶替，特定时代需要有人来做它的大脑或喉舌，这是必然的，也很重要；谁来充当大脑或喉舌，则是偶然的，不太重要。明眼者一看便知这是黑格尔式的思想史观。这一史观模式的优点是，能在思辨逻辑水平上清晰地勾勒人类概念或范畴的辩证演进过程；其缺点是，由于疏忽了对概念或范畴的发生学研究（即为何是“这一个”而非“那一个”思想家来充当时代发言人），这就使上述史观成了某种漠视思想家主体价值的史学模式，仿佛思想家仅仅是时代精神赖以学理地显现自身的临时道具。犹如冰棍的包装纸，一旦想吃冰棍，包装纸也就甩了。若转换视角，学术—思想史是否首先是学者、思想家创造的历史？若是，则学术—思想史就不会被动地、单向度地受制于政治、经济与传统文化背景，而是政治、经济与传统文化背景须通过学者、思想家这一中介对学术—思想史发生作用。也因此，学者、思想家的个性追求或灵魂跌宕就不再是纯偶然因素可忽略不计，相反，它很可能变成学术—思想史演进到某一时段的人格符号。

文献—发生学方法的创意之二，是它能建设性地校正“历史决定论”对“论世知人”法则的机械阐释。要害是在对“世”作何界定。若“世”字并不泛指在背景意义上推动民族或社会演化的那种宏观时势，而是特指缠绕于给定人物的，能具体影响其人格、命运的那些现实关系或微观境遇，那么，同一宏观时势辐射到每一个体周围，所形成的微观境遇不会绝然等同，而每个人的生理禀赋、心理素养和价值期待又不尽一致——这就可能排列组合出千姿百态的主客关系。只有这现实关系才是给定个体所处的真实世界。他对此世界的感应、体悟与评判，才是其生命存在之本相。这就提醒学界，所谓“历史决定论”之“决定”一词，拟作宏观大趋势解。至于对微观个体而言，则历史大体是为个人提供了某一可能的机遇、舞台或空间，而决不是像幕后人操纵木偶的一举一动那样，直接强制个体命运。即使个体难逃历史浩劫，则该浩劫也得通过现实化的微观境遇中介，才能最终落到个体头上。所以，教条化的“知世论人”委实不同于发生学方法：假如说前者企图以历史时势来僵硬地穿凿个体命运；相反，发生学方法则主张可从微观定势角度来描述个体为何及其如何感应上述宏观时势——以免将个体沦为一面只配被动反射历史的镜子。

6

将文献—发生学方法引入百年文论史案研究，其结果不免会把包括百年文论在内的20世纪中国人文学术史视为现代知识分子用逻辑—术语来书写的精神史或灵魂史。若以此眼光来细读百年文论，则不难析出学理句式背后所蕴藉、所纠缠的人文情怀或政治情结，不难析出学者、批评家在不同时期的激情与忧患、梦想与困惑……如此读来，则原先被织进沉寂思辨网络的百年文论，也就将激活其曾有的脉动与体温。这一切本是数代文论家注入历史的人格激素。于是，百年文论也就从根本上显露其赖以躁动及其圆寂的精神血缘；于是，远逝的历史也就被唤醒，重新活在新世纪的视野。

如此活泼泼的、几近呼之欲出的史案描述，还是"历史"吗？但带引号的"历史"未必等同历史。当学界惯于将血肉丰满的历史剪辑成干巴巴的"大事记"（实为资料长编），且将此命名为"历史"时，这是否历史的异化？若静心回眸历史，当历史作为昔日的现实，或轰轰烈烈或缠缠绵绵地被创造时，哪一桩，哪一件，不情系人类的怒发冲冠或柔肠寸断呢？为何非要把历史制成心理过滤器，并进而将历史赖以感奋而勃发的人类精神本源也遮蔽掉不可呢？中华史学鼻祖司马迁的《史记》所以好读，原因之一，就是因为它决无上述"历史"之枯涩。

从某种意义上说，也可谓百年文论史案研究，是在当今语境，用白话文暨现代学理语式，来撰写20世纪中国文论的《史记》。历史是人创造的，但曾几何时，参与历史创造的人成了"人物"，这倒是历史成全的。这也有点像"摸着石头过河"：治史犹如过河，历史河床是由大大小小的石头累代沉积而成，那石头便是曾参与历史创造的大小人物。当《史记》把一个个风流人物写活了，沉睡的历史也就被司马迁激情地唤醒。

师承先哲，后学在治百年学案时，也可按其在20世纪中国文论史的实绩、地位与影响，把那些有历史含量的学者和批评家，分“本纪”、“世家”、“列传”等档次来写。以左翼文论为例。在百年文论框架中，恐怕没有比它的脉络更源远流长的。其历史演化形态（诸如萌芽、发育、成熟与衰变）也最完备甚至典型；其标志性人物更是“江山代有才人出”，而繁衍成强势谱系：从瞿秋白、茅盾、郭沫若、成仿吾、阿英、冯雪峰、周扬、胡风、毛泽东、何其芳……若按上述对象对左翼文论乃至20世纪中国精神文化影响的深广度而言，则真正能上“本纪”档次的，大概只有胡风、毛泽东，瞿秋白、阿英、周扬、何其芳等堪称“世家”……他们都值得做“史案”研究，或一案一书，或数案一书，犹如精心凿成的石方，假以时日，累积到丰厚程度，相信日后有人筑百年文论史碑（通史）时，会用到它们。

7

历史是累代沉积而成的，治史也颇讲究积累，如此丰繁厚重的史案研究，绝非个人的毕生便能胜任，这就亟需珍视学界自20世纪90年代以来的同类型的优异成果。我所以强调“20世纪90年代”，因为大陆学界对百年文论的史案研究意识，似乎是从那时才转为清醒的，且新著迭出。艾晓明著《左翼文论思潮探源》(湖南文艺出版社,1994年版)、刘锋杰著《中国现代六大批评家》(安徽文艺出版社,1995年版),便是其中的佼佼者。书是10年前出的,事隔10年再读,仍觉耳目清新,有“陌生化”效果,不仅发前人所未发,也长时未见后来者在相同课题已奋然赶上的。这似表明,优质学术文化创造毕竟不同于工业流程运作。因为它无计按权力意志的预设,作集约化、大规模的批量复制。物以稀为贵。什么叫卓尔不群?这就是。所谓“疾风知劲草”,所谓“吹尽狂沙始到金”,无非是说,若鉴定某精神产品珍贵与否,是需要时间的。时间是流水,是不懈地洗刷泥沙与泡沫的波澜,以其沉凝的深蓝来凸现傲岸的红崖。

对学者来说,没有比其著述可能“传世”更具诱惑力了。传世,作为学术文化的代际传承,恰恰与时间有关。某精神存在若想融入传统而堪称“文化”,不经百年磨砺,几无可能。百年的时间长度,正巧暗合三代人的代际传承。这就给人以如下启示:一部好书,有否足够的经典性,固然得承受百年证伪。但为了让这长距证伪变得可操作,学界往往将百年裁为三截,设头30年为第一考察期,亦即某书若在问世30年后仍为学界所看好,且公认它是相应学科史乃至学术史赖以奠基与发展的重大标志,应该说,此书离“传世”不远矣。若再进一步,则不妨设想,一部能历经30年传阅而不败的书,在其问世后的头10年,也应是既在学界留下深刻痕迹,而又经得起岁月回味的。因为大陆学界颇多动辄制造“轰动效应”者,他们不在乎该“效应”是否转眼便明日黄花。艾晓明著

《左翼文论思潮探源》、刘锋杰著《中国六大批评家》当不属如此欺世之书。它们是货真价实的。当然，眼下谁也无权断定它们必将传世，但一部所谓“好书”，在日常语境条件下（除却战乱或动乱），若经不起学界的10年记忆，估计也就“好”不到哪儿去。

8

学术积累的途径之二，当是竭诚提携与激励学生投身史案研究，且善于诱发他们的潜在勇气与韧劲。学界一直有“长江后浪推前浪”之说，这是生物进化论式的隐喻；若着眼于学术教育论，则我更欣赏“长江前浪催后浪”，一个“催”字，将学人理应担当的韩愈《师说》中的三重天职，所谓“传道”、“授业”、“解惑”，全浓缩其中了。

“授业”、“解惑”似乎好说，难的是“传道”。所谓“技进乎艺，艺进乎道”，也表明“道”是比“技”与“艺”高得多的境界。然境界再高，也可化做点点滴滴、静水流深的日常生存细节。古人云，担水砍柴，无非妙道。一个人若仅仅在词语水平背诵“道”，并不难，也不说明他真已得“道”。因为“道可道，非常道”，那种只用于耍嘴皮子，说说而已，并不诉诸生存的“道”，当然不是能让人安身立命的根基。“学人以学为本”，六个字，简明得谁都会说，但真正做却很难，因为它需要你抵押一生的追求与精力。

人生有涯，一个人其实没有多少年可活，即使高寿如冯友兰九十有五，依然未脱古诗所叹息的“人生不满百”。一个学者毕生也没有多少书可写，倘若爱惜羽毛，不甘违心地“修辞立其伪”或炮制印刷垃圾，则能否在刻苦师承先哲旧学的基石上“照着说”之同时，再呕心沥血地“接着说”出创见，当是甄别学人的学术品格纯正与否的关键所在。

从这意义上，倒可说百年学案研究，很可能是有效提纯学生的学术素质的精神坩埚。因为我要求学生做博士学位论文时，务必舍得在选定的史案身上全身心地投入三年，有的甚至六年（假如硕、博连读的话）。这就不是在百米跑道竞一时之秀。这是学术的长跑，跑一长串的马拉松，比耐力，比意志，最后是比底气，比你对“学人以学为本”的价值自觉与生命承诺，亦即比你的人格根基是否恢弘沉毅。除却百年一遇的天纵之才，可以说，在当今心性普遍浮躁的大陆学界，谁真能沉住气，真能“板凳甘坐十年冷，文章不写一字空”，慢工出细活，谁就最有可能赢得学界的尊重。以前常听人说，有意练功，无意成功。其实，认真“练功”者离“成功”的距离，从概率上说，总比花里胡哨的三心二意者要近得多。这不是出于机会主义的算计，这是真正的“天道酬勤”，也是学界应有的公正。历经如此严格训练的学生，即使日后因故辞别学术，他也定然对学术心存谦卑，因为他曾亲证过学术的不易、坚韧与尊严。他明白，一个纯正学人，作为学术所化之人，不仅仅是一种职业或社会角色，更在表证某种严肃的生存方式。

9

总之,两句话:就学科建设而言,百年学案研究,无疑是在为学界时贤或后人撰写20世纪中国文艺理论史提供殷实的学术—思想资料;就学统自律而言,我委实想借净化日常学术之行为,以活出角色价值之纯正。

2005年夏于沪上学僧西渡轩

目录

Contents

>>>>>>>>>>>>>>

外篇

王国维

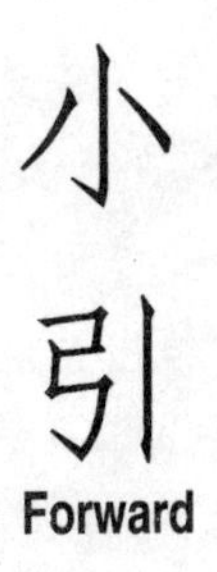

Forward

本书实为一部比较美学专著。

因为从美学上看，王国维是身兼二职：既是20世纪中西美学关系史的开山祖，又是中国现代美学的奠基者，堪称“创世纪”。但所有这一切，是王国维在20世纪初便基本完成的。当时王国维正年轻，其灵魂正经历着青春期所特有的忧生之苦。可以说，忧生之苦既是王国维师承叔本华哲学的心理动因，同时也是王国维所再创的人本—艺术美学之魂。故，书名为《王国维：世纪苦魂》。

本书重在探讨叔本华与王国维美学的关系。对王国维美学建构有影响的西方哲学家，诚然不只叔本华一家（还有康德、尼采等），但就影响的深广度而论，非叔本华莫属。

对叔本华与王国维关系进行比较美学研究，其难点

>>>>>>>>>>>>>>

不仅在于确定王国维到底从叔本华那儿接受了什么,还要追问王国维为何师承叔本华,且在传承西方哲贤的基础上,又如何再创出有中国特色的现代人本—艺术美学的;并进而深究,从20世纪初至今,学界为何迟迟未对上述关系给出系统的科学剖析,或王国维美学为何在身后屡遭冷遇与曲解,犹如“宿命”。本书分内、外两篇,内篇写王国维如何“创世”,外篇写王国维为何“宿命”。

内篇

>>>>>>

第一章

王国维人本—艺术美学的思辨基点源自叔本华

为什么称王国维美学为人本—艺术美学？为了突出其再创性。

王国维美学著述，严格地说，可分两部分：一是他对西方哲贤的单纯译介，不含他的独特见解；二是他对西方哲贤的创意性理解与发展，具有再创性。

王国维美学的再创性体现在方法与对象两方面。方法是指王国维对气盖宇宙的叔本华"意志说"作了人本主义的解读，即从人本位角度去吸吮叔本华哲学营养，进而将叔本华"对人生的苦痛的审美超越"定为自己美学建构的思辨基点；对象是指王国维用上述基点或思想方法去阐释民族艺术现象，从而创立了迥异于西方，却又中西合璧、古今融会的中国人本—艺术美学。

王国维美学作为一种准体系结构，内含"天才说"、"无用说"、"古雅说"与"境界说"四大板块。人们发现，王国维的再创性确像血脉贯穿于依次展开的各个板块，即处处用艺术美学的语言在诉说人生的沉郁、凄美与省悟。

第一节
“天 才 说”

“天才说”是王国维的审美—艺术主体论。

王国维眼中的“天才”实有双重身份。首先,“天才”是审美力与艺术造型技能的人格表征,即只有“天才”才具备审美力与艺术技能。因为在他看来,芸芸众生皆被人生欲念之不足而引起的苦痛所压倒,因而,他们惯于以直接或间接的功利眼光来打量世界万物。假如不用势利眼,而以审美目光来观物,“自然界之山明水媚,鸟飞花落”。“人类之言语动作,悲欢啼笑,孰非美之对象乎?”王国维以为不行。他说:“然此物既与吾人有利害之关系,而吾人欲强离其关系而观之,自非天才,岂易及此?于是天才者出,以其所观于自然人生者复现之于美术(即艺术——引者)中,而使中智以下之人,亦因其物之与己无关系,而超然于利害之外。”“故美术之为物,欲者不观,观者不欲;而艺术之美所以优于自然之美者,全存于使人易忘物我之关系也。”[①]

①《王国维遗书(三)》.上海:上海书店出版社,1983,第419—420页

有趣的是,王国维没有读过马克思,但他通过审美与功利之比较来界定“天才”的内涵,不禁使人想起马克思《政治经济学批判手稿》将人类把握世界的精神方式分成“科学”、“艺术”、“宗教”与“实践—精神”四类这

一精辟思想。因为王国维审美—艺术的非功利性及其实践的功利性之观点，似与马克思有不谋而合之妙。也正因为王国维认定旨在实现或满足人生欲念的实践皆具功利性，故他又把人类眼光（即精神活动方式）分为“政治家之眼”与“诗人之眼”：“政治家之眼，域于一人一事；诗人之眼，则通古今而观之。”[①]绝对地说“政治家之眼，域于一人一事”诚然不确，但我猜王国维本意，大概是想强调政治家往往着眼于现存秩序的巩固或变动，而无暇像诗人那样超越人事功利，而对宇宙人生作审美俯瞰吧？此为“天才”含义之一。

王国维“天才”还有另层意思：将“天才”奉为卓绝大师的代名词。譬如在中国文学史上，王国维就以为：“天才者，或数十年而一出，或数百年而一出，而又须济之以学问，帅之以德性，始能产真正之大文学。此屈子，渊明，子美，子瞻等所以旷世而不遇也。”[②]显然，这已不是从人类精神方式的类别即美学原理层面来界定“天才”，而是落实到艺术美学层面来界定“天才”了。这似乎说，并非所有能摇笔杆的迁客骚人皆为“天才”，而只有少数仰首一赋，“遂关千古登临之口”的巨匠才无愧为“天才”[③]。

王国维对“天才”的这一双重定义现象，在他评述李煜词时曾反复出现。为什么“词至李后主而眼界始大，感慨遂深?”王国维认为，原因首先是李煜“不失其赤子之心”，“故生于深宫之中，长于妇人之手，是后主为人君所短处，亦即为词人所长处”；故又谓：“后主之词，天真之词也；他人，人工之词也。”[④]很明白，王国维判断李煜的第一着眼点，仍是从人类精神方式的类别角度发出的，正因为其“赤子之心”乃属非功利的审美气质，它不适应朝廷政治之亟需，却倒是孕育诗性“天才”之胚胎。但事情并没完。因为混迹宫闱者多矣，不见得个个皆出落为李煜。再说李煜若日子很好过，未遭人生

① 《王国维遗书（九）》．第486页

② 《王国维遗书（三）》．第627页

③ 《王国维遗书（九）》．第461页

④ 同上书．第462页

跌宕，从国君沦为阶下囚，他大概也不会“感慨遂深”的。这就是说，胸怀“赤子之心”者虽可写出幽美小诗，“阅世愈浅则性情愈真”[①]；但想写出“眼界始大”的李词，则无血泪淋漓的人生感悟，恐难矣。这亦即说，人生感悟之遥深虽以“赤子之心”做基石，但基石还不是纪念碑。天真少儿无所谓“感慨遂深”，若遇灾变，号啕大哭而已，只有饱经风霜的真性情者才能从生命逆境中悟出真谛。于是，王国维在强调李词为“天真之词”的同时，又申明李词为“以血书者也”，并拿宋道君《燕山亭》词作比较曰：“然道君不过自道身世之戚，后主则俨有释伽、基督担荷人类罪恶之意，其大小固不同矣。”[②]这无非点明李词虽涉“身世之戚”，但由于感悟甚深，这就使其词境越出了个体性自怜自悯，而赢得更为阔大隽永的艺术气象，即升华为人类体悟生命厄运时的一般诗哲符号。

① 《王国维遗书（九）》，第463页

② 同上

个性至深，人性始呈。这便是李煜“天才”之所在。而要达此大境，亟需两种性情之真：天真与纯真。不懂世事而真曰“天真”，透视人生而真曰“纯真”。天真因其稚嫩而凋零，纯真因其磨砺而永恒，故能深谙人生何为贵。诚然，就其审美性而言，天真与纯真根子归一：皆离世务俗趣甚远，未被功利虚名所沾，故皆如清水芙蓉，一尘不染。——王国维对此看得甚准，故对两者皆冠以“天才”。但，疑惑也就由此而生：若两者同为“天才”，则彼此是否还有差异呢？若有，那么在逻辑上，再以一词蔽之，即对“天才”作双重定义，妥否？王国维似乎未觉察到这一思维含混。准确地说，王国维“天才说”颇像不时徘徊于叔本华哲学（方法）与中国诗史（对象）之间的钟摆：当它靠近叔本华时，王国维就从人类精神方式的类别角度去界定“天才”；但当它摆向中国诗史时，王国维又倾向于从艺术品位的级差角度去考察“天才”。模棱两可，莫衷一是。

有趣的是，这"天才"的双重定义现象，也屡屡发生在叔本华身上。叔本华断定"天才"同普通人的区别在于：当后者只能以实惠的眼光触摸世界时，前者却可摒弃欲念，而对宇宙人生作持久的、非功利的审美静观，"而天才的本质就在于进行这种观审的卓越能力"[①]。正是在这意义上，叔本华又说："一个人的认识能力，在普通人是照亮他生活道路的提灯；在天才人物，却是普照世界的太阳。"[②]因此，普通人只有套上天才的眼睛来看世界，才看得真切；而这双可挪用的眼睛正是艺术品，"通过艺术品，天才把他所把握的理念（即艺术家所感悟的人生真髓——引者）传达于人"[③]。上述引文表明，王国维所以从人类精神方式的类别角度去界定"天才"，其衣钵正来自叔本华。

① 〔德〕叔本华.《作为意志与表象的世界》. 北京：商务印书馆，1982，第259—260页

② 同上书，第262—263页

③ 同上书，第272页

但当叔本华将视线投向艺术时，人们发现，他评判"天才"的视角又悄悄变了。他看到能吟诵诗文的未必都是诗人，大多只是诗匠。真正的天才诗人极少，而肤浅平庸的诗匠倒是成群结队的。[④]只须将他们的作品拿来作一对照就清楚了：别瞧某些作品因迎合时宜而轰动，其实"不到几年"，这些"装模作样的作品"，"便已（明日黄花）无鉴赏价值了"；只有那些真正"从自然、从生活中直接汲取来的"杰作，"才能和自然本身一样永垂不朽，而常保有原始的感动力，因为这些作品并不属于任何时代，而是属于（整个）人类的"[⑤]。毋庸说，这类杰作只有靠"真正的天才或是一时兴奋已上跻于天才的人"[⑥]才能写出。

④ 同上书，第340页

⑤ 同上书，第327—328页

⑥ 同上书，第326—327页

于是，问题就变复杂了。从叔本华原先的立场出发，只要以非欲念、非功利的审美眼光观赏对象，并将这体验诉诸诗文，他即"天才"；或者说，"一个人尽管总的说来并不很杰出，只要他事实上由外来的强烈激动而有一种热情提高了他的心力，他也能写出一首优美的歌咏诗"——简言之，能"抓住一瞬间的心境而以歌词体现这心境"的人皆为诗人或"天才"[⑦]。但

⑦ 同上书，第344—345页

>>>>>>>>>>>>>>

在另一场合，叔本华又换花腔说，只有那些表现了“整个人类的内在（部分），并且亿万过去的、现在的、未来的人们在由于永远重现而相同的境遇中曾遇到的，将感到的一切”的作品才算是“真正诗人的抒情诗”。[1]——这又意味着，未能写出如此经典的作者便不能封“天才”或真诗人，而只是假诗人，或诗匠耳。

①〔德〕叔本华.《作为意志与表象的世界》. 第344—345页

叔本华时而从精神方式的类别角度将一切作者捧为“天才”，慷慨至极；时而又从艺术品位的级差角度将一般作者贬为“诗匠”，鄙夷不屑。——人们不禁要问：叔本华界定“天才”时也像钟摆晃荡于两个参照系间，以何为准呢？对此，叔本华，还有王国维，皆未给出回答。或许，这师徒俩从未反省过自身竟会参照紊乱。确凿地说，叔本华与王国维其实都已觉察到应在诗人与诗匠、天才与人才间划一界限。事实上，他们在论及艺术品位级差时已将两者分开了。但同样确凿的是，他们仅仅是在两者特征方面有所分野，却从未在统一参照意义上理顺两者关系。或者说，他们对此曾有分析，却无概括，即未能上升到方法论高度去诊断其思维含混之病根正在于参照紊乱。不过，真想改恐怕也难，因为这将使他们进退两难：若以“天才”即非功利的审美力为准，他们无疑将失却对平庸艺术的批评权；若以“天才”即高品位艺术创造力为准，那么，他们的美学建筑赖以奠定的基石又将被动摇。

没料到在“天才”命题上，王国维竟与其先师如此相似：不仅思想、术语脉脉相承，甚至连思维含混也如出一辙。这当是20世纪中西美学关系史的一大景观。但又同中有异。假如说，叔本华从意志哲学体系出发，更多地从精神方式的类别角度来阐释“天才”；那么，王国维则在艺术美学领域对“天才”有较细较深也更诱人的颖悟与再创性成果，实际是已形成不无系列的艺术“天才观”。该艺术“天才观”主要由如下依次深化的三对关系或三个环节有机构成，这就是：从“内美”与“修能”，到“入乎其内”与“出乎其外”，到“独能洞见”与“独有千古”。

1 “内美”与“修能”

“内美”与“修能”出自屈原诗：“纷吾既有此内美兮，又重之以修能。”那是诗人在夸其作品“内美”（意蕴内容）与“修能”（技巧形式）之和谐统一。王国维反其意而用之，宣布艺术的“内美”与“修能”之关系是非等价的，特别是“词乃抒情之作，故尤重内美”[①]。于是，有无“内美”即有无深邃的人生感悟，便成了王国维辨别艺术是否“天才”的首要标尺。与“内美”相比，“修能”近乎雕虫小技，非壮夫之举。且不论王国维标尺有否偏颇，这里，我只想说，比起他（及叔本华）以往对“天才”的双重定义来，重“内美”毕竟是将艺术“天才”的美学特征明朗化了。由此，也就不难理解王国维为何对李煜、永叔、子瞻、稼轩词如此推崇。因为他认定上述词篇“其旨遥深”，“雅量高致”[②]，即有“内美”；而不像他眼中的美成、白石，虽“其志清峻”[③]，或“曲尽其妙”，但总“恨创调之才多，创意之才少”[④]，即有“修能”而无“内美”，“终不免局促辕下”[⑤]。那么，作品该怎么写，才有“内美”？请看下文。

① 周锡山编.《王国维文学美学论著集》.太原：北岳文艺出版社，1987，第383页

②《王国维遗书（九）》.第470页

③《王国维文学美学论著集》.第360页

④《王国维遗书（九）》.第466页

⑤ 同上书，第470页

2 “入乎其内”与“出乎其外”

“入”与“出”实为王国维所发现的，予艺术以“内美”的操作程式。何谓“入乎其内”？“内”乃诗人在日常境遇中所积累的人生体验（素材），诸如印象、情绪、梦幻、狂欢、哀怨、苦闷、遗恨等；“入乎其内”，就是将上述曾牵动诗人衷肠的、

毛茸茸的素材再体验一番,"故有生气"。但诗人若想写出杰作,还得"出乎其外",即不拘泥素材原型;相反,还得将素材放到终极关怀这一层面作审美观照,源于素材,又高于素材,"故有高致"。美成词言情体物,穷极工巧,堪称一流,为何他在王国维心中仍比"至情至性"的苏、辛低一档次?因为他"能入而不能出"[①]。借用叔本华的话,虽然"一切凡是曾经激动过人心的东西,凡是人性在任何一种情况中发泄出来的东西","都是诗人的主题和材料",但又为何"悲欢离合,羁旅行役之感,常人皆能感之,而唯诗人能写之",且使读者"遂觉诗人之言",字字为我心中所欲言,而又非我之所能自言,以至亦恍恍然"高举远慕,有遗世之意"?说到底,无非是因为"内美"丰盈之"天才"诗章"入于人者至深,而行于世也尤广"[②]。

①《王国维遗书(九)》,第474页

②《王国维遗书(七)》,第139页

3 "独能洞见"与"独有千古"

注意:王国维让诗人"出乎其外"有高致,绝非有意拔高,"无限上纲";相反,王国维坚信巨子所以有大手笔,纯属"不自意其至此,而卒至此者,天才,非人之所能为也"[③]。为什么"天才"能天然自由地深"入"而高"出"?这就涉及到艺术"天才"的发生基因了。

③《王国维遗书(三)》,第288页

王国维认为:"天才者,天之所靳,而人之不幸也。"意思是说,"天才"虽然也像普通人不时痛感人生的缺陷,但普通人的心理承受力似乎更强,"虽有大疑大患,不足以撄其心","天才"做不到这点,他悟性太高,"而独能洞见其缺陷之处",或曰"彼与蚩蚩者俱生,而独疑其所以生。一言以蔽之:彼之生活也与人同,而其以生活为一问题也与人异;彼之生于世界也与人同,而其以世界为一问题也与人异"。于是就活得特别苦,特别累,极其为难:一方面,他"志驰乎六合之外，而身扃乎七尺之内，因果之法则与空间时间之形式束缚其知力之外，无限之动机与民族之道德压迫其意志于内”，已经够尴尬了；但另一方面，他又“知人之所不能知，而欲人之所不敢欲，然其被束缚压迫也与人同”，这就必然使“彼之痛苦既深，必求所以慰藉之道”，偏偏“人世有限之快乐其不足慰藉彼也明矣”，最后“不得不反而求诸自己”[①]。——这就是笔走龙蛇，一吐胸中块垒，以求心灵平衡。为王国维所称道的稼轩正如此，他虽负雄才，但生不逢时，一腔忠愤，无处可泄，便索性将其悲歌抑郁无聊之气，一寄于词，倒也“俊伟幽咽，独有千古”[②]。

① 《王国维遗书（三）》，第477页

② 《王国维文学美学论著集》，第361页

由首要标尺到操作程式再到发生基因所连缀的王国维艺术“天才观”，当出自笔者的梳理。珍珠本是王国维的，我所做的，只是有感于它们间的有机性而将其串成项链。叔本华若九泉有知，想必也会赞赏这美学瑰宝的，因为他不难发现那上面似也闪耀着他的光辉。如叔本华以为“天才”的标志在于他认知力过剩，“远远超过为个别意志服务所需要的定量”，这就使他很难安于现状，于是导致他“不停地寻找更新的，更有观察价值的对象”[③]。——这不是很接近王国维的“独能洞见”吗？更引人注目的是，叔本华也十分敏感将“天才”与公众隔开的那段文化间距，指出天才之作对公众往往是“一部看不懂的天书”[④]，“然而可以抵消这一切的是它们能够永垂不朽，能够在最辽远的将来也还能有栩栩如生的，依然新颖的吸引力”[⑤]。——这简直像是对王国维的“独有千古”的德语意译。

③ 〔德〕叔本华.《作为意志与表象的世界》，第260页

④ 同上书，第324—325页

⑤ 同上书，第327—328页

那么，艺术“天才观”作为知识产品，其产权应归于谁呢？王国维？叔本华？还是两人的合作呢？这两位中西文化巨人的思想关系如此绵密，以至谁也很难分清“天才观”哪些成分定是王国维的独创，哪些成分则算叔本华的遗传，哪些成

分本为王国维的心灵库存，却又是读了叔本华后才被诱发或引爆的。反正是你中有我，我中有你，犬牙交错，如胶似漆。所以我再三点明王国维美学的再创性。再创性不是原创性，但也不是单纯的继承性。这在文体上或许体现得更清楚。我常叹服王国维，因为他那半文半白的凝练笔触，似将叔本华的某些观点叙述得更简约，也更透彻，若两人在灵魂上没有深刻的共鸣点，则王国维是无论如何也不能深得叔本华之神韵，且烂熟于心，用另一语系娓娓道来，潺潺而泻的。是的，王国维在吸吮叔本华的过程中，确实倾注了自己的胆汁与胃液，他既吃草，也吃高蛋白，但挤出来的是牛奶与血，分明带着自己的体温、脉动与气息。王国维"天才说"如此，整个人本—艺术美学也如此。

第二节
“无用说”

“无用说”是王国维的艺术性能论。

“无用”一词的更准确表述应为“无用之用”。它包含两个层面:前一个“用”是指政治实业,即实践意义上的“经世致用”或王国维所谓的“当世之用”[①],因艺术本性是审美或非功利的,它当然不“以厚生利用为旨”[②],也不具干预现存格局与改观历史进程之功,故曰艺术“无用”即非实用;艺术无力务实,不妨碍它有心务虚,因为它能使人们将“平时不能语诸人或不能以庄语表之”的情志,通过艺术造型得以倾诉,“而读者于此得其悲欢啼笑之声”[③],又可能或多或少地影响其人格建构与调整——由于艺术这一功能是在非实践的灵魂熏陶意义上发生的,故又称艺术有“无用之用”。显然,后一个“用”具有前一个“用”所没有的含义。

为何不拿“游戏”一词,而偏拿“无用”来标记王国维的艺术性能论?答曰:还是为了突出王国维美学的再创性。不错,“游戏”确是一个能与“无用”相对应的西方美学术语,“知名度”也大,且王国维也说过艺术是“成人之精神的游戏”[④],但我以为拿“无用”来概括王国维艺术性能论,要比“游戏”好。它好就好在:不仅富有

① 《王国维遗书(三)》,第534页
② 同上书,第624页
③ 同上书,第586页
④ 同上书,第585页

东方色彩，也不仅能科学地抽象艺术的本性与功能，而且，它更能从逻辑上去呼应“天才说”（因为王国维眼中的“天才”首先是指非实用的审美力与艺术技能），从而使“天才说”跟性能论扯起一条一以贯之的纽带。

王国维坚执艺术的“无用”性似特别自觉及至犀利。他断定文学只是精神追求之目标，而非谋生之“职业”，“以文学为职业，铺馁的文学也”，必损艺术之美质，“吾宁闻征夫思妇之声，而不屑使此等文学嚣然污吾耳也”[1]。因为在他看来，文学与哲学相通，皆旨在探询永恒人生之真谛，这就与汲汲于一国一时利益的政治、实业相悖。而且，真文学所表征的“新世界观与新人生观”[2]也往往不合时宜，这就使“真正文学乃复托于不重于世之文体以自出”[3]。这就是说，世上真理有二：一为“天下万世之真理”，一为“一时之真理”；而艺术家正是以造型来表征“天下万世之真理”者，“唯其为天下万世之真理，故不能尽与一时一国之利益合，且有时不能相容，此即其神圣之所存也”。也因此，有人说艺术“无用”，倒无损艺术价值，因艺术不是别的，恰是这“天下最神圣、最尊贵而无与于当世之用者”；相反，若有人偏欲“无用”之艺术“以合当今之用”，那么，这必将导致二者俱失：既使艺术失却高品位的美学魅力，又使政治对艺术的渴求屡屡落空。[4]

① 《王国维遗书（三）》. 第632页
② 同上书，第624页
③ 同上书，第625页
④ 同上书，第535页

值得重视的是，王国维还结合中国文学史来深化其“无用说”。他提了一个很尖锐的命题：中国艺术不发达的原因何在？他以为，这原因首先出在观念上，即历代文人几乎从未将艺术视为有独立价值的目标去追求。儒学一统国魂久矣，以至中国文人多以读书做官为第一志愿，艺术仅仅是业余爱好或消遣（杜甫、韩愈、陆游皆不出其囿），似乎“小说、戏曲、图画、音乐诸家，皆以侏儒倡优自处，世亦以侏儒倡优畜之。所谓‘诗外尚有事在’，‘一命为文人，便无足观’，我国人之金科玉律也”[①]。——结果，就像中国自古有完备的伦理学、政治学，却甚少纯粹哲学、美学、认识论与逻辑学一样。在文学上，也是“咏史、怀古、感事、赠人之题目弥满充塞于诗界，而抒情叙事之作什佰不能得一”，至于小说、戏曲更是“多托于忠君爱国劝善惩恶之意”[②]，“而纯粹美术上之著述，往往受世之迫害而无人为之昭雪者也。此亦我国哲学美术不发达之一原因也”[③]。

艺术于实用无补，但对国民性之改善却责无旁贷。王国维的理由是：“人之所以异于禽兽者，岂不以其有纯粹之知识与微妙之感情哉！”[④]这就导致人在满足生理欲念的同时，还亟待精神“慰藉”。由此联想到清末流行鸦片烟，王国维以为，“此事虽非与知识道德绝不相关系，然其最终之原因，则由于国民之无希望，无慰藉”，偏偏国民又一时“除鸦片外别无所以慰藉之术也”，“故禁鸦片之根本之道，除修明政治，大兴教育，以养成国民之知识及道德外，尤不可不于国民之感情加之意焉”。其方法就是让宗教“鼓动国民之希望”，请艺术“供国民之慰藉”，“兹二者，尤我国今日所最缺乏，亦其所最需要者也”。[⑤]艺术何以能成为缓解国民，特别是上流社会精神苦闷的“慰藉术”或“代宗教”？这就得着力分析王国维“嗜好说”了。

“嗜好说”是“无用说”的重头部件，王国维关于艺术的“无用之用”思想即浓缩于此。人为何有“嗜好”？为了消遣。为何要消遣？为了打发无聊。无聊在叔本华哲学词典中，是指人由于饱食终日，无所事事而引起的心灵空虚。这是另种形态的人生苦痛。人确实是很难伺候的怪物：欲念受阻导致痛苦不用说了，最费解的是当欲念满足达到饱和而激不起新的欲望时，人又将被空虚击倒。人在欲念面前真尴尬：不满足不好，太满足则未必好。由此看来，上流社会虽无底层的物质之贫乏，但他们因吃饱饭，没事干所生出的空虚感，又委实要比底层严重且难熬得多。“必使其闲暇之时心有所寄，而后能得以自遣”[⑥]，这便是消遣。

① 《王国维遗书（三）》，第536页
② 同上
③ 同上书，第537页
④ 同上书，第535页
⑤ 同上书，第656—657页
⑥ 同上书，第659页

恩格斯曾将人类需求大体分三项:生存、享受与发展。消遣在人类需求系列中属享受范畴。享受也分档次,既有官能水平的物质刺激,也有灵魂水平的精神滋润。与此相对应,王国维也大致将消遣分为两类,物质层面的车马服饰与精神层面的书画古玩——但无论是物质还是精神消遣,皆非肉体的必然需求,又非心灵的自由追求,而纯粹是为了填补内在空虚,王国维就将这“虽无益于生活之事业,亦骛而趋之”的习性称为“嗜好”。[1]当然,“嗜好”又有“高卑优劣之差”,比起烟、酒、赌、嫖,雕刻、绘画、音乐、文学等艺术无疑更有益于身心健全与情趣培养,故“若欲抑制卑劣之嗜好,不可不易之以高尚之嗜好”[2]。王国维毕竟是行家,为了能培育出高品位的艺术情趣,他又将叔本华“媚美”译为“眩惑”,意谓只有使心灵得以升华,而不是使心灵重遭骚扰的艺术才是美好的艺术,故“诗中的‘粔籹蜜饵’,画中的‘玉体横陈’”往往是“徒讽一而欢百,欲止沸而益薪”,即“以眩惑之快乐,医人世之苦痛”[3]。这不仅不能实现艺术的“无用之用”,国魂萎靡症也将愈益深重。

① 《王国维遗书(三)》,第580页

② 同上书,第587页

③ 同上书,第422页

可惜,这里不便系统展开王国维与鲁迅在“国民性改造”方面的思想比较。我只愿指出,王国维将近代国魂的疲软归咎为靠艺术便能拯救的心理病,而不像鲁迅将苍白国魂与腐朽传统直接挂钩,这未免太一厢情愿,忧而不愤,隔靴搔痒了。是的,王国维不是“鲁迅式”的革命家,他更像悲悯的牧师,实在是不忍心目睹国民倒在香烟袅袅的虚空中,才劝人们“嗜好”艺术,即使无大出息,也总比涕泪交加的“鸦片鬼”活得高雅些、体面些。从物质鸦片到精神鸦片,这当是没有办法的法子,没有出路的路子。后人不必苛求王国维在20世纪初便得拿出一套切实可行的救世方案,这是革命家的工作,无需学者代庖,若他偏想干,最终也干不成,借用叔本华的俏皮话,这实在像一个聪明人,当他去操办他所不擅长的事功时，未必精明。[1]——但即使如此，我还想说，这无损王国维的形象；相反，倒更让国人一睹其良知，因为就其动机而言，他毕竟想为无情世界献上一缕温情，替绝望空间注入一丝希望。

①〔德〕叔本华.《作为意志与表象的世界》. 第 326 页

现在再回到叔本华。不难发现叔本华在艺术性能方面不少观点与王国维所见略同。从审美的非功利出发，叔本华也是坚执艺术的纯洁性，只是没标“无用”一词而已。这可从他对媚俗性作品的抨击中见出。如同王国维厌恶将诗文降为官场的敲门砖，叔本华则极蔑视无独特体验的模仿者，“他们在真正的杰作上记住什么是使人爱好的，什么是使人感动的”，“然后以狡猾的用心或公开或隐蔽地进行模仿”。他们可以不惜将自己沦为剽窃他人营养的“水蛭”，以至“营养品是什么颜色，它们就是什么颜色”[2]，目的无非有二：不是让艺术变成市场的摇钱树，就是把它当作沽名钓誉的诱饵。

②〔德〕叔本华.《作为意志与表象的世界》. 第 326—327 页

叔本华原则上也赞成艺术是诉诸人的灵魂的，这又与王国维的“无用之用”接轨。叔本华所以将悲剧奉为艺术顶峰，就是认准悲剧是“以表出人生可怕的一面为目的，是在我们面前演出人类难以形容的痛苦、悲伤，演出邪恶的胜利，嘲笑着人的偶然性的统治，演出正直、无辜的人们不可挽救的失陷”，而所有这一切又旨在“暗示着宇宙和人生的本来性质”[3]，暗示“我们看到最大的痛苦，都是在本质上我们自己的命运也难免的复杂关系和我们自己也可能干出来的行为带来的，所以我们也无须为不公平而抱怨”[4]。即使人通过艺术而领悟到人生真谛之神圣或庄严，这既是艺术功能之大境，也是艺术功能之极限了。这就是说，在叔本华看来，艺术功能再伟大，也不过是通过诱发人对宇宙人生的终极关怀，来使他们忽略某些日常的苦恼或不适，否则，“即令是一些最琐细的不舒服也要折磨我们，使我们烦躁”[5]。这就像先打

③ 同上书，第 350 页

④ 同上书，第 352—353 页

⑤ 同上书，第 433 页

一剂防疫针,日后对小毛小病可抵挡一阵,若遭逢伤筋动骨之祸,则对不起,仍然"无用"。

叔本华算是对艺术看透了,他从艺术本性的非实用即"无用"起步,兜了一圈,末了又落在艺术功能的"无用"上。在坚执艺术的"无用"性上,其立场似比王国维更坚定,近乎极端。若想刨树追根,这肯定与他对"天才"的看法有直接牵连。他说过,"天才"仅仅与非功利非实践的审美力与艺术技能有关,故"一个天才的人,就他是天才来说,当他是天才的时候,就不精明"[①],譬如"一个诗人能够深刻而彻底地认识人,但他对那些(具体的)人却认识不够;他是容易受骗的,在狡猾的人们手里他是(被人捉弄的)玩具"[②]。既然"天才"只在艺术创造时才无愧为"天才",一到现实中便成跛脚,人们又怎能将其作品的功能抬到天上去呢?也因此,叔本华从不曾像王国维奢望让艺术充当拯救灵魂的法宝;相反,他坚信"艺术上的真正怡悦"纵然是"少数人才能享受"的特权,"而就是在这些少数人,这也只是作为过眼烟云来享受的",因为对宇宙人生的出众悟性"又使这些少数人所能感受的痛苦要比那些较迟钝的人在任何时候所能感受的都要大得多;此外还使他们孤立于显然与他们有别的人物中,于是连那一点(美的欣赏)也由此而抵消了"[③]。故,若想真正超越尘世,让灵魂一劳永逸的安宁,只有一条路,这便是叔本华所指引的禁欲主义的寂灭之路。

由此可获如下印象:即在艺术性能一题,表面看去,叔本华是从艺术本性的"无用"走向艺术功能的"无用",王国维则从艺术本性的"无用"走向艺术功能的"无用之用",于是,前者让宗教驱逐艺术,后者请艺术替代宗教;但究其质,学界似又隐约窥见,在人的问题上,叔本华与王国维没走一条道,而是两条路,时而交接缠绕,时而南辕北辙。

① 〔德〕叔本华.《作为意志与表象的世界》.第265页

② 同上书,第271页

③ 同上书,第430页

第三节
“古雅说”

“古雅说”是王国维的艺术程式论。

“古雅说”又是对王国维“天才说”和“无用说”的逻辑延伸。记得王国维“天才说”曾将艺术有无“内美”即对宇宙人生的遥深感悟，视为辨别某人是否“天才”的首要尺度；但同时，王国维又发现不少艺术家虽非天才，但“苟其人格诚高，学问诚博”，对前人艺技“用力甚深”，“其制作亦不失为古雅”，更毋庸说有人虽具“天才”，但其作品也未必尽神来之笔，“往往书有陪衬之篇，篇有陪衬之章，章有陪衬之句，句有陪衬之字”，“此等神兴枯涸之处，非以古雅弥缝之不可。而此等古雅之部分，又非藉修养之力不可”[①]。显然，此“修养”不是指艺术家对宇宙人生的终极关怀，而主要是指对先贤的艺术程式的精深把握与娴熟运用。是的，靠程式化拈出的“古雅”，并非经典水平的优美或宏壮，但也具鉴赏价值则无疑，因它亦“遂使吾人超出于利害之范围外，而惝恍于缥缈宁静之域”[②]。这又使“古雅说”与“无用说”连了起来。

我以为，“古雅说”鲜明地显示出王国维的别具慧眼：对艺术的独特感受力与精湛分辨力。叔本华就缺少这一眼光，他是纯思辨的，大而化之，对二流以下艺术便

① 《王国维遗书（三）》，第622页

② 同上

不屑一顾，当然也就不会去探明且论证“古雅”的美学特征与存在理由了。其实，“古雅”所以能在美学中占一席位，这不仅因为它可做“低度之优美”或“低度之宏壮”[①]，更重要的是，古雅所蕴藉的艺术程式美，将提醒历代艺术及其美学，从文化积累（虽非创造）角度去格外地珍惜、保存与研究先贤留下的传统艺技体系。面对艺术程式，切忌两种偏向：一是拘泥程式而盲目排斥一切艺术创新即形式实验。——这在艺术史上屡见不鲜，其特点是将世袭程式奉为绝对法规，从而将艺术史赖以发展的创造性生机窒息于摇篮；另一偏向则针锋相对，为了呼唤艺术创新而将前人程式贬为垃圾，从一极端走向另一极端。王国维未患偏激症，他实事求是地将“能由修养得之”的“古雅之能力”视为“美育普及之津梁”[②]，亦即将程式作为培育公众的艺术情趣的基础教程，这当是中肯的。

① 《王国维遗书（三）》，第622—623页

② 同上书，第623页

但是学界历来倾向于将“古雅说”阐释为纯形式论，而非程式论。或许这一误解是事出有因的，因为王国维也很少将“古雅”确定为艺术程式美；相反，他倒围绕“古雅”说了不少纯形式的话。他先说艺术之美，“皆形式之美也”；接着将形式分为两类，他将诗歌情景、“戏曲小说之主人翁及其境遇”等题材，称为蕴涵主体“美情”的“第一形式”；又将上述题材所赖以组织或表现的，使“斯美者愈增其美”的形式技巧，称为“第二形式”或纯形式，“古雅”即属纯形式，故又“可谓之形式之美之形式之美也”。正因为“古雅之致存于艺术而不存于自然”（此处“自然”是指题材，“艺术”则指技巧——引者），故自有某种区别于题材的“独立之价值”，以至“即同一形式，其表之也各不同”，如《诗经》“愿言思伯，甘心首疾”与柳永“衣带渐宽终不悔，为伊消得人憔悴”相比，“其第一形式同”，“而前者温厚，后者刻露，其第二形式异也。一切艺术无不皆然，于是有所谓雅俗之区别也”[③]。

③ 同上书，第618页

如上论述异常丰富，又不免芜杂，亟待细心梳理。

第一，王国维双重形式论可以成立。时下学界往往习惯于在单一作品框架中考察艺术，于是，当他将作品意蕴与性格、情节、场景等题材划归"内容"时，其"形式"也就只剩下文体、结构、媒介等技巧因素了。但王国维的眼界要开阔些，他是从艺术家与作品的关系来考察艺术的，于是相对于主体想要传达的内在情思，整个作品就成了显现这一主体"内容"的"形式"了，若再深一步，则"形式"又大致可划为题材与技巧两类，于是就有了王国维的双重形式论。这是说得通的。

第二，当王国维草草地将"古雅"等同于纯形式，而不明确"古雅"从属于纯形式，逻辑的含混又不幸发生了。因为"古雅"是特指程式，并非泛指形式，而程式对形式而言，恰恰是从属性的。这就是说，形式是大圈，程式是小圈；形式涵盖程式，程式依附形式；程式是形式的极致，往往是那些在历史长河中臻于完美，且重在凝冻传统审美情趣，以便后人仿效或传承的技巧才被公认为是程式，它绝对不含任何新潮性艺术实验因素。而广义的纯形式则既包括前者，也收罗后者。因此，若王国维定让"古雅"混同于纯形式，则不仅将使"古雅"失却其美学的别致，并更将使其论述有违同一律。证据有三：

（1）我记得王国维曾有如下妙语："吾人所断为古雅者，实由吾人今日之位置断之。古代之遗物无不雅于近世之制作，古代之文学虽至拙劣，自吾人读之无不古雅者，若自古人之眼观之，殆不然矣。故古雅之判断，后天的也，经验的也，故亦特别的也，偶然的也。"[①]这表明王国维推出"古雅"之初衷确是出自对传统程式之珍视。

（2）由此联想到他对清代画师王翚的评价，虽"摹古则优而自运则劣"，然其画品仍"大抵能雅"[②]，这又证明"古雅"源自前人程式。

① 《王国维遗书(三)》，第620页

② 同上书，第621页

(3) 正因为“古雅”实指艺术程式美，所以，后人若想领悟“古雅”艺术，便亟需某种“后天的”、“特别的”文化史熏陶与传统艺术修养；纵然鉴赏“旧瓶装新酒”式的艺术（题材是当世的，技巧是古典的），这一前提也断不可免。诚然，相对于前人借史迹描绘当世人物、风情与场景的题材是更容易被同时代人接受的，因为他们在接触该作品前，其心中早已储有能同化当世题材之格局。王国维借康德术语，喻之为“公共感官”，甚形象而贴切。[①] 这是“先验”的，即先于“这一次”阅读经验前便已具备的；但若要求读者同时还应具备、能体味该作品程式的“古雅美”之能耐，则近乎苛求了。譬如就造型而论，现代人几乎谁都认得郑板桥画的是竹，有书卷气者则进一步从枝叶萧萧中读出高士的飘逸不群，但若想更细深地玩味笔韵墨趣，乃至从肆姿卓绝的、所谓“三分画，七分书”的佯癫氛围中捕捉气质的孤傲与狂放，那就非要求观众在人格与艺术素养方面作一番修炼不可了。这更证明“古雅”与传统程式靠得很紧。

① 《王国维遗书（三）》，第620页

那为何王国维只是暗示“古雅”为程式美，从不作斩钉截铁的界定；相反，在论证时又为何屡屡将“古雅”混同于形式呢？我是这么理解的：这就像一运动员在起跑时道认得颇准，但在行进中却不时岔道，无非是功夫不到家。我敢说，将“古雅”混同于纯形式，本是王国维的思维闪失或漏洞，亟待后人发现并补正，谁知有人不仅不警觉，反而将错就错，将自己也赔了进去。

“古雅说”的另一缺憾，是王国维未能圆说“古雅”与优美及宏壮的关系。

其实，当王国维着眼于对象形态，指出：“优美之形式，使人心和平，古雅之形式，使人心休息，故亦可谓之低度之优美。宏壮之形式常以不可抵抗之势力唤起人钦仰之情，古雅之形式则以不习于世俗之耳目故，而唤起一种之惊讶。惊讶者，钦仰之情之初步，故虽谓古雅为低度之宏壮，亦无不可也。”[①]——这我是激赏的；但当王国维落实到艺术美学层面，将优美及宏壮 =“第一形式”（内容），将“古雅” =“第二形式”（形式），并说“优美及宏壮之判断之为先天的判断”，“古雅之判断”则“后天的也”[②]，这就有将水搅浑之嫌。不错，与积淀古典情趣的“古雅”程式相比，作品的现实性题材较易被同时代人消化，因为读者在接受且“判断”该作品之前，已具备了同化这一作品内容的先定格局，但这并不能证明艺术内容恒等于优美及宏壮。因为这么一来，不仅割裂了“古雅”与优美及宏壮的有机关联，而且也无法解释有关艺术史实。是的，一方面，确有王国维所说的既非优美，亦非宏壮，却“大抵能雅”之作；但另一方面，也有既“古雅”又优美，或既“古雅”又宏壮之名篇，前者如李清照《声声慢》“寻寻觅觅”，后者如苏东坡《念奴娇》“大江东去”，在近人眼中，皆“古雅”，却又一为凄美婉约，一为雄壮豪放。同时，王国维断言“古雅”定比优美及宏壮难以被接受，也未必。在 19 世纪初叶法国文坛，古典主义远比雨果浪漫主义的美丑对照原则“古雅”，却无疑比雨果的宏壮拥有更大的审美市场；也是在 19 世纪的法国画坛，刚崛起的印象派的绘画光色效应，远比在室内绘制的古典画幅显得绚丽、响亮而优美，却屡屡被正统画展拒之门外。

①《王国维遗书（三）》，第 623 页

② 同上书，第 620 页

“古雅说”所以有上述欠缺，原因之一，是王国维将叔本华美学引进到他的艺术美学时，尚欠融会贯通所致。

凡通读过叔本华名著的人都知道，其优美—崇高（即王国维“宏壮”）理论似有三个特点：(1) 他惯于对非人工的自然美对象（如山川、风暴、星空、海潮）作整体论述，而较少涉及人工的艺术美，偶尔涉及，也流于整体印象，而不作内容—

形式解析;(2) 优美—崇高在叔本华处,是指审美对象的调性形态。所谓“调性”,是指对象所具有的、可能诱发主体某种审美体验的那些整体属性与特征,亦无内容—形式之分;(3) 无论优美还是崇高,叔本华皆是环绕人与宇宙这一宏观框架而展开且界定的,而从未深入到艺术内容—形式这一微观格局中去考察。

不妨摘一段叔本华美文,以示旁证——

> 当我们在辽阔的、飓风激怒了的海洋中时,(看到)几幢房子高的巨浪此起彼伏,猛烈地冲击着壁立的岩岸,水花高溅入云,看到狂风怒吼,海在咆哮,乌云中电光闪烁而雷声又高于风暴和海涛(之声)。于是,在观察这一幕景象而不动心的人,他的双重意识达到了明显的顶点,他觉得自己一面是个体,是偶然的意志现象,那些(自然)力轻轻一击就能毁灭这个现象,在强大的自然之前他只能束手无策,不能自立,(生命)全系于偶然,而对着可怕的暴力,他是近乎消逝的零;而与此同时,他又是永远宁静的认识的主体;作为这个主体,它是客体的条件,也正是这整个世界的肩负人;大自然中可怕的斗争只是它的表象,它自身却在宁静地把握着理念,自由而不知有任何欲求和任何需要。这就是完整的壮美印象。[①]

① 〔德〕叔本华.《作为意志与表象的世界》.第285—286页

如上引文描述了观海与崇高的关系,它至少可表明如下三点:(1) 对象分析的整体性;(2) 形态界定的情调性;(3) 本质呈示的宏观性。但考虑到王国维是搞艺术美学的,而艺术的相对于非人工的自然美,其人工构成本身即是人类审美智慧的结晶,故势必诱导王国维潜心于艺术的内容—形式剖析,这本是其再创性之勃发,值得称道;但同时,当他将叔本华原理移植到艺术美学土壤,这在实际上,是将先贤原理转化为自身研究之方法,这就得极其注重方法与研究对象之间的对应度及其彼此间不免发生的抵牾，亦即必须非常讲究认准原理之本义，然后确定在何种意义上运用本义，又运用到什么程度，以契合对象研究之需求。这就是说，将某原理转化为方法而运用于另一对象的过程，实为一次"方法重铸"过程，而决不是机械位移，生搬硬套。这就不仅亟需极高的悟性，还得有极高的分辨力与再创力，然当时王国维的思辨功底尚未臻炉火纯青之境，故破绽难免。

第四节
“境界说”

“境界说”是王国维的诗学理想论(词为诗之变体)。

“境界说”既是王国维艺术美学的峰巅,又是其美学的集大成,即是在诗学理想层面,对其“三说”(“天才说”、“无用说”和“古雅说”)的重新结集,重新梳理。表面看去,“境界说”是对历代诗艺的一种探索性概括,实际上,它已成为王国维评估整个中国诗史(含诗人、诗章和诗论)的文化品位的美学标准。这与其说是对诗史之总结,毋宁说更是对诗学理想之重铸。因为“境界说”犹如三棱镜,它分明折射出王国维忧生甚深的哲学睿智与清新俊爽的诗美情趣。

王国维对“境界说”自视甚高自有道理。当他说“然沧浪所谓兴趣,阮亭所谓神韵,犹不过道其面目,不若鄙人拈出‘境界’二字为探其本也”[①]时,他仅仅说了一句真话(若欲挑剔,似此类于己有利之美言让旁人说更好)。因为不论“兴趣”、“神韵”,作为诗美特征,皆源自不同凡响的诗人之魂。若承认诗魂为“本”,则诗之“兴趣”、“神韵”当为面目无疑。这就是说,在王国维看来,“境界”首先是指诗词中被艺术地呈示出来的生命感

① 《王国维遗书(九)》,第461页

悟；而这感悟又发自诗人的价值襟怀或精神高度。对此，王国维从不含糊。他说："一切境界，无不为诗人设，世无诗人，即无此境界。夫境界之呈于吾心而见于外物者，皆须臾之物，唯诗人能以此须臾之物，镌诸不朽之文字，使读者自得之。"[①]"故能写真景物，真感情者，谓之有境界。否则谓之无境界。"[②]"境界"之魂在于"真"，"真"即王国维推崇的"赤子之心"，或曰诗人对生命（宇宙人生）的纯真感悟。

①《王国维遗书（七）》，第139页

②《王国维遗书（九）》，第460页

通观"境界说"，可将诗人的生命感悟，按其深浅而大致分三种水平：趣、性、魂。

一曰"趣"：生命感悟之浅层，大抵为赏心悦目之零星感触，如烟如梦的心绪闪回，或活泼鲜亮如"红杏枝头春意闹"，或幽雅静穆如"宝帘闲挂小银钩"。前者是视觉层面的绚丽光色转化为听觉层面的喧腾音响，宛如高奏春兴蓬勃的音画交响；后者则由静而见深，清寂画面无声地渗出一片深挚的思念。此为"小境"。

二曰"性"：生命感悟之深层，以摇撼人心的千古壮观见长，身临气象阔大，雄浑苍郁的自然一人文景观，感慨万千，不能自已。若无未遭玷污的真情真性，"以自然之眼观物，以自然之舌言情"[③]，休想写出太白"西风残照，汉家陵阙"之沧桑悲凉，也写不出纳兰容若"万帐穹庐人醉，星影摇摇欲坠"之天地浩幻。此为"大境"。

③ 同上书，第471页

三曰"魂"：生命感悟之极致，以参悟宇宙的遥深情志取胜，它植根于诗人对人生真谛的终极关怀，如永叔"人生自是有情痴，此恨不关风与月"，又如李煜"自是人生长恨水长东"，"落花流水春去也，天上人间"，乍看皆是对个体命运的忧郁情结，遗恨千种，但细读又不得不叹服诗作的往复幽咽，回肠荡气，不免激起历代读者的心灵共鸣。于是，当上述名句被历史奉为演绎人生母题的诗哲符号代代相传时，学界也就颖悟诗圣虽早作古，但其诗魂所苦苦破译的那些民族乃至人类存在密码却是不朽的、永恒的。此为"至境"。

由"趣"、"性"、"魂"所构成的生命感悟三层次,直接决定了诗词"境界"之大小,但又"不以是而分优劣"[1],即皆美。看来,王国维对"境界"极其自珍,乃至过分。因为他一旦认定"词以境界为最上"[2],便攻其一点,也不管作品到底以整体高格出众,还是以个别名句冒尖,反正只要与"境界"沾边,便是佳品。这就未免像红布遮眼,望出去连碧海苍穹也变太阳色了。譬如宋祁《玉楼春》,全篇八句,仅"红杏"句有创意,剩下的如"为君持酒劝斜阳,且向花前留晚照"等无非是浮生苦短,享乐趁早这一套,且说得酸酸的,远不如《古诗十九首》坦然道来,直而能曲,大白话中有恒言。借用王国维的话说,《古诗》"非无淫词,读之者但觉亲切动人;非无鄙词,但觉其精力弥满"[3]。王国维对《古诗》作如是观,当属卓见;但若爱屋及乌地夸宋祁诗也"自有高格"[4],则过矣,且不论宋祁诗在整体上并无"高格"可言,即使名句"红杏"境界也不高,有"趣"巧而已。

相比较,白石"二十四桥仍在,波心荡,冷月无声","数峰清苦,商略黄昏雨","高树晚蝉,说西风消息",其格韵不知比宋祁高绝多少,但在王国维眼里,"然如雾里看花,终隔一层"[5],终不能与苏、辛匹敌。不错,比起东坡之旷,稼轩之豪,"白石虽似蝉蜕尘埃,然终不免局促辕下"[6],但为何不同时请宋祁也来与苏、辛比试呢?怕无可比性。一眼便能看穿的事,无需经比较才能鉴别。那是重量级同轻量级之对比。若称苏、辛为海,白石为九曲长河,宋祁充其量是清清浅浅的苑溪。那又为何对白石如此耿耿于怀,不时数落,而对宋祁又如此喜形于色地激赏其"红杏"句"著一'闹'字而境界全出"[7]?无非因为宋祁此句正中其怀,可用来为"境界说"增色,于是也就情不自禁,窥一斑而视同全豹,瑜而掩瑕,只字不提《玉楼春》之整体平庸了。相反,虽"古今词人格调之高无如白石"[8],

①《王国维遗书(九)》,第460页
② 同上书,第459页
③ 同上书,第475页
④ 同上书,第459页
⑤ 同上书,第468页
⑥ 同上书,第470页
⑦ 同上书,第460页
⑧ 同上书,第469页

然因其不于“境界”上用力，王国维也就横竖不顺眼，唠叨个没完了。可见王国维对白石、宋祁远未一碗水端平，尽管他用的是同一把“境界”尺子。若一把尺子不仅未能公正地丈量各家的雅俗深浅，反而使雅不如俗，深不如浅，学界也就会质疑尺子是否够标准。其实，近人已注意到该尺子的美学偏颇。[①]我在此想说的是，王国维所以如此偏爱“境界”，首先是与他忧生甚深的价值心态有关。这就是说，他所崇尚的“唐、五代、北宋之词，所谓‘生香真色’”[②]，质朴，酣畅，雄健，沉着，豪放，真切，皆与生气盎然、精力弥满的忧生定势相连，或用周保绪的话说，“北宋词多就景叙情（忧生之情也——引者），故珠圆玉润，四照玲珑”，但至南宋白石，“一变为即事叙景”[③]，即由忧生转而忧世，借咏物来寄托当世之忧，于是抒怀让位于描摹，词风也就由疏转密，由亮转隐，由快转沉，由阔转细，由浑转精，转为意象派式的清苦幽独，冷艳晦远之风，这就与王国维所好的清新疏朗相去甚远了。照理说，一代自有一代的风流，也无万古不变之范型，就像晚唐奏不出李、杜的盛唐之音，而只有“郊寒岛瘦”。南宋亦非北宋，白石也无永叔之浑涵，但其《扬州慢》、《点绛唇》却另有一番悲恻凄迷之美，喑沉嘶哑中郁结着游子的忧世之心。这不禁使人想起菊坛的梅派与程派，作为个人，你自可独钟梅的天香国色，但在理智上，你又不能不承认程的独具粉黛。“境界说”的偏颇正在于：王国维将一己之好无条件地升华为绝对尺度，这就不仅诱导他对白石有失公允，同时也使其背离他曾有的高见。他说过，某“文体通行既久，染指遂多，自成习套。豪杰之士，亦难于其中自出新意，故遁而作他体，以自解脱”[④]，为何当白石推陈出新，“遁而作他体”时，王国维又喋喋不休了呢？是“境界说”框住了其视野。

① 万云骏.《王国维〈人间词话〉“境界说”献疑》.《文学遗产》，1987(4)

② 《王国维遗书(九)》. 第482页

③ 同上书，第481页

④ 同上书，第472页

现在再来看王国维的“隔”与“不隔”，也就顺了。

要弄懂“隔”,先得认清什么叫“不隔”。

王国维以为,“大家之作,其言情也必沁人心脾,其写景也必豁人耳目,其词脱口而出,无矫揉妆束之态”[①],方为“不隔”;其范例,在言情方面有《古诗》“生年不满百”,在写景方面有陶潜“采菊东篱下”,[②]他断言只有如此“修能”,才可与“内美”匹配,遂成“境界”。可见王国维的诗学理想是由两部分构成,在希冀作品意蕴博大幽邃的同时,还期待文体的浑然天成。王国维倒是言之成理又持之有故的。既然“境界”之“内美”源自诗人活泼泼的“趣”、“性”、“魂”,那么,必定是生气灌注,精力弥满的,也就能天籁似的妙语如珠,出口成章,无论言情写景皆宛然在目,无忸怩造作之痕。借通用术语来说,这正是内容决定形式,形式与内容的完整统一耳。值得注意的是,王国维提出“境界”的形式规范,不仅是针对诗词的,同时也涵盖戏曲。[③]这就是说,通过对“境界”的形式规定,王国维似乎是想整合或奠定诗词一艺术程式,这就使“境界说”在美学上比“古雅说”深一层。“古雅说”仅仅是从理论上确认传统技艺规范的独特价值,并未深入探寻传统程式赖以发生乃至传承的艺术(文化)心理动因;但“境界说”对“修能”的明确规定,则多少表明了“境界”形式,其实是对清新疏朗即“豁人耳目”(从官能水平去肯定乃至娱悦人生)这一审美情趣的积淀。也可将“境界”的“内美”与“修能”之关系,理解为深入浅出之关系:“内美”曰深,因为它发自对宇宙人生的终极关怀,具形上意味;“修能”曰浅,因为它得借助“豁人耳目”即娱悦官能的诗语技巧,具形下效应——而两者的有机融合便造成“淡语皆有味,浅语皆有致”[④],这就不仅使诗人的整个身心存在能在“境界”中得以丰满呈示,同时也使诗词的内容—形式赢得饱和性谐调,亦即“不隔”。

那么,“隔”是什么?凡是阻碍作品内容—形式的饱和性谐调的因素或现象皆为“隔”。以欧阳公《少年游》咏春草为

① 《王国维遗书(九)》,第473页

② 同上书,第469页

③ 见王国维《元剧之文章》

④ 《王国维遗书(九)》,第465页

例。王国维以为："上半阙云，'阑干十二独凭春，晴碧远连云。二月三月，千里万里，行色苦愁人'。语语都在目前，便是不隔。至云，'谢家池上，江淹浦畔'，则隔矣。"[1]显然，"不隔"即生意盎然，一气呵成，内容—形式酣畅交响；"隔"却相反，是内容—形式的勉强合伙，气不足，句来凑，言之无物，寡淡无味，诗行变成词语的无机堆砌，这是词采的空洞。同理，王国维强调"词最忌用替代字"，也颇有见地。因为"意不足，则语不妙也"。"意足"指诗人受"内美"所驱，遣辞造文一鼓作气也，于是也就腾不出心理空间来闲置"替代字"，所谓"意足则不暇代，语妙则不必代"[2]，信然。

① 《王国维遗书(九)》，第468页

② 同上书，第467页

但欧阳公《少年游》之"隔"，与王国维读白石如"雾里看花"之"隔"，不是一回事。同一"隔"字，然此"隔"非彼"隔"。假如说欧阳公之"隔"是在造型美学上未过关；那么白石之"隔"似是一个接受美学现象，即白石不是按王国维"境界"程式来写的，他是忧世非忧生，咏物而非抒怀，凄恻郁结而非清新疏朗，不是像"红杏枝头春意闹"那样"豁人耳目"，而是要求读者像嗅玫瑰那样嗅出词中情结的芬芳，这就亟须读者投入更丰饶、更蕴藉的心智想象与情调揣摩，而不是直接给人的官能一个鲜亮印象。是的，与王国维"境界式"造型相比，白石的景物造型确实朦胧，但这朦胧不是因为意气不足而施放的人工烟幕，而实在是有难言之衷但又不能不吐，于是就曲折而晦远。这就是说，在白石词的内容—形式之间并不"隔"。但酷爱豁朗的王国维又委实看不惯乃至看不懂，似有"雾"将王国维与白石词"隔"开了。主客体之间的审美交流于是受阻。这是王国维无力同化所致。这在接受美学上叫"不合形式性"，即当读者不具备足以观赏作品的特定形式这份素养时，必然的，他也就消化不了这作品，于是作品也就不能变成他的审美对象；相应的，面对此作品，他也就失却了审美主体资格。显然，此"隔"之责任不在作者，而在读者。王国维读白石如“雾里看花”看不清，那是他眼力不够，视野不宽，故无法领略白石词之朦胧美。这与欧阳公之“隔”相反，因为王国维一眼便瞅出对象症结之所在。看来，用“境界”这一钥匙确可打开唐、五代、北宋诸家的诗词之锁，很灵，但还未灵到万能程度，故用它来对付白石便失灵。然而，王国维的自我感觉又特好，他并未觉察到自身的不完善，相反，却用同一“隔”字，将白石与欧阳公捆在一起。殊不知同一术语完全可能含义不一，这又近乎是先掘陷阱，后让自己失足而不自知。人往往被其擅长所累。王国维亦然。我曾说“境界说”是王国维美学之巅峰，但当他独守孤峰，而忘了山外有山天外天时，他也就无力阅尽诗史春色了。当然，我作如是观，并非说白石一切皆好，如王国维批评白石忧生不足，将其置苏、辛后乃属灼见则无疑。

当初接触“境界说”时，心头总有一疑问：王国维为何又提“意境”？若“意境”与“境界”仅是同一对象的两张标签，王国维何必再拈一“意境”来替嬗“境界”？若两者确实同中有异，那么，这差异到底何在？或许，差异说清楚了，王国维再拈“意境”的动机也就不难管窥了。

我猜“意境”之“意”，即指“境界”之“内美”（诗人对宇宙人生的深切感悟或关怀），这是王国维所最珍重的。生命感悟，其实是某种价值情感体验，这是言情类诗词的天然能源。但诗词除了言情，还有写景，虽说“一切景语皆情语”[1]，然与直抒胸臆的言情相比，极尽物态的写景之情感表现总是相对含蓄蕴藉些。我想，大概正是这点，才使王国维动心另觅“意境”一词来补充“境界说”，因为“境界”二字就其词源而论，似仅指人类精神高度，这就很难用来涵盖状物为主的写景之作了。而“意境”却无此嫌疑，因为“意”与“境”二字在此可拆开用：若认同“意”等于“境界”之“内美”，则“境”就可作景

①《王国维遗书（九）》，第479页

物或景观造型解。这样，“意境”就不仅能涵盖言情之作，也可网罗写景之作了，“境界”的词源局限性也就因此被超越。这就是说，“意境”之“境”与“境界”之“境”绝非同义，若说前“境”是指景物造型，那么，后“境”乃指纯智慧水平，而这一含义在“意境”之“意”中已得以保存。所以我愿说，“意境”实是既私淑了“境界”之精萃，同时又消解了“境界”的词源局限的一个科学概念。也因此，当代文坛颇喜用“意境”而很少提“境界”，但由于人们很少关注从“境界”到“意境”这番逻辑转折，故他们在阐释或运用“意境”时，总难免将它当作“情景交融”的代名词，这就曲解了“意境”之本义。是的，凡有“意境”的诗词皆“情景交融”，但“情景交融”之作却未必都够得上王国维所界定的“意境”水平。令人难堪的是，若“意境”真是“情景交融”的简称，则王国维“境界说”也就无所谓卓越，因他不过是借一佛教术语将妇孺皆知的文学常识再表述一下而已，这当然是把中国诗学的珍品贬得不值钱了。

“意境”是“境界”的艺术极致。从逻辑上看，“意境”实为诗学化了的“境界”，在滤尽佛学光泽的同时，已出落为靠诗语造型来呈示的高品位审美文化本相。这样它与“境界”的纯精神高度这一内涵相比，“意境”的内涵显然多了一份诗性气质，这就难免使“意境”的外延有所收缩，这就是说，有“意境”者必然有“境界”，但有“境界”者则未必是“意境”。例如王国维曾激赏的牛峤“须作一生拼，尽君今日欢”，顾敻之“换我心，为你心，始知相忆深”，美成“许多烦恼，只为当时，一饷留情”等“专作情语而绝妙者”[1]，无疑是上“境界”的，但也无疑与“意境”尚有距离。因为用王国维“意境”新论，“文学之事，其内足以摅己而外足以感人者，意与境二者而已，上焉者意与境浑，其次或以境深，或以意深，苟缺其一，不足以言文学”[2]，这就将上述够“境界”的绝妙情语撇在“意境”之外了，因为它们有“意”无“境”。

①《王国维遗书（九）》，第479页

②《王国维遗书（三）》，第288页

由此不难断定,“意境”的兴奋点与“境界”不一:假如说,“境界说”着眼于诗词“内美”及其与“修能”(即意蕴与诗语技巧)之关系;那么,“意境说”则想探寻意蕴与造型,情与景之关系。对此,王国维有段话很关键,他说:“原夫文学所以有意境者,以其能观也。出于观我者,意余于境;而出于观物者,境多于意。然非物无以见我,而观我之时,又自有我在。”[①]何谓“观”?“观”是指某一高品位即“天才”的审美眼光。这就是说,文学之所以有“意境”,无非是源自这一“天才”眼光。——若以此眼光去返照自己对宇宙人生之态度,则作品的情思比重将大于景;若以此眼光去打量自然与现实,则作品的景观比重又将大于情;但又可说,没有一处景观造型不是为了寄托作者情思的,更毋庸说,当我将我的生命感悟当作诗艺表现对象来观赏时,这恰恰是因为具备了这一“天才”的审美眼光(我在此泛指诗人)。王国维这一思想,其实是将其“天才说”落实到诗艺造型层面上来了,若联系其画论,则上述动机更见明显。他说:“夫绘画之可贵者,非以其所绘之物也,必有我焉以寄于物中。”[②]这就“如屈子之于香草,渊明之于菊”,实在是因为“玩赏之不足而咏叹之,咏叹之不足而斯物遂若为斯人之所专有,是岂徒有托而然哉!其于此数者,必有以相契于意言之表也。善画竹者亦然。彼独有见于其原,而直以其胸中潇洒之致,劲直之气,一寄之于画,其所写者,即其所观;其所观者,即其畜者也”,“故古之工画竹者,亦高致直节之士为多”,也因此,“观爱竹者之胸,可以知画竹者之胸,知画竹者之胸,则爱画竹者之胸亦可知也”[③];故又曰:“画之高下,视其我之高下。一人之画之高下,又视其一时之我之高下。”[④]总之,画品来自人品。文品亦然。

由此再来看王国维对其“人间词”之评估——他为何将其创作分为两类:一类如《浣溪沙》“天末同云”,《蝶恋花》

① 《王国维遗书(三)》,第288页
② 《王国维遗书(二)》,第595—596页
③ 同上书,第594页
④ 同上书,第596页

“昨夜梦中”，“百丈高楼”属“意境两忘，物我一体”之精品；另类则“大抵意深于欧，而境次于秦”[1]，也就容易理解了。显然，上述评估所遵循的思路正是“意境论”之思路，也就是从“意”与“境”两方面来衡量作品。当王国维说自己“意深于欧”并非夸口，因为他在20世纪初中国文化急剧转型时所表现出的那种深刻而自觉的人本意识，不说绝后，至少也是空前的，用他的自白便是：“于力争第一义处，古人亦不如我用意耳”，他确擅“凿空而道，开词界未有之境”[2]；同时，当王国维说自己“境次于秦”也绝非自谦，他对自己的才华何在了如指掌，“余自谓才不若古人”[3]，此“才”当指诗性气质不如其思辨、胆识更见卓绝也。事实也正如此，尽管王国维对其诗词期望不低，但他确实未成为中国诗史之巨匠，而成了中国诗学之巨子。

①《王国维遗书（三）》，第290页

②《王国维文学美学论著集》，第371页

③ 同上

但对我而言，或许，我对王国维欲将“意境”作为系统梳理且评估中国词史的美学标尺更感兴趣。诚然，这仅仅是王国维的一个构想，是他学术生涯一朵蓓蕾初绽、远未结果的花，但这朵花委实迷人。他说：

> 文学之工不工，亦视其意境之有无与其深浅而已。自夫不能观古人之所观，而徒学古人之所作，于是始有伪文学。学者便之，相尚以辞，相习以模拟，遂不复知意境之为何物，岂不悲哉！苟持此以观古今人之词，则其得失，可得而言焉。温韦之精艳，所以不如正中者，意境有深浅也。珠玉所以逊六一，小山所以愧淮海者，意境异也。美成晚出，始以辞采擅长，然终不失为北宋之词者，有意境也。南宋词人之有意境者，唯一稼轩，然亦若不欲以意境胜。白石之词，气体雅健耳，至于意境，则去北宋人远甚。及梦窗、玉田出，并不求诸气体，而唯文字之是务，于是词之道熄矣。自元迄明，益以不振。至于国朝，而纳兰侍卫以天赋之才，崛起于方兴之族，其所为

词，悲凉顽艳，独有得于意境之深，可谓豪杰之士备乎百世之下者矣。……至乾、嘉以降，审乎体格韵律之间愈微，而意味之溢于字句之表者愈浅。岂非拘泥文字，而不求诸意境之失欤？[1]

① 《王国维遗书(三)》，第289—290页

我以为，若将上文视为王国维曾着意构筑的中国词史的提纲或胚胎，似不为过。因为它凝结着词史建构的美学方法及阐述构架等信息。只要有时间，全身心投入，以王国维的卓越才气、功底与毅力，学界有理由期待他将为20世纪中国推出第一部展示现代思辨风采的煌煌词史。然不知何故，他未能这么做。

疑问之二：类似精彩的"意境"思想，又为何作为删稿，而不是作为正文列入《人间词话》定稿？我猜原因大致有二：一是怕"意境"思想未能与"境界说"圆满契合，故为突出"境界说"计而删；二是对"意境论"太珍爱，有意另文述之，而舍不得让所有珍藏在《人间词话》中一挥而尽。我是倾向于第二可能的，叹王国维终未能了却我此心愿。这不能不说是中国文学批评史的一大憾事。

眼下，终于可以腾出手来考察"境界说"与叔本华哲学的关系了。

两者的交接点确乎显眼：王国维"境界说"有"有我之境"、"无我之境"，而叔本华笔下也曾出现"自失"、"吾丧我"等概念。事实上，大陆学界已有人将"无我之境"，视为王国维对叔本华"自失说"在诗学层面上的延伸或移植。

其实没那么简单。因为在叔本华词典中，"我"是生物意义上的意志个体在反思自身时的称谓，或者说，叔本华之"我"很接近弗洛伊德之"本我"。故叔本华屡屡强调人只有"忘我"，即暂且忘却欲念的缠绕，而以审美眼光打量对象，他才能从意志个体转化为纯粹主体，相应的，其对象也就从功

利性对象转化为美的对象——这颇像布洛“心理距离说”。譬如面对诱人的苹果，你只有将对象的营养价值、商业价值暂时撇开，而专心致志于它的浑圆形体和鲜亮色泽，苹果才能成为画家的苹果，而不是推销员的苹果。用叔本华的话来表述，则是当审美主体将他的“全副精神能力献给直观，浸沉于直观，并使全部意识为宁静地观审恰在眼前的自然对象所充满，不管这对象是风景，是树林，是岩石……人在这时，按一句有意味的德国成语来说，就是人们自失于对象之中了，也即是说人们忘记了他的个体，忘记了他的意志；他已仅仅只是作为纯粹的主体，作为客体的镜子而存在；好像仅仅只有对象的存在而没有觉知这对象的人了，所以人们也不能再把直观者（其人）和直观（本身）分开来了，而是两者已经合一了；这同时即是整个意识完全为一个单一的直观景象所充满，所占据”[①]。“我”消失了，叔本华谓之“自失”。显然在叔本华眼中，“我”与审美—艺术犹如一对宿敌，有你无我，有我无你，势不两立，水火不容。是的，若望文生义，是很容易用叔本华“自失”来穿凿王国维“无我之境”的。但麻烦也由此而来：你怎么解释王国维“有我之境”呢？你能说“有我之境”是充塞欲念的“喧哗与骚动”之艺境吗？我敢说，这一解说不仅王国维不同意，叔本华也不会首肯，因为其立场很鲜明，只有“无我”才导致审美—艺术，一旦“有我”也就没有审美—艺术。可见，叔本华哲学之“我”同王国维美学之“我”，实是一对内涵不一的“我”，千万混淆不得。

再回到“境界说”去吧，仔细辨认王国维的“有我”、“无我”到底是指什么。当王国维说：“有我之境，以我观物，故物皆著我之色彩（如‘可堪孤馆闭春寒，杜鹃声里斜阳暮’——引者）。无我之境，以物观物，故不知何者为我，何者为物（如‘采菊东篱下，悠然见南山’——引者）。”[②]其“境界说”中的“我”明显是指诗词所蕴藉的作者情思，这样，“有我之境”和

① 〔德〕叔本华.《作为意志与表象的世界》. 第249—250页

② 《王国维遗书（九）》. 第459页

"无我之境"之本义也就不难测定了。用王国维的另一些术语便是:"有我之境"是指作品"意余于境","无我之境"是指作品"境多于意"——这倒与叔本华的"艺术方式"论不谋而合。叔本华以为,诗人"有两种方式来尽他的职责。一种方式是被描写的人同时也就是进行描写的人。……在这儿,赋诗者只是生动地观察、描写他自己的情况。这时,由于题材(的关系),所以这种诗体少不了一定的主观性。——再一种方式是待描写的完全不同于进行描写的人……进行描写的人是或多或少地隐藏在被写出来的东西之后的,最后则完全看不见了。在传奇的民歌中,由于整个的色调和态度,作者还写出自己的一些情况,所以虽比歌咏体客观得多,却还有些主观的成分。在田园诗里主观成分就少得多了,在长篇小说里还要少些,在正规的史诗里几乎消失殆尽,而在戏剧里则连最后一点主观的痕迹也没有了"[①]。事实上,王国维也曾用类似语言描述过抒情与叙事的分野,他说:"客观之诗人,不可不多阅世,阅世愈深则材料愈丰富、愈变化,《水浒传》、《红楼梦》之作者是也。主观之诗人,不必多阅世,阅世愈浅则性情愈真,李后主是也。"[②]与叔本华如出一辙。区别仅仅在于,当王国维将"艺术方式"的主观性(抒情)与客观性(叙事)纳入"境界说"时,"意余于境"的主观性抒情便成了秦观式"有我之境","境多于意"的客观性叙事写景便又成了陶潜式"无我之境"。如此而已。

①〔德〕叔本华.《作为意志与表象的世界》. 第344页

②《王国维遗书(九)》. 第462—463页

当然,这并非说王国维"境界"之"我"与叔本华哲学之"我"素来绝缘,但两者只有间接牵连。因为,无论"有我之境"还是"无我之境"皆为艺术,而艺术不会以美为唯一题材。题材的原料是素材。若从素材原型契入,便可看得更清楚:有的素材是在"忘我"状态中获得的,如对名山大川的陶醉或神往本就具纯审美性;有的素材不具纯审美性,因为它来自诗人对生命境遇的现实感受乃至大喜大悲的灵魂旋涡，这就不是“忘我”，而是“我”字当头，以“我”为核心，才惹出无数是非。这就使王国维“境界”与叔本华之“我”多少有点瓜葛。但不论纯审美性素材也罢，非纯审美性素材也罢，它们若想进入王国维“境界”即被加工为题材，全得经历一番形变或涵变，以适应创作意图。故王国维又说：“无我之境，人唯于静中得之；有我之境，于由动至静时得之。”[①] 此“静”为柏拉图式的静观之“静”，实质上是指滤尽了世务俗趣、尘间烦恼的审美心境；相反，“动”当然是指被功利权衡弄得无法安宁的内心跌宕。这就是说，“无我之境”固然是靠天姿娴静的纯审美性素材构成，但“有我之境”，也须将非纯审美性素材来一番改造，犹如壮怀激烈者只有将激烈之壮怀化为对象而静观之，即“由动至静”，它才能转化为艺术题材。这表明，尽管艺术不以美为唯一题材，但其本性却是审美的。有意思的是，叔本华也曾将艺术抒情过程看成是某种静躁交替过程。他以为，诗人具有两重人格：一方面，他是意志个体；另一方面，“由于看到周围的自然景物又意识到自己是无意识的、纯粹的‘认识’的主体。于是，这个主体不可动摇的，无限愉快的安宁和还是被约束的，如饥如渴的迫切欲求就成为（鲜明的）对照了。感觉到这种对照，这种（静躁）的交替……就是构成抒情状态的东西。在这种状态中好比是纯粹认识向我们走过来，要把我们从欲求及其迫促中解脱出来；我们跟着（纯粹认识）走。可是又走不上几步，只在刹那间，欲求对于我们个人目的的怀念又重新夺走了我们的宁静的观赏。但紧接着又有下一个优美的环境，（因为）我们在这环境中又自然而然恢复了无意志的纯粹认识，所以又把我们的欲求骗走了”。“抒情状态中，欲求（对个人目的的兴趣）和对（不期而）自来的环境的纯粹观赏互相混合，至为巧妙。”[②] 巧则巧矣，但我认为，叔本华那么多话，仍不如王国维“由动至静”言简意赅，一矢中的。

① 《王国维遗书（九）》. 第460页

② 〔德〕叔本华.《作为意志与表象的世界》. 第346页

>>>>>>>>>>>>>>

从“境界说”与叔本华的关系来看,我发觉王国维对叔本华的消化力与再创力,明显地比他撰写“古雅说”时强,生吞活剥少了,活学活用多了,毕竟“古雅说”的撰写期比“境界说”的竣工要早若干日子。“士别三日”便得“刮目相看”嘛,但也有些老毛病未见克服。如当他将叔本华美学引进“境界说”,将“无我之境”等同“优美”,又将“有我之境”等同“宏壮”时,[1]人们仍觉其思路不够流畅,有梗塞物。因为从文化学角度出发,优美的“无我之境”之品位似比宏壮的“有我之境”为高。王国维也说过:“古人为词,写有我之境者为多,然未始不能写无我之境,此在豪杰之士能自树立耳。”[2]将“无我之境”与词坛“豪杰”挂钩,可见其难得。但在另处,王国维又将若干优美诗词称为小境,而将另些宏壮诗词誉为大境。[3]这又不免令人疑云再起:优美的“无我之境”难得,却成小境;宏壮的“有我之境”易赋,倒是大境,这说得通吗?还有,“有我之境”、“无我之境”到底是指作品整体,还是指某一诗行局部,王国维也没说清。如为王国维看好的“采菊东篱下”属陶潜《饮酒》第四首,当属整体性“无我之境”;但同样惹他喜欢的“寒波澹澹起,白鸟悠悠下”则为元好问《颍亭留别》诗中之一联,虽拟为“无我之境”,然读到末联“回首亭中人,平林乱如麻”,似又变成“有我之境”了。于是问题复杂了:面对《颍亭留别》整体,你究竟判为“无我之境”,还是判为“有我之境”,还是两境的交替或交织?难说。而这一困惑若不圆解,是否将诱导诗人为求局部“名句”而忽略整体“高格”,乃至有损作品的艺术完整呢?也难说。

① 《王国维遗书(九)》,第460页

② 同上书,第459—460页

③ 同上书,第460页

第五节
结　语

以“境界说”为顶点的王国维人本—艺术美学与叔本华的思想血缘，可以说，既是20世纪中西美学关系的第一命题，也是中国现代美学赖以发生的首要课题。下面，我想从学术史角度谈些看法，权作本章结语。

第一，文的自觉。将文学作为纯语言艺术，并进而将艺术作为独立于政教人伦之外的审美性精神创造——若就其行为自觉而言，大约在魏晋便已发端；但就其理论自觉而言，即从人类精神活动方式之高度来界定艺术的非功利性，则此功非王国维莫属。从此，被“文以载道”压了数千年的中国文坛，总算开了天窗，可以探出头去，吸一口新鲜空气了。王国维“无用说”关于艺术本性之雄辩及其“古雅说”对艺术程式的精细品味与珍爱心态，不仅为中国美学之首创，同时也使有所更新的中国美学找到了与西方现代美学的共识，从而使中国美学成了与现代世界美学思潮遥相呼应的东方支流，而不再憋在古长城内墨守成规了。假如日后有人叙述20世纪中国文学观念的历史转折，那么，我要说，该转折的第一源头即在王国维。因为即使被视为惊世骇俗的新时期文论探索，就其基本观念而论，有些也可追溯到王国维,可见其理论的生命力或现代感之强。

第二,人的觉醒。“人的觉醒”实为“文的自觉”赖以发生的内在动因,这就是说,支撑“文的自觉”的理论支柱,恰恰是王国维对人的生命价值的珍视与激扬,于是,人不再被封建模具浇铸成只存天理却无个性的宗法零件,而出落为有血性、有灵气、不倦探询人生真髓的主体。学界往往将近代人文主义在中国的传播,归功于五四新文化运动前驱,这没错;但却很少有人以比较的眼光,发现王国维对宇宙人生的终极关怀即人本主义契之相连,或许比重在文化—政治批判的“五四”前驱,有更纯粹、更深挚,也更丰富的人学意蕴。可贵的是,王国维还将此思考贯穿于“天才说”和“境界说”,将作者有否深挚的生命感悟作为衡量艺术的文化品位的美学标尺,这就不仅将诱发艺术家的精神超越,同时也使公众通过接受高品位艺术,而使自己对人生愈益严肃或执著。

第三,论的独立。这不仅体现王国维美学已彻底摆脱了封建政教意识形态,而变成真正研究艺术的本性、规律、理想及其艺术化的人类生存意义——这么一门人文科学;更重要的是,与历代文论、诗论、画论相比,王国维美学在思维方面已获得传统美学所不曾有的理论形态。就其思维水平而论,理论与思想确实不在同一层次:假如某一观念纵然表达得不系统、不严密,甚至失之散漫、零碎,但只要言之有物,发人深省,仍不失为“有思想”;但理论却非立论明确,论证严谨,条分缕析,自圆其说不可。思想可以仰赖灵感或直觉,只要有创意就行;理论却要靠逻辑来汇集、筛选与组织思想,去芜存菁,集零为整,以难以辩驳的明澈与浑然一体的凝重去打动人。因此,也可说思想是原料,理论才是成品。记得学界曾有人称中国传统美学为“潜美学”,而非真正理论意义上的“美学”,并非无理;或许,王国维的功绩之一,正在于他推动了中国“潜美学”向“美学”之转型。事实上,王国维美学的逻辑建构本身便带有转型期所难免的新旧互渗之特征。

先看方法基础。方法是任何理论建构的思辨法则或灵魂，它不仅预先规定了理论研究的对象范围，同时也是编织理论网络的操作性经纬。传统美学建构似很少讲究统辖全局，没有一以贯之的方法，故往往使真知灼见如断线珍珠，乍看局部不乏精妙，再看全体则未免堆砌，不见有机结构。不错，王国维生前未写过系统的美学专著，他那"天才说"、"无用说"、"古雅说"、"境界说"所构成的人本—艺术美学，也是靠后人才整合的；但这一整合所以成立，又恰巧证明王国维"四说"之间确有某种隐性结构，整合之成功不过是这隐性结构的外化或实现而已。这就像拼缝成衣所以顺利，无非是因为原先衣料裁片业已齐全，只差最后一道工序了。显然，王国维美学的隐性结构源自其方法，这方法便是叔本华"对人生苦痛的审美超越"，它像同一基因将王国维"四说"孕育成孪生兄弟，虽风貌有别，却血缘归一；但毕竟还未将"四说"连为一体，即方法对美学结构之统辖尚未完全到位。从传统美学的无结构，经王国维美学的隐结构，到现代美学之结构，可见王国维在方法意识及其应用方面确是新旧参半，既继往又开来的。

再看核心概念。核心概念是理论系统的母题，系统内的所有定律或子概念，可以说都是从核心概念中推导出来的。故也可说，方法对结构的统辖最终是靠核心概念的内涵界定与外延展开才充分实现的。传统美学遗产可谓丰饶，却很少有环绕核心概念而有机展示的，有时也不是没有好见解、新观点，如"风骨"、"性灵"等，但几乎没有人能对类似术语作严格定义与演绎，往往满足于点到即止，结果便使好多不无灵气的观点由于得不到逻辑支撑，而最终萎缩为一个有意味的词。这是理论上的"言而无文，行之不远"。正是在这一点上，王国维美学似明显地高于先贤。因为其非功利性"审美"

作为核心概念,确像经络布遍了美学“四说”:假如说“天才”是审美力的艺术主体化身,“无用”是审美—艺术的本体特征,“古雅”是对艺术程式美的简称,那么,“境界”则是对高品位审美文化的诗性期待。这就是说,“对人生苦痛的审美超越”这一方法主线,正是靠非功利“审美”这一核心概念,才使王国维“四说”有可能趋向事实上的理论整合的。当然,王国维审美概念所以如此成熟,离不开叔本华的熏陶,因为说到底,审美概念毕竟是王国维从叔本华处拿来的,并非再创的。

《人间词话》中的“境界”概念倒是王国维的再创,也正因为是再创,故不免生糙,欠圆润丰满。譬如不仅不见对“境界”的确切定义,即使对“境界”的外延类别划分也大体流于纲目式的罗列与对照,而未作较细深的系统比较。维特根斯坦曾说,创造一个科学概念是艰苦的劳动,又说概念提炼不能揠苗助长。是的,王国维是诚实的,他在铸造“境界”这一核心概念时没有硬来,但也确乎证明“境界”概念其实还是胎儿,还未到分娩期,它却呱呱坠地早产了。不错,比起沧浪“兴趣”、阮亭“神韵”,王国维用“境界”来指称诗词的高文化品位,无疑棋高一着;但若与王国维对“审美”概念之演绎相比,则“境界”还缺少一种行云流水、间无阻隔的气势即逻辑动力感。所以,再从演绎系统来看,则《人间词话》确实离真正的理论整体尚有差距,这不仅因为其核心概念“境界”之内涵未见明晰亮相,更是因为从母概念到子概念(如从“境界”→“高格”→“气象”→“词品”)未见线性运演,似无迹可循,犹如散落湖泊的星状孤岛,岛与岛之间没有桥,只能让思维在其间作模糊性跳跃,于是整篇《人间词话》也就称不上是整体,而更像是诗学断想与印象评点之连缀;我不否认若干条目间尚有有机感,但总体上仍处于半系统思维水准则无疑。所以,当王国维将《人间词话》题为“词话”而非“词学”,看来也不尽出自谦虚或沿袭俗成，而实在是与其思维形态相契。

诚然，事物是需要比较的。当我对王国维《人间词话》评头品足时，我并未忘记若将它与中国第一部诗话《六一诗话》或近人梁启超的《饮冰室札记》摆在一起，则王国维的现代思辨感又相形而见“显著”了。是的，不论王国维《人间词话》或王国维美学有何疵点，它终究比任何先贤更靠近现代美学。所以，称王国维是中国唯一一位活到了20世纪的近代美学家，并不过分。这一“活”字当然不是指他的生理存在，而是指他对20世纪中国现代美学与中西美学关系走向的深远影响。这一世纪性影响或许到下一世纪将更强烈地显现。总之，王国维美学既是中国现代美学的长子，又是中西美学关系的第一混血儿，它在草创世纪性学术奇观的同时也留下了累累斧痕。这与其说是开拓者无暇弥补的空白，毋宁说是历史特意空出的一段诱人回味的飞白。假如前驱将一切皆臻于完美，那么，还要我们这群子孙干什么呢？

>>>>>>>

百年学案典藏书系 · **王国维:世纪苦魂**

第二章

王国维接受叔本华哲学的价值心态定势

王国维人本—艺术美学的思辨基点源自叔本华，这是史实。史实属经验层面，经验是需要解析的。科学的功能之一，就在于追问经验何以发生及其存在形态，从而使模糊趋向澄清，使难以言说变得可被言说。于是，叔本华对王国维美学的影响一案，在此也就转化为王国维为何接受叔本华一题。换言之，凡是影响性比较美学研究，其实质都是接受美学。这就是说，王国维所以会在叔本华处寻寻觅觅，定是因为叔本华确能满足王国维的某一渴求。因此，若我将王国维独钟叔本华的价值心态定势说清楚了，则叔本华何以能被王国维尊为哲学导师也就不言而喻了。

第一节
灵魂之苦:天才情结与人生逆境的严重失衡

早有人指出,是悲观主义的灵魂之苦使王国维走向了叔本华哲学,却很少有人追究这灵魂苦痛又来自何方。

我以为,由天才情结与人生逆境的严重失衡所酿成的灵魂苦痛,才是直接驱动王国维师承叔本华的内在动因。

王国维虽为旧文人,但每每涉及自我评价时却毫无儒生的谦谦之风,反倒坦率得惊人。他不仅从不讳言自己是"天才",并还见缝插针地利用一切场合,从各种角度重申自己无愧为"天才",既是自慰,亦是自荐,唯恐学界不知道。譬如他对其"人间词"感觉甚好,便托名表白其词"言近而指远,意决而辞婉,自永叔以后,殆未有工如君者也。君始为词时亦不自意其至此,而卒至此者,天才,非人之所能为也"[①];又如《静庵文集·自序》也坦然自述"其见识文采亦诚有过人者","斯有天致,非由人力"[②]。若以为上述言辞仅仅出于王国维对自我成就之得意,则差矣;根子乃在于王国维对天才情结的耿耿于怀。因为早在他崭露头角前,尚在《时务报》馆跑腿与就读东文学社时,他便踌躇满怀了:"我身居斗室,我魂

①《王国维遗书(三)》,第288页

② 同上书,第611页

驰关山”，“惜哉此瑰宝，久弃巾箱间”；后幸亏受知于罗振玉，他才欣然道出：“匠石忽惊视，谓与凡材殊。”[①]

自古雄才多磨砺。说来也怪，王国维的孤芳自赏固然令人想起叔本华的自我标榜，但叔本华年轻时由于双亲婚变、母子隔阂所郁积的生存苦恼，又使人想起王国维的人生坎坷。或许，与叔本华17岁便痛感的生存苦闷相比，王国维所忍受的心灵煎熬更甚，甚至可以说，叔本华所陷入的纯精神痛苦，在王国维眼中可能还是某种值得艳慕的高层次忧患呢。因为不论青年叔本华如何痛苦得“如同佛陀”[②]，他毕竟有钱，父亲的丰厚遗产使他无须为谋生而劳碌，以至从19岁—25岁，六年间他可像机器那样博览群书，哲学、医学、物理学、植物学、天文学、气象学、法学、数学、历史学、音乐等，无所不包；25岁完成博士论文，后着手巨著《作为意志与表象的世界》，于而立之年脱稿。他说：“从出世的那天起，就拥有保障生存的财富，最好没有家庭，仅仅为了自己，完全独立，没有承担义务的劳累，这优越性是无可估价的。”[③]叔本华是充分享用了这人生的优越的。叔本华所拥有的恰恰是王国维梦寐难求的。王国维的青春岁月早被家贫、体弱、位卑、世乱抹得黯然。不错，王国维与叔本华一样出生于商人家庭，但叔本华祖上为波兰望族，曾在家中接待过俄皇彼得大帝与皇后凯瑟琳，可见气派非凡；相比之下，王国维家境寒碜多了：“一岁所入，略足以给衣食”；“家有书五六箧”；王国维“十六岁，见友人读《汉书》而悦之，乃以幼时所储蓄之岁朝钱万，购‘前四史’于杭州，是为平生读书之始”，故孤陋寡闻；“未几而有甲午之役，始知世尚有所谓学者”，但“家贫不能以资供游学，居恒怏怏”；“二十二岁正月，始至上海、主《时务报》馆、任书记校雠之役”；“二月之东文学社”，“夏六月，又以病足归里，数月而愈。愈而复至沪，则时务报馆已闭，罗君乃使治社之庶务，而免

①《王国维文学美学论著集》. 第296页

②〔苏联〕贝霍夫斯基.《叔本华》. 刘金泉译. 北京：中国社会科学出版社，1987，第10页

③〔苏联〕贝霍夫斯基.《叔本华》. 第10页

其学资”;“又一年,而值庚子之变,学社解散”;“而北乱稍定,罗君乃助以资,使游学于日本”,“昼习英文,夜至物理学校习数学。留东京四五月而病作,遂以是夏归国。自是以后,遂为独学之时代矣。体素羸弱,性复忧郁,人生之问题,日往复于吾前”。[①]

“侧身天地苦拘挛。”[②]此诗作于1899年,是年22岁,王国维已深深地陷于人生的夹缝,苦无出路了。一方面,他坚持天生我材必有用,不时瞥见理想的月桂在朝他微笑;但另一方面,“眼底尘埃百斛强”[③],世间的困窘逼迫他不是因贫扰学,便是因病辍学,一次次捣碎其天才梦。理想与现实,乐土与尘寰的激烈冲撞,使他那颗早慧之心蕴涵过多的苦水,无怪他在功成名就之际,忆起上述苦难时,仍一句一唏嘘,一行一沉郁;也无怪他在当时便将自身喻为断翅的鸟,“欲从鸿鹄翔,铩羽不能遽”[④],甚至看到钱塘江“日日西流,日日东趋海”[⑤],也无端地触发迷惘与哀痛,仿佛江流的事与愿违,正暗示了他命运的乖戾似的。揪心的阵痛就这样使王国维愈加忧郁。“云若无心常淡淡。”[⑥]王国维何尝不想让自己清淡如云呢?但难也难在他的心静不下来,因为天才意识太浓了,而其命又太不公了。叔本华曾说:“天才所以伴随忧郁的原因,就一般来观察,那是因为智慧之灯愈明亮,愈能看透‘生存意志’的原形,那时才了解我们竟是这一副可怜相,而兴起悲哀之念。”[⑦]王国维的灵魂之苦,即苦在此。这表明早在王国维拜读叔本华(1902年)前,他心底已储满接受叔本华的基因了。假如说叔本华是一把火,那么,王国维早就是待燃的干柴。

这就解释了,为何王国维先读康德《纯粹理性批判》读不下去,而读叔本华《作为意志与表象的世界》却全身心投入了呢?这不仅因为康德文风艰涩,而“叔本华之书,思精而笔锐”[⑧],更重要的乃是因为康德是谈认识论,而叔本华则大讲

①《王国维遗书(三)》.第609页
② 同上书,第556页
③ 同上书,第555页
④ 同上书,第553页
⑤ 同上书,第316页
⑥ 同上书,第556页
⑦〔德〕叔本华.《生存空虚说》.北京:作家出版社,1987,第166页
⑧《王国维遗书(三)》.第609页

人生观，“其观察之精锐，其议论之犀利”，当然会使王国维“心怡神释”[①]。这说明，王国维、叔本华这两颗不同时空的灵魂所以会不期邂逅，实是因为他们有相似的生命感悟。这相似的生命感悟便是先在于主体与对象间的文化契约，一旦相撞，转眼兑现。不约而同是因为有约在先。这又说明，王国维一开始并不是从世界哲学史，而主要是从切身人生体验去读叔本华的，于是，当他对叔本华作人本主义解读时，叔本华也就成了他期待中的人生哲学导师了。也正是在这意义上，我想说，文化关系史上的所谓“影响”，其最深刻的含义，似是对接受者曾有过的灵魂波动的一种挖掘或确认；或者说，接受物对接受者而言，实是提供了一种启发式或表达式。所谓启发式，是指人心存疑惑却又不知何故时，能捅个天窗，拓宽思路，变阻塞为畅通；所谓表达式，则是指能将人们难以言说的心里话说明白或说个痛快。叔本华对王国维的作用正在于这两点。记得王国维论“境界”时曾说：“然非自有境界，古人亦不为我用。”[④]只需改一字：“然非自有境界，洋人亦不为我用。”此“洋人”当指叔本华。

①《王国维遗书(三)》，第331页

④《王国维遗书(九)》，第480页

第二节
接受过程:从《红楼梦评论》到《人间词话》

王国维是个极富哲学眼光的美学家兼诗人,他在诗词创作、文艺批评与美学研究中所显示的哲学意识,并不亚于其艺术美学,若有人誉之为20世纪中国人生哲学之先声,我投赞成票。而且,有意味的是,正是这不无现代色彩的人生探寻成了王国维倾心美学的原动力或哲学背景,或者说,其美学研究与人生探索之间有一种深刻的同步性,以至他建构人本—艺术美学之过程,也就是他确立人生价值支柱之过程。鉴于叔本华既为王国维美学建构提供了思辨基点,又为其人生选择出示了价值参照,于是,王国维对叔本华的接受过程,实际上又成了上述两过程得以同步的精神调节器;这样,由《红楼梦评论》(1904年)→《静庵诗稿》(1905前后)→《人间词话》(1906—1908年)所勾勒的王国维心路历程三阶段,又恰巧与王国维对叔本华的接受三部曲,从学识领悟→情态反刍→学理再创,大体对应。

《红楼梦评论》是我国红学史上的石破天惊之作。学界大多注重其方法与文体。诚然,比起脂砚斋的即兴眉批或金圣叹的印象谈片,王国维《红楼梦评论》的理论准备无疑是厚实的，他从叔本华处借了把锋利牛刀，故肢解起名著来比任何人都游刃裕如。于是整篇《评论》读起来，也是高屋建瓴，纵深推进，所向披靡，而不像传统评点，虽精妙机警，却不免零碎，无整体感。但我认为，若从比较美学着眼，则它的另一价值可能更珍贵，这就是作为王国维的心史文献，它是作者对叔本华的学识领悟的初始显影。

任何接受行为，若作为内化过程来展开，其初始阶段总带有模拟性。王国维也不例外。《红楼梦评论》正是这么一次模仿叔本华思路来剖析《红楼梦》意蕴之尝试。其推论极大胆：宝玉之"玉"即叔本华之"欲"，欲所以幻化为女娲补天剩下的最后一块通灵顽石，并附身宝玉至尘世潇洒走一回，本是为了艺术地印证"人类之坠落与解脱，亦视其意志而已"，"而《红楼梦》一书，实示此生活此苦痛之由于自造，又示其解脱之道，不可不由自己求之者也"[①]。于是，宝玉也就沦为叔本华欲念赖以显现自身的文学傀儡，他衔玉入世是为了展示纵欲之痛苦本相，他弃玉出世是为了昭示禁欲之超脱大境，其啼笑痴迷、心态风神皆是在围绕欲念转。当然，此欲是指"男女之欲"，因它"强于饮食之欲。何则？前者无尽的，后者有限的也；前者形而上的，后者形而下的也"，"是故前者之苦痛，尤倍蓰于后者之苦痛"[②]。但又否极泰来，所以当宝玉"彼于缠陷最深之中，而已伏解脱之种子：故听《寄生草》之曲，而悟立足之境，读《胠箧》之篇，而作焚花散麝之想，所以未能者，则以黛玉尚在耳。至黛玉死而其志渐决，然尚屡失于宝钗，几败于五儿，屡蹶屡振，而终获最后之胜利。读者观自九十八回以至百二十回之事实，其解脱之行程，精进之历史，明了精切何如哉"[③]！

在正宗红学家眼中，王国维《红楼梦评论》未免偏执，且不提将纯属幻想的通灵宝玉定为欲念化身是否出格，即使是"男女之欲"，也不能不讲层次类别。譬如宝玉对袭人可以随

①《王国维遗书(三)》，第427页

② 同上

③ 同上书，第430—431页

时占有,但对黛玉却不敢丝毫轻侮,对宝钗则艳慕而不贴心。这儿起作用的,与其说是生理之欲,毋宁说是文化之情。宝玉并不缺少女人,但痴痴地神往纯情。大观园也未严禁宝玉玩女人,却严防他与黛玉的灵肉联姻。黛玉不是宝钗,她不具备能被封建正统欣然接纳的那种妇道气质。若承认此,则宝玉造型所蕴涵的反礼教的文化批判意味也就无可否认。当然,我也不否认小说所渗有的悲凉或虚无,但这毕竟是多元浑涵的小说整体的氛围之一,并非是贯串始终的单线延伸。否则,在将宝玉性格寓言化的同时,恐怕整部《红楼梦》也得降为是对叔本华哲学的文学演绎了。

但王国维倒不怕作此推论。他所以对《红楼梦》赞不绝口,就是因为他认定名著的价值,正在于宣传了欲念的自我解脱。他说:"吾国人之精神,世间的也,乐天的也,故代表其精神之戏曲小说,无往而不著此乐天之色彩:始于悲者终于欢,始于离者终于合,始于困者终于亨;非是欲厌阅者之心,难矣!""故吾国之文学中,其具厌世解脱之精神者,仅有《桃花扇》与《红楼梦》耳。而《桃花扇》之解脱,非真解脱也:沧桑之变,目击之而身历之,不能自悟,而悟于张道士之一言……故《桃花扇》之解脱,他律的也;而《红楼梦》之解脱,自律的也。且《桃花扇》之作者,但借侯、李之事,以写故国之戚,而非以描写人生为事。故《桃花扇》,政治的也,国民的也,历史的也;《红楼梦》,哲学的也,宇宙的也,文学的也。此《红楼梦》之所以大背于吾国人之精神,而其价值亦即存乎此。"[①]它体现在美学上,则又成了"彻头彻尾之悲剧也"。何则?因为《红楼梦》是写"普通之人物,普通之境遇","彼示人生最大之不幸,非例外之事,而人生之所固有故也"。这就给读者以"无时而不可坠于吾前"之感,"且此等惨酷之行,不但时时可受诸已而或可以加诸人;躬丁其酷,而无不平之可鸣:此可谓天下之至惨也"[②]。总之,无论内容还是形式,

① 《王国维遗书(三)》,第431—433页

② 同上书,第434—435页

《红楼梦》皆为形象注疏叔本华哲学的最佳读本。

欲擒故纵。我所以大段引用王国维原文，是为了足资表明，与其视《红楼梦评论》为实证性研究，倒不如将它看成是王国维对自己在1902—1904年间的生命感悟的一份特别小结。该小结“特”在如下两点：一是用叔本华词汇写的；二是通过对《红楼梦》的独特观感来阐发的。鲁迅曾说，《红楼梦》使革命家看见排满，使才子看见缠绵。现在不妨加上，它使王国维看见叔本华哲学。我以为，从何种角度契入小说，本是每个读者的权利。实际上，王国维的这一阅读定势，从接受层面来说是证明了名著意蕴的多指向或多元浑涵，从行为角度来说则是透漏了本人的心灵密码，即《红楼梦评论》半是为了宣泄自己的灵魂之苦，半是为了综述自己对叔本华的倾心与领悟。诚然，当他企图靠《红楼梦评论》来借题发挥这一切时，名著无疑是被简单化了，但对真实显现他此刻的价值心理动态而言，则是被清晰化了。

那么，将《红楼梦评论》作为折射王国维心史的珍贵文献，它让我看见了什么呢？我看见王国维对叔本华哲学之接受，在初始阶段主要限于学识领悟，即还未沉潜到情态—意绪层面，将叔本华信息变成自己的呼吸或脉搏，还来不及反刍与消化，只是近乎贪婪地大口吞咽，像海绵吸水似的。这体现在《红楼梦评论》上，便是对叔本华原理作大块大块地模拟性译介、转述或借代，除个别疑惑外，很少有独立见解，也鲜见独创术语。这显然与王国维的创造型学者形象有所不符。

王国维对叔本华哲学的情态反刍，在《静庵诗稿》中渲染得最浓郁。所谓情态反刍，是指王国维对叔本华之接受不再流连于学识层面，而是深入到了情调、意绪层面；不再是借叔本华之术语酒杯来浇自身之忧生块垒，而是用个性化诗语来独抒性灵;从词汇角度看似与叔本华游离了,但悲观的忧生主题不仅未改,反而更能道出王国维的生存真实即多层次灵魂之苦。

一是“强颜入世苦支离”[1]。我曾说,王国维的灵魂之苦源自天才情结与人生逆境的严重失衡。尘世本非王国维自我实现之乐土,但王国维若还想孜孜进取,而不自暴自弃,他又非入世谋生不可,然后才是治学、干事业。这倒是符合唯物史观的,人类先得解决生命的延续与生命的再生产,其次才是生命的发展。但问题是在社会分工早已发轫的现代世界,再让王国维这位巨子仅“为生活故而治他人之事,日少则二三时,多或三四时,其所用以读书者,日多不逾四时,少不过二时”[2],大材小用,实于心不甘。个中苦味,也只有王国维才体验真切。有时竟忙得连发愁的时间也没有,只在闲暇时愁味才来,搅得王国维连叹“可怜愁与闲俱赴,待把尘劳截愁住”;又不便多说,其所承接的繁忙教务虽与事业不甚合拍,但毕竟是师长给的饭碗,感恩还来不及呢,能怨谁呢?于是,只得呆呆地瞪着“灯影幢幢天欲曙,闲中心事,忙中情味,并入西楼雨”[3]。此为“强颜入世”之苦也。

二是“黯淡谁能知汝恨”[4]。似乎一切文化巨子都怕“高处不胜寒”。面对宇宙人生,有几人能像王国维想得那般细深,那般痴迷呢?除了叔本华幽灵,几乎谁也不具与他对话的资格。就连颇赏识他的罗振玉,也未必真正读懂了他的灵魂,要不,为何当年送他留学日本不是攻哲学,而是攻物理?又为何后聘他任教,几乎当教书匠使,而不太珍重其学术才华之发挥,以至他有寄人篱下之感呢?看来,要理解纪念碑很难,除非他本身也恢弘得像纪念碑。但纪念碑总是极少数,绝大多数皆平凡得像泥土。当纪念碑羞于躬背屈膝去低就泥土时,泥土也怯于高攀纪念碑哩。世界就这样被搅得复杂了。于是王国维也就成天地肃穆起来,默默上班,默默下

① 《王国维遗书(三)》,第562页
② 同上书,第610页
③ 同上书,第308页
④ 同上书,第556页

班，仿佛加缪笔下的“局外人”，尘世不是他的家，他是纯粹属于他自己的。这就酷似他所咏叹的“杨花”：“开时不与人看”，“一样飘零，宁为尘土，勿随流水”。但精神孤苦依旧，于是又“怕盈盈一片春江，都赋得离人泪”[1]。他也曾尝试冲出心造的苦闷，“时与二三子，披草越林莽”，“高谈达夜分，往往入遐想”[2]；但更多的时候却是“欢场只自增萧瑟，人海何由慰寂寞”[3]；特别是当他学涯受挫，忧思如焚，渴望与人交流时，他更是痛感世俗的凄清：“欲语此怀谁与共，鼾声四起斗离离。”[4]此为知音难觅之苦也。

三是“金、焦在眼苦难攀”[5]。“金、焦”二山作为诗语象征，当指王国维所执著追求的人生大境，但由于此境太高远圣净，他感叹其可望又不可及。“可望”是指心神往之，“山寺微茫背夕曛，鸟飞不到半山昏，上方孤馨定行云”，崇高而悠远；“不可及”是指身不能至，“试上高峰窥皓月，偶开天眼觑红尘，可怜身是眼中人”[6]，多么渺小，多么卑微。这首《浣溪沙》将王国维对理想的苦恋和矛盾心态描绘得极其微妙且深刻。从上阙到下阙，作者的视角也从地面升到天上，由瞻仰转为俯瞰，即不再置身于纷扰尘世来打量人生，而是飞到月球上去扫视自身，结果发现自己也像芸芸众生一样浑浑噩噩地劳碌。王国维不是苏轼，苏轼能从蚍蜉般短暂的人生推出生命的隽永；王国维倒像加缪，加缪面对沉默的岩石，老怀疑它在冷冷地嘲笑人类，因为没有人能比地球上的岩石活得更久。——在王国维那儿，则是让石头变月亮“偶开天眼”看人。多么蔑视，多么不介意乃至懒洋洋，一个“觑”字，令人想起高高在上的灵隐如来的垂眼一觑，仿佛在看某个不值得看的活宝似的。有人说此词旨在突出作者的众醉独醒之意，我却以为这只说对了一半，另一半则是王国维——想出世而出不了，想拔起头发离开地球，脚却陷在黄土地——这么一种难言之尴尬。因为他对自己算看准了，“我身即我敌，外物非

① 《王国维遗书（三）》，第316页
② 同上书，第557页
③ 同上书，第560页
④ 同上书，第558—559页
⑤ 同上书，第308页
⑥ 同上书，第307页

>>>>>>>>>>>>>>

所虞”[1],意谓其人生境遇虽不如意,但症结乃在自身,即有时也像蚕那样“茫茫千万载”,“草草阅生死”[2],这是蚕自己喜欢这么活呢,还是天之命定呢?王国维说不清,但他又分明见到如此命定固然不仁,然而,甘愿混日子的人还真不少呢!若真能醉生梦死倒也罢了,但王国维做不到这点,“胸中妄念苦难除”[3],“蓦地深省”,便夜不能寐,“起踏中庭千个影”,却依旧“惘然”。[4]为何皓月中天,李白能“对饮成三人”,苏轼能“起舞弄清影”,偏偏王国维愁肠百结呢?无非是他更清醒,也就不易怡然成梦,亦即他所以想不开,是因为他看得更透。这就苦上加苦了。

突发奇想:若王国维能有幸活到20世纪下半叶,听人说人生是难以言喻的荒诞存在,他将作何感想?我猜他会首肯称是的。因为他在写“人间词”期间也确被这人生之谜撩得晕头转向,左右为难了。有时,他也恍惚悟得自己似是被某一主宰抛到现世来的,否则,他很难写出“人间事事不堪凭,但除却无凭两字”[5]这种词来。“凭”:依据、依靠也,把握之可能也;“事事不堪凭”,便是人在现世把握不住自己,无力自控,即“无凭”。“人间总是堪疑处,唯有兹疑不可疑。”[6]既然人生如此不可靠,那还有什么价值呢?王国维的精神支柱将难免因此而摇晃,因为信仰不是靠怀疑,而只能靠虔诚来维系的。也因此,他必然会梦见如下幻境:“万顷蓬壶,梦中昨夜扁舟去。萦回岛屿,中有舟行路。波上楼台,波底层层俯。何人住,断崖如锯,不见停桡处。”[7]王国维的理想目标终于幻化为卡夫卡式的“城堡”,可往而不可驻。这较之王国维曾慨叹的“终日驰车去,不见所问津”,其孤苦更甚。因为我所以终日难逢可问津的知音,那是我太超前了,反衬出世间的沉寂,这是在否定世界而非否定自我;但若自己的追求真像“断崖如锯”、无路可循的“波上楼台”的话,那就惨了,因为这不是在否定世界,倒是在否定自我了。这对王国维说,未

① 《王国维遗书(三)》,第559页
② 同上书,第563页
③ 同上书,第558页
④ 同上书,第309页
⑤ 同上书,第308页
⑥ 同上书,第309页
⑦ 同上书,第304页

免太残酷了。因为王国维作为一个极其严肃的学者，理想或信仰是他的第二生命，否定其理想，他赖以生存的精神家园、理由与勇气也就被否定了，他就可能毅然结束生命。也因此，王国维哀叹："何为方寸地，矛戟森纵横？闻道既未得，逐物又未能。衮衮百年内，持此欲何成！"[1]这绝非自我恐吓，而实为天才灵魂的深刻悲恸。

① 《王国维遗书(三)》，第557页

学界在研究中国现代思想文化史时，曾公认鲁迅是现代中国最苦痛的灵魂。假如我们不拘泥于1919年("五四")才是现代史的开端，而把它挪到1898年("戊戌变法")，即20世纪前夜，那么我敢说，比起鲁迅来，王国维的灵魂苦痛也许是有过之而无不及的。当然，这对巨魂各有异彩。鲁迅雄阔，他所以痛感"灵台无计逃神矢"，除了目睹"风雨如磐黯故园"，更是因为"寄意寒星荃不察"。"荃"者，上帝也，民众也，当整个民族如睡狮未觉醒，鲁迅也就只好愤而呐喊独行，"我以我血荐轩辕"了。显然，鲁迅首先是为国魂麻木而苦痛，故，他会被觉醒的中国青年尊为"民族魂"。相比之下，国运衰竭与民意麻痹之阴影，固然也不时在王国维脑海闪回，但王国维的焦虑中心却不在外，而在内，是天才情节与人生逆境的严重失衡，导致他陷于拉斯柯尔尼科夫(陀思妥耶夫斯基小说《罪与罚》之男主角)式的自怨自艾、自虐自责，乍看似为纯个体精神悲剧，但他那不同凡响的生命感悟所蕴藉的对人本价值的终极关怀，却分明使其思想境界逸出了民族之疆域，而与现代世界文化直接接轨。也因此，当肩负历史一文化批判重任的青年鲁迅奋然走向尼采的超人哲学时，沉湎于自我实现梦想的王国维却悄悄地对叔本华的意志哲学作人本主义解读。这真是人各有志，情各所系。是的，大凡巨魂没有一个是安宁的。但鲁迅首先是为国魂麻木而忧愤，他可以通过登高一呼，应者云集来宣泄、来补偿；王国维的苦痛则是纯粹内在的，于是他就只能自作自受，靠心灵的自我啃噬度日，谁也救不了他。故其内心比鲁迅更内向、更阴郁，也更痛苦。

正是基于上述理解，这才得以弄通《人间词话》的两大特点：一是为何王国维要将“境界”定为衡量诗词有否文化品位的美学尺度；二是王国维在将“境界”分为“有我之境”与“无我之境”时，又为何暗示“无我之境”比“有我之境”难得。关于前者，我以为，这不仅与王国维的人性观相连（他认为人不只是生理动物，更“为形而上学的动物而有形而上学的需要”[1]，于是便有对生存意义的苦思，即生命感悟），更是因为《人间词话》（1906—1908年）本是对王国维充满青春骚动的人生探寻的一种诗学延伸、沉淀或小结：既然有无对自我生命的形而上关怀，是衡量人的精神发展与否的重要标准，那么，诗词若想赢得文化品位，也得或深或浅地写出作者对宇宙人生之感悟，有此感悟者即有“境界”，反之无“境界”。至于后者，则更明白，无非是王国维被人生探索搅得太苦，近乎难熬，所以才格外的渴求心平气和、物我两忘的“无我之境”。其实，早在《人间词话》前，他便有“安得吾丧我，表里洞澄莹。纤云归大壑，皓月行太清”[2]之夙愿，即像“达人”“独求心所安”，或像“至人”“古井浩无澜”。[3]后来，这类情愫充盈的诗思到了《人间词话》中，就被净化为更加空灵的概念：“无我之境”。有意味的是，叔本华也有类似高见，譬如他说生命感悟“这种熟虑权衡能力”既表明人优胜于动物，但“又是属于使人的生存比动物生存更为痛苦的那些东西之内的”[4]；又说正因为有些痛苦，所以人们才神往“那高于一切理性的心境和平，那古井无波的情绪”，“那深深的宁静，不可动摇的自得与怡悦”[5]。若用王国维术语来表达，也就是“无我之境”。于是你发现，与《红楼梦评论》诸文相比，《人间词话》或许是引用叔本华最少的，却少而精，最得叔本华之精

① 《王国维遗书（三）》，第644页

② 同上书，第557页

③ 同上书，第559页

④ 〔德〕叔本华.《作为意志与表象的世界》，第409页

⑤ 同上书，第563页

华,又与中国诗学水乳交融,以至你分不清是叔本华潜入了王国维的血脉,还是王国维走进了叔本华的脑门,但你深信《人间词话》确是中西合璧的,既有浓郁的民族诗趣,又有晶莹的西方哲思。显然,这已不是学识层面上的简单模拟,而是已将外在思辨转化为活脱脱的眼光与态度,即积淀为有血有肉的情感—思维模式或内在价值定式。故,王国维能用另种语言来再创性地叙述同一真理,并不时道出先贤未曾说过的妙语。

王国维何以能创造性地接受叔本华?答案:因为王国维同时在读两本书:一本曰学理,一本曰人生。

对学理与人生的关系,叔本华颇有灼见。他说世上有两种阅读方式,一是"成天研究书本",一是"直接去读'宇宙万物'",后者比前者更重要;因为"经阅读后所了解的思想,好像考古学家从化石来推断上古植物一样,是各凭所据;从自己心中所涌出的思想,则犹似面对着盛开的花朵来研究植物一般,科学而客观",故"读书不过是自己思考的代用物而已"[①];于是不擅思考的读者也就成了机器,"机器固然能够把放进去的东西碾碎、拌匀,但决不能使之消化,以至放进去的成分依然存在,仍可从混合物里找出来、筛分出来。与此相反,唯有天才可比拟于有机的,有同化作用的、有变质作用的、能生产的身体。因为他虽然受到前辈们及其作品的教育和熏陶,但是通过直观所见事物的印象,直接使他怀胎结果的却是生活和这世界本身。因此,即令是最好的教养也决无损于他的独创性"[②]。人们惊讶:叔本华这番话近乎预言,因为他超前地阐释了王国维对他的"天才"阅读或接受方式。王国维生前虽不曾这么说,但他却委实这么做。于是又可说,叔本华以其洞见预告了王国维的诞生,而王国维以其灵性印证了叔本华的睿智。

①〔德〕叔本华.《生存空虚说》.第43页

②〔德〕叔本华.《作为意志与表象的世界》.第372页

>>>>>>>>>>>>>>

据说叔本华当初完成其名著《作为意志与表象的世界》时,心情不乏沉重。一方面,他坚信此书的价值,乃天才之作;但另一方面,正因为是天才的,所以“不适于和凡人共同思考”。“凡人也不欢迎天才者的优越性。物以类聚,天才也要选择和自己同资格的人交谈。但茫茫人海,哪里有天才?”[①]然而,叔本华毕竟是欣慰的,因为他不仅在生前荣获德国乃至欧洲思想界的公认,并在万里之外的中国赢得了王国维的心,使其哲学成为哺育20世纪中国人本—艺术美学的思辨摇篮。

①〔德〕叔本华.《生存空虚说》.第177页

世界学术史似常有这类“供求脱节”现象,即当叔本华已献出其瑰宝,却不知能读懂它的王国维是谁?他将出现在何时何地?但只要真正有价值,就不怕没知音,你只需“宁静地、谦逊地等待”[②]即是。王国维就这样被叔本华等来了。叔本华名著脱稿于1818年,王国维最初知道此书是1898年,真正拜读是1902年,其间相隔80年。

②〔德〕叔本华.《作为意志与表象的世界》.第7页

王国维与叔本华的超时空神交,总让人想起别林斯基对黑格尔的一见钟情,似乎皆属“心有灵犀”一类,且又将各自师说转化为美学建构的思辨基点或原则。但也有不同:王国维是系统研读叔本华原著无师自通的,别林斯基则是从屠格涅夫、克鲁泡特金那儿“批发”了一点黑格尔;王国维追随叔本华是系于生命体验这一深层情怀,而别林斯基则爱在黑格尔的思辨王国作逍遥游。

王国维对叔本华的深刻共鸣,就生命感悟而言,主要体现在如下三点——

一曰,超越人生苦痛的前提是正视苦痛。因为所谓超越苦痛,并非说人生从此没有苦痛,而是说人忍受苦痛的心理承受力被强化,将原先痛不欲生的情境,现在变得可以承受。从无可承受到可被承受,这主要取决于人对痛苦的态度。若在观念上确认人生苦痛本不可免,那么,也就可能有勇气去遭逢苦痛。既然不可避免,也就不奢望幸免;既然叫苦连天没用,索性埋头吃苦，吃完再说，而不是脆弱得被苦痛一下击倒。用叔本华的话，便是："如果我们现在认识到痛苦之为痛苦是生命上本质的和不可避免的（东西）。""那么，当这种反省思维成为有血有肉的信念时，就会带来程度相当高的斯多噶派的不动心而大可减少围绕个人幸福的焦虑操劳。"[①]王国维的神经就这样被渐渐磨得坚韧了。虽说是出于无奈，但总比弱不禁风，一压即垮好些。这当然得感激叔本华的启蒙。

值得王国维感谢叔本华的第二点是，叔本华强调只有"天才"才有真正的灵魂之苦。他说："一种极高超的人物性格总带有几分沉默伤感的色彩，而这种伤感决不是什么对于日常不如意的事常有的厌恶之心。""而是从认识中产生的一种意识，意识着一切身外之物的空虚，意识着一切生命的痛苦，不只是意识着自己的痛苦。但是，必须由于自己本人经历的痛苦，尤其是一次巨大的痛苦，才能唤起这种认识。"[②]这无异是在提醒王国维：你因人生逆境而激起的心灵阵痛正证明你是"极高超"的"天才"。于是有无深刻的灵魂痛苦，也成了王国维辨别"天才"的绝对标志。这就像车尔尼雪夫斯基笔下的俄国贵族小姐，判断她是否生活了很多，只需看她是否有一对忧郁的黑眼圈。于是灵魂苦痛也就由坏事变好事，变成王国维确认自我"天才"的试金石。当他热烈称颂叔本华为"旷世之天才"，"其高掌远蹠于精神界，固秦皇、汉武之所北面，而成吉思汗、拿破仑之所望而却走也"[③]，谁又能说他不是在借此暗示（哪怕是自我暗示）他身上的"天才"潜力呢？

为何"天才即痛苦"定式竟使王国维如此兴奋？这便涉及到王国维对叔本华的刻骨透视了。他说过："叔本华之自我慰藉之道，不独存于美学，而亦存于其形而上学。彼于此学中，发见其意志之无乎不在，而不惜以其七尺之我，殉其宇宙之我，故与古代之道德尚无矛盾之处。而其个人主义之失

① 〔德〕叔本华.《作为意志与表象的世界》.第432页

② 同上书，第543页

③《王国维遗书（三）》.第480页

>>>>>>>>>>>>>>

之于枝叶者，于根柢取偿之。何则？以世界之意志，皆彼之意志故也。若推意志同一之说而谓世界之知力皆彼之知力，则反以俗人知力上之缺点加诸天才，则非彼之光荣，而宁彼之耻辱也，非彼之慰藉，而宁彼之苦痛也。”故王国维又说：“叔本华之天才之痛苦，其役夫之昼也；美学上之贵族主义，与形而上学之意志同一论，其国君之夜也。”[①]很清楚，王国维所谓“役夫之昼”，是指叔本华在现实中所感到的人生苦痛；但此苦痛在叔本华理论中又被酿成“天才”赖以自我陶醉的美酒，此即所谓“国君之夜”，叔本华的苦痛灵魂也就由此得以自救——这也是王国维缓解自我灵魂苦痛的精神药方。

①《王国维遗书（三）》，第481页

第三节
转向:从忧生甚深到择术之慎

王国维无愧为20世纪中国学术巨子,他以其短暂之生涯,涉足哲学、美学、戏曲史、训诂、古代地理诸学科,且皆有举世瞩目之建树,用陈寅恪的说法,"皆足以转移一时之风气,而示来者以轨则"[1]。而在其累累硕果中,数美学成就最大,但其人本—艺术美学建构却又是在短短几年间(1904—1908年)完成的。1912年虽有《宋元戏曲考》问世,但严格地说,它属于艺术史而不属美学原理范畴(李泽厚亦作如是观)。它所涉及的"境界"等美学观点,只是对《人间词话》成果的某种推广,至于在内涵方面则未见增添新意。于是人们发觉,在王国维美学研究与其直面人生时的灵魂之苦之间,似有某种须臾难分的同步互渗现象:假如说,1902年他矢志献身哲学(含美的哲学,即美学)是出于生命焦虑;那么,1907年他声明将放弃哲学、美学而重新择术,这当是因为他的生命焦虑有所缓解。这就是说,以生命焦虑为内核的灵魂之苦,既然是他投身美学的原动力,那么,必然的,随着原动力之弱化,他也就想另辟天地了。

①《王国维遗书(一)·序一》

看来波普尔说对了:人只有冷静下来,才能回答"我是谁?我从哪儿来?又将去何方"?即为自我在现世空间找一个真正自适且可操作的位置。王国维正是这样。以前,当他忧生甚深,险些被人生逆境所激化的灵魂之苦压倒时,他亟需的当然是想洞悉人生究竟为何物;后来,当叔本华逐渐使他对人生苦痛有所理解且超越时,他就可能静心斟酌他到底要什么,或最适宜干什么了,也就是搞“自我设计”。我说过,王国维对叔本华的接受是出于深层心灵的感应或契合,仅仅是因为叔本华破译了他心底的价值密码,他才会对叔本华如饥似渴,亦即王国维不是书橱,不是出于对本本或教义的迷信,他有一个极可贵的灵魂反应堆,叔本华将铀输入其中,必将会被裂变,而转化为自身的精神能量。人类思想史上的这一渊源关系,酷似日常家庭中的血缘关系,即孩子本是父母喂大的,但真的大了,他(她)也就离开父母,远走高飞了。王国维对叔本华也如此,他在心灵上是靠叔本华哲学才走出人生低谷的,但一旦走出低谷,视野豁然明朗,他也就无需哲学拐杖了,而美学研究作为其人生哲学探寻的沉淀物,也必然伴随忧生意识的淡化而淡化。

事情总比人们想像的要复杂。看表面,王国维割爱哲学与美学,在学科上离叔本华无疑远了,但实际上,王国维“跳槽”所显示的选择倾向,反而更贴近叔本华的主张。叔本华主张将人性形态分为两类:验知性格与获得性格。验知性格是指人的内在欲求与潜能,作为某种可能性,它只有被主体所觉知且转化为对现世发生实际作用的追求与才华,它才能变成现实性的获得性格。这就是说,一个人“仅有欲求和才能本身还是不够的,一个人还必须知道他要的是什么,必须知道他能做的是什么。只有这样,他才显出性格。他才能干出一些正经事儿。在他未达到这个境界之前,尽管他的验知性格有着自然的一贯性,他还是没有性格”,就不免走弯路,“会要替自己准备懊悔和痛苦”;譬如他将“只看到自己眼前有这么许多人所能做、所能达到的东西,而不知道其中唯有什么是和他相称的，是他所能完成的，甚至不知道什么是他所能享受的。因此他会为了某种地位和境遇而羡慕一些人，其实这些都只是和那些人相称而不是和他的性格相称的；他果真易地而处，还会要感到不幸”，“例如宫廷里的那种空气就不是每个人都能呼吸的”[①]。相反，假如我们“认识了自己各种力量和弱点的性质、限度，从而我们就可以为自己减少很多的痛苦。这是因为除了使用和感到自己的力量之外，根本没有什么真正的享受，而最大的痛苦就是人们在需要那些力量时却发现自己缺乏那些力量”。“要防止自己去尝试本不会成功的事。只有到了这个地步，一个人才能经常在冷静的熟虑中完全和自己一致而从来不被他的自我所遗弃，因为他已经知道能对自己指望些什么了”，“他就会常常享有感到自己长处的愉快而不常经历到要想及自己短处的痛苦”，是的，“人们看到自己的不幸比看到自己的不行要好受得多”[②]。

① 〔德〕叔本华.《作为意志与表象的世界》. 第416—417页

② 同上书，第419页

下面我们将看到，王国维的重新择术，确是基于他相当慎重且成熟的自知之明的。

王国维择术之慎，在《静庵文集·自序(二)》中显得很耀眼。此《自序》因在而立之年所撰，故又称“三十自序”。它既是作者对自己事业的反思，又预示了他的学术转向。

王国维转向之核心，可用一句话概括：为了充分实现自己而重建一个既自适又自慰的专业对象。所谓“自适”，是指该对象所需的能力类型恰与主体匹配，致使主体操作对象之过程也是自我肯定之过程，而不是捉襟见肘，羞于露馅；所谓“自慰”，是指该对象本就有某一摄魂之魅，能引诱主体乐在其中，而不是大材小用，委屈自己。王国维《自序》所提出的“可信—可爱”命题，其实就是上述“自适—自慰”之翻版。“可信—可爱”与否，乍看似取决于对象，但根子仍在主体能否从中感到“自适—自慰”。假如面对对象,主体有能耐驾驭,且达到一流,主体就决不会怀疑对象不“可信”。“可信”与否的背后是“自信”与否,而“自信”又与“自适”挂钩,凡“自适”者必然“自信”,因“自适”将导致主体自我肯定,自我肯定即“自信”。同理,若对象的高贵天性被主体所赏识,主体就决不会因对象的“贵族气”而觉得它不“可爱”;相反,他情愿为它效劳,由此来证实自己的卓越或非凡,从而获得“自慰”,“自慰”是为了“自爱”,使对象变得“可爱”。简言之,王国维想重建“可信—可爱”之对象的目的,全在于能使自己因充分实现自我而赢得最大限度的“自适—自慰”。

有了上述铺垫,再来看《自序》,“余疲于哲学有日矣”,也就不难理解了。在王国维眼中,哲学分两类:一是“可爱者不可信”,一是“可信者不可爱”。“可爱者”如“伟大之形而上学,高严之伦理学,与纯粹之美学,皆吾人之酷嗜也。然求其可信者,则宁在知识论上之实证论,伦理学上之快乐论,与美学上之经验论。知其可信而不能爱,觉其可爱而不能信,此近二三年中最大之烦闷”。原因何在?王国维颇有自知之明。请看其自我剖析:因为“余之性质,欲为哲学家则情感苦多,而知力苦寡”[①]。这似证实了我的推测,即王国维所以“疲于哲学有日”,原因有二:一是1907年的王国维已不像在1902—1904年间那么渴求人生哲学之导向、美的哲学之充实了;二是当王国维纯粹从自我实现出发,他迟早将发觉哲学研究与其情理融会的内心结构不尽相符。情理融会之图式对日常人生来说可能是健全的,但对或纯思辨或纯实证的哲学探究来说却未必。这就导致有的哲学因过于高远,力所不逮,而使王国维出于不适,虽爱却不信;而另些哲学则因过于平实,心所不屑,而使王国维出于自珍,虽信却不爱。

当王国维自叹“知力苦寡”,此“知力”主要是指系统思辨力。王国维老实,不要假谦虚,他是有啥说啥的。从区域

① 《王国维遗书(三)》,第611—612页

角度看，王国维的思辨力在中国文学批评史可称为佼佼者，但与世界级大师相比，毕竟稍逊一筹。不然，他25岁时读康德，也就不会“苦其不可解，读几半而辍”[①]。王国维是有全球眼光的，他是将西方巨匠做标尺，量出自身的薄弱，再扬长避短。这也可从他对哲学史的议论见出。他认定自己无力独创一哲学系统，但也无心治哲学史，虽“以余之力，加之以学问，以研究哲学史，或可操成功之券”，却执意不干，因为他以为“此皆第二流之作者”之所为，此“又皆所谓可信而不可爱者也”。这又证实我所说的，即对象“可信—可爱”与否是以主体价值性“自适—自慰”为转移的。正因为王国维不仅颖悟自己有“天才”（可能性），并且刻意要成为“天才”（现实性），亦即使叔本华所谓“验知性格”最大限度地兑现为“获得性格”，这就不免逼迫王国维对哲学颇感为难：“然为哲学家，则不能；为哲学史，则又不喜，此亦疲于哲学之一原因也。”[②]

《自序》还透露王国维割爱哲学、美学后，其嗜好渐移向诗词，以求“慰藉”。此“慰藉”似来自如下两点：一是诗词冠中国文学之正宗，气质华贵而高美，应属“可爱”之列；二是他填词出手不凡，“虽所作不及百阕，然自南宋以后，除一二人外，尚未有能及余者”，亦即从主体之“自信”走向对象之“可信”。有趣的是，填词之成功又撩起他献身戏曲之“奢愿”，他说：“余所以有志于戏曲者”，是因为“吾中国文学之最不振者，莫戏曲若”，“国朝之作者，虽略有进步，然比诸西洋之名剧，相去尚不能以道里计。此余所以自忘其不敏，而独有志乎是也”[③]。为故国戏曲创造世界级名剧，这当是诱人的，“可爱”的；但，王国维日后为何不仅未写名剧，反倒写了《宋元戏曲考》呢？《宋元戏曲考》属史料—史学类，原为王国维所不屑，为何他会放弃“第一流”的历史创造者形象，而将自己驱入“第二流”的治史者行列呢？症结乃在于他“欲为诗人，则又苦感情寡而理性多”[④]。这就使他在填词最得心应

① 《王国维遗书（三）》，第331页

② 同上书，第612页

③ 同上书，第613页

④ 同上书，第612页

手时,也没忘其诗词"意境"是"意多于境",在"力争第一义"处永叔固然不及他,但在景境造型方面他又不及秦观。这更预示了,无论诗词还是戏曲,到头来与哲学、美学一样,皆不能成为王国维"终吾身"之事业。[①]

①《王国维遗书(三)》.第612页

上述事实表明,王国维转向之原动力,实来自他对自我生命之珍重与热爱,及其由此激起的极强烈的自我实现欲或成就感。于是,从热衷哲学、美学到移情诗词之过程,也就成了他摸石头过河,尝试为自己找到一个可"终吾身"的人生舞台之过程,以期让"自适—自慰"的自我期待与"可信—可爱"的专业对象能圆满相契,珠联璧合——而不是来自所谓"王国维的内在紧张:科学主义与人本主义的对峙"[②]。且不说1907年的王国维心中本无上述"对峙",即使是中国哲学史演进到20世纪初叶,也未见科学主义对大陆的一统天下,以至窒息了东方哲贤对人的终极关怀即人本主义沉思。再说,科学主义又可在工具价值与内在价值两个层面展开。若着眼于工具价值,则科学主义作为思辨方法对当时中国学界来说,确乎不是太多,而是太少了,否则王国维就不必叹息中国只有伦理学,而无发达之名学即逻辑学了;若着眼于内在价值,则科学主义作为总体文化态度(世界观)在中国也远未像在西方那样,已冲击乃至淹没了人对生存的关注,以导致存在主义(海德格尔—萨特)与语言哲学(维特根斯坦)在西方的相继崛起,以期突破科学主义对西方思维的世纪性禁锢。这就是说,用西方哲学史的演进模式来套王国维的学术转向,不仅风马牛不相及,而且连最起码的史实都解释不通。譬如将王国维疲于哲学(首先是叔本华哲学)说成是对科学主义的警觉,然而,叔本华在西方哲学史上恰恰不是作为科学主义,而是作为非科学主义的反理性思潮在西方作超前预演。对此,王国维是清醒的,他说"旋悟叔本华之说,一半出于其主观的气质,而无关于客观的知识"[③],即为例证。但叔

② 杨国荣.《王国维的内在紧张:科学主义与人本主义的对峙》.《二十一世纪》.1992(11)

③《王国维遗书(三)》.第331页

本华的非科学主义与王国维所谓“可爱者不可信”绝非一回事。这就是说，不能在王国维之“信”与“客观的知识”之间轻易画等号。我倒觉得罗素对“信”之界定似更合乎王国维本意。罗素以为“信”即主体对自以为真的对象之坚信不疑，或曰对主体所把握的客观物之确认。这就跟王国维想到一块儿去了。因为王国维之“可信”，亦指对象具有的能被主体贴切感受或把握的这一特性。否则，将无法圆说王国维何以从哲学转向诗词，若说王国维放弃哲学是因为有的哲学（如叔本华）纯属主观而无客观，那么，诗词较之哲学岂非更主观，更倾心于人本主义而无科学主义吗？

所以，王国维就是王国维，并非西方哲学之附庸。王国维转向之奥秘，与其到西方哲学史演化模式中去找，不如到他的心路历程中去找，因为其重新择术首先是一种个性化行为，其次是近代人文理想在19世纪初中国的人格显示，唯独不是形象推论西方哲学史演化模式之普遍性的东方注释，倒是叔本华有些话颇能昭示王国维转向之实质。他说，“凡是人在根本上所欲求的，也就是他最内在的本质的企向和他按此企向而趋赴的目标”，“所以动机所能做的一切一切，充其量只是变更一个人趋赴的方向，使他在不同于前此的一条途径上来寻求他始终一贯所寻求的〔东西〕罢了”，“但决不能真正使他要点什么不同于他前此所要过的”[①]。这就是说，王国维一直在寻找能全面展示其才华的舞台，至于这舞台是哲学、美学，还是诗词、戏曲，则仅仅取决于他当时的心境。这也就是说，以前迷上哲学、美学是因为他欲实现自我，后转向诗词、戏曲同样是因为他欲实现自我；若硬作区分的话，那么，迷上哲学、美学似较多地是从理论上探询人生，而转向诗词、戏曲则较多地是从实际上选择人生。从理论上探询人生与从实际上选择人生，虽皆不免苦涩，但前者的灵魂苦痛程度毕竟远甚后者，因为前者之苦如鸟想飞飞不了，而后者之

① 〔德〕叔本华.《作为意志与表象的世界》. 第404页

苦却是愁如何飞得更高更飘；若用马斯洛行为层次理论来说，则后者之苦纯属高层次烦恼，它较之窘于生计等低级痛苦，不知要美妙多少。忧生之苦与择术之烦所赖以发生的心理背景全然不同。

不妨对王国维诗词作分段式纵向比较，因为其诗风的逐次变异鲜明地烙下了王国维在不同人生阶段的心理反差。其中，反差甚大的是王国维于1904—1905年间在南通、苏州所写的诗词，似乎前者尚在炼狱，后者渐入天堂。或许王国维1905年被罗振玉委为江苏师范教习监督之要职，从此生计不愁；也或许其建树在国内学界已声名鹊起，不再人微言轻……总之，他在1904年前诗词中所倾诉的忧生孤苦，到苏州后确被大大冲淡了。有诗为证。1904年前的诗，可说其诗眼便是一个"苦"字：如"侧身天地苦拘挛"[①]（《杂感》），"强颜入世苦支离"[②]（《病中即事》），"脑中妄念苦难除"[③]（《五月十五夜坐雨赋此》），"金、焦在眼苦难攀"[④]（《浣溪沙》），还有"苦忆罗浮山下住"[⑤]（《题梅花画筹》），"苦求乐土向尘寰"[⑥]（《杂感》），"役役苦不平"[⑦]（《端居》），"人生苦局促"[⑧]（《游通州湖心亭》），"苦觉秋风欺病骨"[⑨]（《尘劳》），"平生苦忆挈卢敖"[⑩]（《平生》）……《静庵诗稿》集诗37首，其中27首为1904年前作，但带"苦"字的竟占9首，可见诗心之患；相反，《静庵诗稿》另有10首为苏州所作，却未见一"苦"字，亦可见那时诗心已转清新。

再看具体内容。1904年前的诗中，王国维的主题意象，不是"野鸟困樊笼"[⑪]，便是"失行孤雁"不幸"金丸看落羽"，最后沦为欢宴佳肴[⑫]；但到苏州后，这头鸟却"揽镜"自勉"且当养羽毛，勿作南溟图"[⑬]，火气退了大半，但沉稳精进的云鹏之志犹在。随着王国维的"自我感觉"全面好转，他对大自然（外部世界）的态度也变得优雅唯美起来。1904年前诗境中的王国维对大自然挺隔膜，"山川非吾故，纷然独

① 《王国维遗书（三）》，第556页
② 同上书，第562页
③ 同上书，第558页
④ 同上书，第308页
⑤ 同上书，第555页
⑥ 同上书，第556页
⑦ 同上书，第557页
⑧ 同上书，第558页
⑨ 同上书，第560页
⑩ 同上书，第564页
⑪ 同上书，第558页
⑫ 同上书，第307页
⑬ 同上书，第565页

相媚"[①]，意谓大自然存在于他的人生忧患之外，故能独自相媚，亦即他与大自然的关系是冷漠的、难以沟通的；但翌年他判若两人，即使在风雨辄止的冬夕，他也会悠然载舟起兴："片月挂东林，垂垂两岸白。小松如人长，离立四五尺。老桑最丑怪，亦复可怡悦。疏竹带轻飔，摇摇正秀绝。生平几见汝，对面若不知。今夕是何夕，著意媚孤客。"[②]心境兀地放晴，竟快得连本人也吃惊。至于驻足苏州，更是满目祥和，如《九日游留园》："到眼名园初属我，出城山色便迎人。奇峰颇欲作人立，乔木居然阅世新。"[③]情绪达到高潮大概要数他的《五月二十三夜出阊门驱车至觅渡桥》："……忽试霜蹄四马轻。萤火时从风里堕，雉垣偏向电边明"；"归路不妨冒雷雨，兹游快绝冠平生"[④]。这真是"春风得意马蹄疾"，1904 年前那个炼狱式的忧生孤魂，看来已被王国维抛到脑后，所剩不多了。这就证明，从南通到苏州，这在王国维生命史上，确是一大转折。现在再来看《人间词话》在学理上，为何远较《红楼梦评论》平和、沉静与从容？因为这是王国维生命史上两个阶段之产物。就像《红楼梦评论》只能为心迹峥嵘的"南通阶段"所撰，《人间词话》也只有到温文博雅的"苏州阶段"才能写出。《人间词话》是王国维美学建构之高峰，但过了顶点，王国维美学也就走下坡路了，通过《宋元戏曲考》这一斜坡，他终于走向更沉寂的训诂、考古……道理很简单：当他不能像 1904 年前那样刻骨忧生时，他对叔本华的精神苦恋也就中止了，其美学研究动力也就没了。

①《王国维遗书(三)》. 第 558 页

② 同上书，第 566 页

③ 同上书，第 565 页

④ 同上书，第 279—567 页

也许，学界有理由惋惜：美学研究对王国维来说，其实只是其学术生涯的短暂片刻，从 1902—1908 年，总共才几年，却在 20 世纪中西美学关系史与中国现代美学史上巍然崛起第一顶峰，若他有朱光潜的高寿，且不倦于美学，又将给后代留下何等财富？但转而再思，若当王国维失去美学研究动力，仍硬撑着写，遗下累牍败笔，岂非憾意更多！

第四节
结　语

现在可以给出定论了:王国维与叔本华哲学的关系,从心理发生学角度说,是天才情结与人生逆境的失衡所酿成的灵魂之苦,充当了王国维接受叔本华哲学与诱导他倾心美学的内驱力;而随着灵魂之苦的淡化,其美学研究的动力也就戏剧化地减弱了。因果律。一切都那么自然,近乎简单。

但,若将王国维放到20世纪中国美学背景去考察,你又会发觉他不简单。因为从王国维到李泽厚,整个中国现代美学的演化过程,其实又是“西学东渐”之过程,但不论朱光潜还是李泽厚,都未将人本生命感悟作为其接受西学或投身美学的原动力;可以说,中国现代美学史上的所有大家,谁也不曾像王国维那样执著于宇宙人生,并且陷得这么深。

王国维作为跨世纪的一代宗师(从19世纪到20世纪),就其身份而言,拟属旧文人。但这位旧文人在接触西学时竟无隔膜,即当他奋起超越中西文化时差与位差时,不仅没有脱毛蜕皮、脱胎换骨式的心灵阵痛,相反,他对叔本华哲学是一见钟情的。他是中国20世纪初被迫开放年代的学术长子。马克思、恩格斯曾说急剧的历史进程往往使统治阶层分化，导致一部分优秀者转向新兴力量。——我看王国维正是一位被历史大潮从传统学士营垒分离出来的佼佼者。“学而优则仕”的儒生传统，在王国维身上已出现断裂。

王国维不是没有“负罪感”，他明白其选择意味着什么。传统赋予儒生的人格模式是“内圣外王”，即把封建教义积淀于心（“内圣”）是为了投身政伦秩序的维系与巩固（“外王”）。这就将学士阶层变成志愿参政的战略后备军，正是这一“官本位”文化塑造了中国历代文人的灵魂，但对王国维却无效。王国维反其道而行之，说：“生百政治家，不如生一大文学家。何则？政治家与国民以物质上之利益，而文学家以精神上之利益。夫精神之于物质，二者孰重？且物质上之利益，一时的也；精神上之利益，永久的也。”[①]又说：“夫物质的文明，取诸他国，不数十年而具矣，独至精神上之趣味，非千百年之培养，与一二天才之出，不及此。”[②]巧极了，叔本华也不愿“把自己的精力运用于”“某个现时代或特定国家的情势”[③]。我不以为王国维说得全对，但我只想说：若无深入骨髓的“人本位”，他何以能对“官本位”作如此彻底的决裂？

是的，为了救国救民，中华民族不乏向西方寻求真理的近代精英，如从洪秀全到孙中山；但王国维也看到在“西学东渐”之初，“上海、天津所译书”大多为非人文的数学、历学等“形下之学，与我国思想上无丝毫关系也”[④]。后严复译赫胥黎《天演论》（原名《进化论与伦理学》）虽“一新世人之耳目”，但“严氏所奉者，英吉利之功利论及进化论之哲学耳（社会达尔文主义），其兴味之所存，不存于纯粹哲学，而存于哲学之分科，如经济、社会学等，其所最好者也”[⑤]。故严复学风也非纯学术的。再看引进或附和法国18世纪唯物主义的那些人，也“非出于知识，而出于情意”，“聊借其枝叶之语以图遂其政治上之目的耳”。至于风流一时的康、梁之辈引征西学更

①《王国维遗书（三）》. 第546页

② 同上书，第548页

③〔苏联〕贝霍夫斯基.《叔本华》. 第13页

④《王国维遗书（三）》. 第521页

⑤ 同上书，第521—522页

是“之于学术非固有之兴味,不过以之为政治上之手段”[1]。学界在新旧世纪之交,所以重政治、经济、社会而轻人文、学理,原因甚多,但其中之一是由于思辨力的贫困。王国维正是这么看的。在王国维眼中,严复是“稍有哲学之兴味”的,但他“只以余力及之,其能接欧人深邃伟大之思想者,吾决其必无也。即令有之,亦其无表出之能力,又可决也。况近数年之留学界,或抱政治之野心,或怀实利之目的,其肯研究冷淡干燥无益于世之思想问题哉!即有其人,然现在之思想界,未受其戋戋之影响,则又可不言而决也”[2]。这就不免使王国维忧心。因为他坚信:“夫天下之事物,非由全不足以知曲,非致曲不足以知全,虽一物之解释,一事之决断,非深知宇宙人生之真相者,不能为也。……故深湛幽渺之思,学者有所不避焉;迂远繁琐之讥,学者有所不辞焉。事物无大小,无远近,苟思之得其真,纪之得其实,极其会归,皆有裨于人类之生存福祉。己不竟其绪,他人当能竟之;今不获其用,后世当能用之。世之君子,可谓知有用之用,而不知无用之用矣。”[3]假如承认近代中国不仅充满急剧的社会—政治危机,并也是文化史上一个极关键的价值转型期,我们就会赞叹王国维这番话确实有眼光。

这表明王国维确是知世知己的大彻大悟者,他知道他是谁,他能干什么,及其在历史上将占何等位置。他发现历史急需他做的,恰好是他本人愿意做的,他在自我成就与民族文化的终极需求之间找到了一个和谐的交接部,而不是让暂时的时代急流来泯灭自我追求。要心安理得地做到这一点不容易,障碍有二:一是政治禁忌,“国家以政治上之骚动,而疑西洋之思想皆酿乱之麹糵”[4];二是心理惰力,投身民族—社会革命的思想家与宣传家在政治上是反封建的,但“内圣外王”的传统儒生模式却仍在他们心中起作用,这就是说,从“内圣外王”转向鼓动家的激进姿态,要比从“内圣外王”变

① 《王国维遗书(三)》,第522—523页

② 同上书,第525页

③ 同上书,第207—208页

④ 同上书,第526页

为纯学术的淡泊人格来得更自然，因为能煽起鼓动家激情的，正是实在的或想象中的"经世致用"，用王国维的话说，则是："且政治上之势力有形的也，及身的也；而哲学美术上之势力，无形的也，身后的也。故非旷世之豪杰，鲜有不为一时势力之所诱惑者矣。"[①]

①《王国维遗书（三）》，第538页

王国维正是这么一位不为时势所动，不以政教之见杂之，而唯问学术真伪的旷世哲贤。学界素来推崇王国维的美学建树，现在看来，不够了。这不仅因为没有他的清高傲骨，就可能没有执著的人生探索进而无所谓美学实绩；更重要的是，在那儒学法统，即"官本位"像汪洋般泛滥的国度，青年王国维竟如出水芙蓉，洁身自重，忠诚于生命与睿智，实在难得。所以，如果说洪秀全和孙中山是代表近代中国向西方寻找真理的政治先行者，那么，王国维则是代表近代中国向西方寻找人生真谛的哲学—美学先驱。我还想说，幸亏王国维们痴迷于纯学术，才使中国学界在世纪初能留下这些力作。

王国维作为世纪性巨子所以能超越其时代，主要得益于他那开放型全球意识。正是这一恢弘胸襟或眼光，导致他的文化态度、学术视野和知识结构明显优越于旧文人。

形上归一的文化态度。王国维以为："知力人人之所同有，宇宙人生之问题，人人之所不得解也。具有能解释此问题之一部分者，无论其出于本国或出于外国，其偿我知识上之要求而慰我怀疑之痛苦者，则一也。"[②]理由很简单，因"人为形而上学的动物而有形而上学的需要"[③]也。当他把整个人类视为有同一形上急需的团体，当他把地球上所有人生哲理作为人类的共同财富，他接触西学时当会显得洒脱，而无旧文人的忸怩之态。

② 同上书，第527页

③ 同上书，第644页

学无中西的学术视野。王国维无愧为学界中的世界公民，毫无"国粹派"的狭隘与封闭。他说："世界学问，不出科学、史学、文学。故中国之学，西国类皆有之；西国之学，我国亦类皆有之；所异者，广狭疏密耳。即从俗说，而姑存中学西学之名，则夫虑西学之盛之妨中国，与虑中学之盛之妨西学者，均不根之说也。”“余谓中西二学，盛则皆盛，衰则俱衰，风气既开，互相推助。且居今日之世，讲今日之学，未有西学不兴，而中学能兴者；亦未有中学不兴，而西学能兴者。”“故一学既兴，他学自从之，此由学问之事，本无中西。彼鳃鳃焉虑二者之不能并立者，真不知世间有学问事者矣！”[①]正因为王国维有学无中西之大视野，故无论评述中国戏剧、思维模式，还是划分中国学术思想史阶段，他皆显出全球在胸的气度，以世界艺术一文化发展为参照，很清楚自己的研究对象在全局中应占的位置，从而掂出其分量。譬如他将先秦到晚清的中国学术思潮截为几段：称先秦为“能动时代”，后引进佛教，结束两汉儒学的抱残守缺，自六朝至于唐室，佛教极千古之盛，又为“受动之时代”；至宋儒融和儒学与佛学，“此又由受动之时代出而稍带能动之性质也”；“自宋以后至本朝，思想之停滞略同于两汉，至今日而第二佛教又见告矣，西洋之思想是也”[②]。论述未必周正，但泱泱襟怀难能可贵也。又如他论证戏剧于“我国尚在幼稚之时代。元人杂剧，辞则美矣，然不知描写人格为何物。至国朝之《桃花扇》，则有人格矣，然他戏曲则殊不称是”[③]。可见他在此用的尺子是西欧艺术的性格造型法则。我最感兴趣的还是他的中西思维模式比较。他确认：“我国人之特质，实际的也，通俗的也；西洋人之特质，思辨的也，科学的也，长于抽象而精于分类，对世界一切有形无形之事物，无往而不用综括及分析二法，故言语之多，自然之理也。吾国人之长，宁在于实践之方面，而于理论之方面则以具体的知识为满足，至分类之事，则除迫于实际之需要外，殆不欲穷究之也。……故我中国有辩论而无名学，有文学而无文法，足见抽象与分类二者，皆我国人之所不

① 《王国维遗书（三）》，第206页

② 同上书，第521页

③ 同上书，第630页

长，而我国学术尚未达自觉之地位也。”[1]这就势必导致如下两点：一是古人术语的逻辑含混，稍逊条理，“往往一篇之中，时而说天道，时而说人事。岂独一篇中而已，一章之中，亦复如此。幸而其所用之语，意义甚为广漠，无论说天说人时，皆可用此语，故不觉其不贯串耳”。“然语意愈广者，其语愈虚。于是古人之说之特质渐不可见，所存者其肤廓耳。”[2]为何与《人间词话》相比，古代诗话、词话皆不见系统思辨建构之意向？或许原因即在于此。二是新术语输入之必然，既然我国历来“乏抽象之力者，概则用其实而不知其名，其实亦遂漠然无所依，而不能为吾人研究之对象。……故我国学术而欲进步，则虽在闭关独立之时代犹不得不造新名，况西洋之学术骎骎而入中国，则言语之不足用固自然之势也”。因为“言语者，思想之代表也，故新思想之输入，即新言语输入之意味也”[3]。面对汹涌而来的西学新潮与新词，王国维既不像猎奇者滥用之，也不像泥古者唾弃之，而是能中西交融，古今际会，食而化之，根子也在于王国维真能胸怀世界。

兼通世界的知识结构。王国维不仅是大学者，更具大教育家的胆识。他善于从自身治学经验中提炼几套旨在培养高层次人文研究人才的课程结构方案，既开阔思路，又有操作性。譬如他为史学设置的课程就有历史哲学、比较神话学、比较言语学、人类学等。其特点是通过丰厚渊博、又不乏关联的多学科交叉传授及其兼容并蓄，以期使学员萌发跨学科的创意。这是王国维所以高于一般教育家的地方，也是他高于一般学者的地方。因为他发现世界作为学术对象往往是复杂的，其构成是多元的，而单一学科的方法视角却不免是简单的、一元的，这就很难较全面地涵盖对象。譬如他说科学是“记述事物而求其原因，定其理法”的，史学是“求事物变迁之迹，而明其因果”的，若仅从科学出发，则实事求是即可，至于“今日所视为不真之说”[4]何以能风行一时，便很

①《王国维遗书(三)》，第529页

② 同上书，第591页

③ 同上书，第530页

④ 同上书，第202—204页

难回答,因为这是史学的事,单一学科视角之狭窄可见一斑。所以他竭诚主张要捅破哲学与伦理、哲学与文学,乃至中学与西学间的隔膜,呼吁:"今日之时代,已入研究自由之时代,而非教权专制之时代。苟儒家之说而有价值也,则因研究诸子之学而益明其无价值也,虽罢斥百家,适足滋世人之疑惑耳。……夫西洋哲学之于中国哲学,其关系亦与诸子哲学之于儒教哲学等。今即不论西洋哲学自己之价值,而欲完全知此土之哲学,势不可不研究彼土之哲学。日异发扬光大我国之学术者,必在兼通世界学术之人,而不在一孔之陋儒固可决也。"[1]至此又不禁联想起鲁迅。记得鲁迅唯恐古书有毒,曾不愿为青年开书目,但王国维却是开书目的行家,动辄便一长串,貌似相背,实为相成,皆是为了打破文化专制也。

①《王国维遗书(三)》,第647页

在本章行将结束前,总有一悬念在我脑海盘旋,即学术思想史到底该怎么写?有人将思想史描述为纯粹概念或范畴发生与演化的历史,至于这些概念或范畴是如何在人脑中酝酿且发展的,这不重要。因为英雄是时势造成的,某人不扮演时代思潮主角,自有他人顶替,特定时代需要有人来做它的大脑或喉舌,这是必然的,很重要;谁来充当大脑或喉舌,便是偶然的,不太重要。明眼者一看便知这是黑格尔式的思想史观。这一史观模式的优点是,能在思辨逻辑水平清晰地勾勒人类概念或范畴的辩证演进过程;但缺点是,由于疏忽了对概念或范畴的发生学研究(即为何是"这一个"而非"那一个"思想家来充当时代发言人),这就使上述史观成了某种漠视思想家主体价值的史学模式,仿佛思想家仅仅是时代精神赖以学理地显现自身的临时道具,犹如棒冰外边的包装纸,一旦想吃棒冰,包装纸也就甩了。于是有人问:思想史是否首先是思想家创造的历史?若是,则思想史就不会简单地受制于经济、政治与传统文化背景,而是经济、政治与传统文化背景将通过思想家这一中介对思想史发生作用，也因此，思想家的个性追求或灵魂跌宕就不是纯偶然因素可忽略不计，相反，它很可能变成思想史演进到某一阶段的人格标记。我所以关注且着力剖析王国维接受叔本华哲学的价值心理定势，并将其视为20世纪中西美学关系史的真正序幕，原因正在于此。

>>>>>>>

百年学案典藏书系 · **王国维：世纪苦魂**

第三章

王国维对叔本华的人本主义解读

>>>>>>>

王国维对叔本华作人本主义解读，含义有二：一是王国维虽尊叔本华为人生哲学导师，但《作为意志与表象的世界》并非纯人学教程，叔本华的野心要大得多，这个由认识论、意志论、美学、宗教伦理学等四大板块所构成的哲学体系，旨在纵深描述无所不包的宇宙本原，这就是说，有关人生论述只是其中一部分，但恰恰是这些人学内容先打动王国维，使他走向叔本华；二是贯穿叔本华体系的人学论述，就其价值参照而言，并不统一，而是歧义迭出，彼此间不仅难以弥合，却是各自皆阐述得旗鼓相当，酷似陀思妥耶夫斯基小说中的复调现象，面对这桌风味迥异的大杂烩，王国维没有照单全收，而是以自己的胃口为转移，有所取亦有所弃，终于为自己的人本—艺术美学建构奠定了坚实的思辨基点。

第一节
叔本华体系的人学复调与二度泛化

人学,作为对人生意义或生命存在的沉思,在叔本华体系的各大理论板块中,确实呈示出不同的价值指向,我称之为“人学复调”。叔本华“人学复调”,首先可从其对“认识与意志”关系的论述中见出。

需要指出的是,认识作为人区别于动物的心理机能之一,它在叔本华眼中,不单是指经典意义上的科学认知或学理思辨,叔本华认识的外延要比康德认识宽泛得多。它不仅包括科学认识与学理思辨,并且,作为人对世界的精神把握方式的总称或代名词,它几乎将科学思维、艺术审美、宗教信仰与功利性实践—精神诸方式一网打尽,皆命之为“认识”。但当叔本华认识沿着实用动机→审美→宗教这一程序转换角色时,又仅仅取决于它与意志的关系。换言之,是意志对认识的制约程度,才最终决定认识的真实名分,究竟是实用动机,还是审美或宗教。

意志对认识的制约力为何这么大?因为在叔本华心中,意志实为最高自在之物即宇宙本原,从矿物、植物、动物到人类,凡是尘世实在的一切,皆是这一意志生生不息、逐级外化的产物,用叔本华的语言则是，宇宙万物不过是“显现着的意志的一个样品、一个标本”[①]，而在这名目繁多的样品中，人类当属高级精品。若就人而言，其机能又可分档次，如欲念（生理机能）固然是直接“注释”人体这一“自在之物的现象”[②]的，但认识（心理机能）却是在表象世界为意志所举起的一面“明晰和完整程度最高”的“镜子”，“盲目冲动”的意思正是通过这镜子“才得认识它的欲求，认识它所要的是什么；还认识这所要的并不是别的而就是这世界，就是如此存在着的生命”[③]。从此，整个混沌宇宙因为有了认识，便开始分为主体与客体两个世界，就像出了盘古，才有天地之分一样。也因此，叔本华高度评价认识与认识主体，以为认识主体“乃是世界及一切客观的实际存在的条件，从而也是这一切一切的支柱，因为这种客观的实际存在已表明它是有赖于他的实际存在的了。”由此又推出意志正是凭借“认识主体”这一宇宙慧眼，才“把大自然摄入他自身之内了，从而他觉得大自然不过是他的本质的偶然属性而已”[④]。

请注意：别看叔本华如此青睐认识，当涉及到认识与意志的关系时，他仍强调“认识是为意志长出来的，犹如头部是为躯干而长出来的一样”[⑤]，即认识首先是为意志服务的。道理很简单，假如人本是为了顺应意志的返身观照才诞生的，那么，认识无疑得首先考虑人的生命延续及其繁衍[⑥]，“民以食为天”。若去掉宇宙意志这一客观唯心论前提，我愿说，叔本华这一定论倒是挺接近唯物史观的。

当然，认识与意志的关系不会这么单一。准确地说，认识作为意志的显现媒体，它在人身上演示为两种水平，从而导出两套关系式：一是官能水平，从欲念→个别物→生命个体；一是观念水平，从审美（含宗教）→理念→纯粹主体。

在叔本华看来，官能性欲念与观念性审美皆是意志借以

①〔德〕叔本华.《作为意志与表象的世界》. 第 448 页

② 同上

③ 同上书，第 376—377 页

④ 同上书，第 253 页

⑤ 同上书，第 248 页

⑥ 同上书，第 247 页

显现自身的手段,但品位不一,这儿有文野之分:审美为文,欲念为野。所以有此区分,是因为叔本华鉴于当意志客体化为对象时,亦有"完美"与"不完美"之别,理念是意志的完美的对象显现,个别物是意志的不完美的对象显现。[①]为欲念而存在的个别物为何不完美?因为,欲念虽是直接诠释人体意志的,但人体意志毕竟不是宇宙意志,换言之,欲念仅仅是宇宙意志借以返照自身的官能性手段,故它所提供的世界表象不免是初级的、模糊的、零碎的、现象的,即形而下的;相反,意志只有借鉴审美这一观念性镜子,才能逼近自身之本相,这一酷似自在之物的、高度清晰而完整的形而上的肖像,就叫理念。理念是对意志的完美写真。因为只有理念才是"这世界唯一真正本质的东西,世界各现象的真正内蕴",它"不在一切关系中,不依赖一切关系";"因而在任何时候都以同等真实性而被认识"[②]。譬如山谷溪水,"它让我们看到的那些漩涡、波浪、泡沫等等是无所谓的,非本质的。至于水的随引力而就下,作为无弹性的、易于流动的、无定形的、透明的液体,这却是它的本质;这些如果是直观地被认识了的,那就是理念"[③]。

理念本是柏拉图的概念,其本义是指同类事物的先验模式,它属观念形态,但实在形态的个别物却是靠它演绎的(犹如木质桌子是工匠心中"桌子"模式之物化),故柏拉图又称个别物是理念的影子。叔本华正是看中了理念所包含的先天普遍性或一般性,于是拿来与个别物配对,所不同的是,叔本华在强调理念与个别物的对峙是一般与个别的对峙外,又蓄意让个别物跟欲念挂钩,让理念与审美牵线。这么一来,柏拉图理念不仅成了叔本华用以连缀普遍意志与个别物的逻辑中项,并变为叔本华所独创的,只有靠深邃的生命感悟才能直观的超凡圣像。无怪,叔本华要一再声明理念不是概念。他说:"概念是任何人只要有理性就得以理解和掌握的,只要通过词汇而无须其他媒介就可传达于人的,它的定义就

① 〔德〕叔本华.《作为意志与表象的世界》.第 252 页

② 同上书,第 258 页

③ 同上书,第 254 页

把它说尽了。理念则相反，尽管可做概念的适当代表来下定义，却始终是直观的。"[1]直观是指人只有通过对自我生命的直接感悟才得以观照这意志本体。故，叔本华又称"理念是借助我们直观体验的时间、空间形式才分化为多的一。概念则相反，是凭我们理性的抽象作用由多恢复的一，这可称之为事后统一性，而前者则可称之为事前统一性"[2]。"事前统一性"是指直观性理念作为观念形态，虽不如思辨概念纯净，因为它沾有毛茸茸的原生美，却比逻辑运演更逼近宇宙本原，因为意志在被觉知前本就是混沌一团而又生生不息的；相反，概念在思辨方面虽比理念洗练，但由于它滤尽了人生感悟中的原生美，故，宇宙意志在始原时的那种广袤的郁勃冲动也就很难被再度体悟了，所以，叔本华说概念所把握的宇宙统一性，仅仅是那种走了味的"事后统一性"。

于是，也就不难理解，叔本华为何将审美＝对理念的纯粹直观，因为审美恰恰是介于概念（思维）与欲念之间的东西，它既要直面活泼泼的终极生命景观，又要能坐怀不乱、性情怡然；即既要秀色可餐，又不垂涎三尺。若无可餐之秀色，则近乎抽象枯燥之概念；若垂涎三尺，则无异于沉湎欲念。这叫"既要河边走，又得不湿鞋"。审美不取两极，而执中庸之平衡术，正好跟理念是连接自在之物与个别物的中介呈对称。又为何说审美对理念之直观是纯粹的？叔本华的解释是当审美"突然把我们从欲求的无尽之流中托出来"，也就意味着"认识甩掉了为意志服务的枷锁"，其"注意力不再集中于欲求的动机，而是离开事物对意志的关系而把握事物"，"所以也即是不关利害，没有主观性，纯粹客观地观察事物"[3]。换句话说，当我们"完全浸沉于被直观的对象时"其实已经忘我，于是，仿佛我们"也就成为这对象的自身了，因为这时整个意识已只是对象的最鲜明的写照而不再是别的什么了"[4]；亦即"在这瞬间，一切欲求"，"一切愿望和忧虑都

[1] 〔德〕叔本华.《作为意志与表象的世界》.第324页

[2] 同上书，第325页

[3] 同上书，第274页

[4] 同上书，第251页

消除了”，我们“已不是那为了自己的不断欲求而去认识着的个体了，已不是和个别事物相对应的东西了”，而已升华为“不带意志的认识的永恒主体，是理念的对应物了”[①]。因为当“一个认识着的个体已升为‘认识’的纯粹主体，而被考察的客体也正因此而升为理念了”[②]。

① 〔德〕叔本华.《作为意志与表象的世界》. 第535页

② 同上书，第251页

从审美→理念→纯粹主体，叔本华其实是以其独特语汇，猜测或预示了“美的非功利性”这一现代美学定律，在其他场合，叔本华又将这“在直观中遗忘自己”之心态誉为“天才的性能”[③]，并绘声绘色地说“一个人，如果天才在他的腔子里生活并起作用，那么这个人的眼神就很容易把天才标志出来，因为这种眼神既活泼同时又坚定，明明带有静观、观审的特征”；与此“相反，其他人们的眼神，纵令不像在多数场合那么迟钝或浮于世故而寡情，仍很容易在这种眼神中看到观审（态度）的真正反面，看到‘窥探’（的态度）”[④]。究其因，无非是俗人比天才实惠，故其打量尘世的目光也就随之精明或暧昧。

③ 同上书，第259—260页

④ 同上书，第262—263页

但话还得说回来，不论审美如何纯净，“纯粹主体”毕竟不是百分之百的“纯粹”。这就是说，审美作为一种精神景观，实为人生中的诗性闪回，在这凝神静息的瞬间，生命意志不是泯灭了，而仅仅是人未被生命意志带着走；相反，人是以高雅悠闲的主体姿态在观赏生命的美丽，亦即在审美境界中，生命是被导向远离俗趣的深挚感悟或畅想，而非煽起急吼吼的行为占有或泣不成声的悲悼。这也就是说，当个别物不是作为欲念对象，而是作为直观对象出现在心中，那事物也就转化为审美性的叔本华“理念”了。于是，王国维所谓“观者不欲”，在此也可被解释为所以“不欲”，不是“灭欲”，而是指与生理需求、功名利禄有关的思虑已悄悄退居幕后，而将兴奋灶让给非功利的审美。这从叔本华论“回忆的审美价值”中也可见出。叔本华为何赞叹回忆是美妙幻境般“出现于我们之前的”、“不带意志的观赏的怡悦”？他说，“因为在我们使久已过去了的，在遥远地方经历了的日子重现于我们之前的时候，我们的想象力所召回的仅仅只是（当时的）客体，而不是意志的主体。这意志的主体在当时怀着不可消灭的痛苦”，“可是这些痛苦已被遗忘了，因为自那时以来这些痛苦又早已让位于别的痛苦了”，所以，“突然回忆到过去和遥远的情景，就好像是一个失去的乐园又在我们面前飘过似的”[①]。简言之，回忆所以美好，只是因为渗透其中的痛苦已被岁月冲淡，仿佛留下的尽是温馨。

① 〔德〕叔本华.《作为意志与表象的世界》，第 277 页

审美与意志的这一关系，落实到优美、壮美身上，又具体化为两种形态。对此，叔本华有很明确的解说。他说：“如果是优美，纯粹认识毋庸斗争就占了上风，其时客体的美……无阻碍地，因而不动声色地就把意志和为意志服役的，对于关系的认识推出意识之外了，使意识剩下来作为‘认识’的纯粹主体，以至对于意志的任何回忆都没留下来。如果是壮美则与此相反，那种纯粹认识的状况要先通过有意地强力地挣脱该客体对意志那被认为不利的关系，通过自由的有意识相伴的超脱于意志以及与意志攸关的认识之上，才能获得。”[②]不妨以时空的壮美为例，他说：“当我们沉湎于观察这世界在空间和时间上无穷的辽阔悠久时，当我们深思过去和未来的若干年时——或者是当夜间的天空把无数的世界真正展出在我们眼前因而宇宙的无边无际直印入我们的意识时——那么我们就觉得自己缩小（几）至于无物，觉得自己作为个体，作为无常的意志现象，就像是沧海一粟似的，在消逝着，在化为乌有。但是同时又有一种直接的意识起而反抗我们自己渺小这种幽灵（似的想法），反抗这种虚假的可能，（就是使我们意识着）所有这些世界只存在于我们表象中，只是作可纯粹认识的永恒主体所规定的一些形态而存在；而我们

② 同上书，第 282 页

只要忘记(自己的)个体性,就会发现我们便是那纯粹认识的永恒主体,也就是一切世界和一切时代必需的,作为先决条件的肩负人。原先使我们不安的世界之辽阔,现在却已安顿在我们(心)中了;我们的依存于它,已由它的依存于我们而抵消了。……人和宇宙是合一的,因此人并不是由于宇宙的无边无际而被压低了,相反的却是被提高了。"[①]这就是说,优美犹如润物无声的杏花春雨,天然可爱;而壮美则像惊心动魄的滔天秋潮,只有当人确信未有吞淹之虞,才敢屏息观赏。若有人过于谨慎,活命第一,那么,身临怒江险峰时他就将沉不住气,"壮美的印象""让位于忧虑",而生死之忧会将所有一切都挤走的。[②]

可见,审美仅仅是稍纵即逝的美好瞬间,这就像度假旅游,置身于湖光山色,不论你怎么放松、沉醉、流连忘返,最终还得回到尘世的喧哗中。于是问题就来了:能否把美好瞬间拉长,使之成为人生的永恒享受?叔本华以为这不难想象,他说:"要是一个人的意志不只是在一些瞬间","而是永远平静下来了,甚至是完全寂灭,只剩下最后一点闪烁的微光维持着这躯壳并且还要和躯壳同归于尽,这个人的一生必然是如何的幸福"[③]。这就是走禁欲主义的宗教之路。

禁欲主义宗教何以能使人永远解脱意志的缠绕?这得从两方面来谈:一曰认识方式,二曰生存方式。

先谈认识方式。当叔本华说,人挣脱欲念的动力"不是直接从意志,而是从一个改变过了的认识方式出发的"[④],显然,这"认识方式"是指价值尺度,即人对宇宙人生的价值取向变了,他对生命的态度也将随之变异。对此,叔本华的解释是:暴力虽能"消灭生命意志在此时此地的现象",却绝对打不破"作为自在之物"的生命意志,"除了通过认识之外,什么也不能取消它。因此得救的唯一途径就是意志无阻碍地显现出来,以便它在这显现出来的

① 〔德〕叔本华.《作为意志与表象的世界》. 第 286—287 页

② 同上书,第 282 页

③ 同上书,第 535 页

④ 同上书,第 552 页

现象中能够认识它自己的本质。唯有借助于这认识，意志才能取消它自己；同时也能随之而结束和它的现象不可分的痛苦”[①]。那么，意志怎么返身自省呢？这便是借助“纯粹主体”的慧眼，认定宇宙之本质是“永在不断的生灭”和“无意义的冲动”，“不管他向哪儿看，他都是看到这受苦的人类，受苦的动物界，和一个在消逝中的世界”。——于是他便获得了意志的“清静剂”：既然本属虚无，也就无须执著，欲念不再横流，生命开始萎缩；何时生命的享受“使他战栗”了，他也就“达到了自动克制欲求与世无争的状态，达到了真正无所为和完全无意志的状态”[②]，即被圣化了。“这是在痛苦起着纯化作用的炉火中突然出现了否定生命意志的纹银，亦即出现了解脱。”[③]

叔本华也挺讲“理论联系实际”的。真想解脱，光说不练不行，还得动真格，有一套与上述认识方式相匹配的生存方式。生存方式也可分两点：斋戒与戒淫（即饮食男女）。

在叔本华看来，人体本是意志的官能性显现，故抑制意志，首先得抑制人的肉体需求（如饿了想吃），“不使它丰满地成长和发达，以免它重新又使意志活动起来，更强烈地激动起来”[④]。一个人大腹便便，精力过剩，不惹事才怪呢。故欲摆脱意志者，非斋戒不可。

还得戒淫。因为人体功能大致有二，除了延续自身生命外，还肩负种族繁衍之重任，前者涉及饮食，后者便指男女。叔本华对此瞄得很准，他说：性器官“是意志的真正焦点”，这不仅因为它“比身体上任何其他外露的器官更是只服从意志而不服从认识”，而且它“和脑，认识的代表”相反，分明代表着世界的“另一极”[⑤]，所以，“自愿的、彻底的不近女色是禁欲或否定生命意志的第一步”[⑥]。若性器官仍好端端地在那儿，但“内心里已没有性的满足的要求了”[⑦]，这便表明他离真解脱委实很近了。最后，他终于能含笑走向死神，因为他

①〔德〕叔本华.《作为意志与表象的世界》.第549页

② 同上书，第520页

③ 同上书，第538页

④ 同上书，第523页

⑤ 同上书，第452页

⑥ 同上书，第521页

⑦ 同上书，第552页

已看破红尘,既然生命和死亡的谜底同为“虚无”二字,那么,与其苦苦入世,还不如宁静地长眠地下,不再痛苦便是福。这又近乎圣者了。

叔本华曾这么赞美圣者心态:“高于一切理性的心境和平”,“深深的宁静,不可动摇的自得和怡悦”[①],但他明白这是以严酷的痛苦为条件的。且不说一个人从热爱生命转向舍弃生命有多难,即便忍痛割爱了,但“这身体要是一天还活着,整个的生命意志就其可能性说也必然存在,并且还在不断挣扎着再进入现实性而以其全部的炽热又重新燃烧起来”。故叔本华又说:“那些神圣人物的传记中描写过的宁静和极乐只是从不断克服意志(这种努力)产生出来的花朵,而同生命意志作不断的斗争则是这些花朵所由孳生的土壤:因为世界上本没有一个人能够有持久的宁静。因此,我们看到圣者的内心生活大都充满心灵的斗争,充满从天惠方面来的责难和谴责;而天惠就是使一切动机失去作用的认识方式,作为总的清静剂而镇住一切欲求,给人最深的安宁敞开那条自由之门的认识方式。”[②]生命不息,自虐不止,直到将人弄得心如死灰,形同枯槁,最后化为青烟一缕。这当是反生命、反人性的。

① 〔德〕叔本华.《作为意志与表象的世界》.第563页

② 同上书,第536—537页

现在看清楚了,当认识按其与意志的亲疏程度,从实用动机→审美→宗教逐级升华时,与此相对应,人也顺序从个体→天才→圣者不时转换。这说明人在世界的角色定位,完全是由叔本华宇宙图式来规定的。

意志演化为中轴的叔本华宇宙图式是大起大落的,从狂热鼓吹意志为宇宙本原始,经审美中项,又急遽地以宗教名义宣判“宇宙为无”终。从一极端走到另一极端,其推理倒也彻底:既然宇宙万物为意志所创,那么,随着意志凭借圣者“吾丧我”而达到“意志的放弃”,那么,宇宙间的一切,在客体性一切级别上无目标无休止的、这世界由之而存在并存在于其中的那种不停的熙熙攘攘和蝇营狗苟都取消了；一级又一级的形式多样性都取消了，随着意志的取消，意志的整个现象也取消了；末了，这些现象的普遍形式时间和空间，最后的基本形式主体和客体也都取消了。没有意志，没有表象，没有世界。只剩下一派静寂到透明的“无”。

认识在宇宙图式中的地位本非同小可，它不仅是盘古式划分主—客体世界的英雄，并且，也正是靠认识，人才明显地优越于动物，而荣任意志返身观照时清晰和完整度最高的明镜；现在变了，当叔本华裁决宇宙为零，意志就无须也没什么可以自赏了，进而，认识也就失去存在理由，人也就不再是人了。

于是我发觉，人在叔本华设计的个体→天才→圣者这一角色系列中，除了审美阶段的天才还有点人味外，实用动机阶段的个体与宗教阶段的圣者皆不像人：假如说，前者作为纯生物性存在，犹如畜生；那么，后者竟连生物性需求即生命冲动也被无端剥夺，简直牛马不如，只配像鬼。因为在人类想象中，只有鬼才无需像生物那般维生而又能活着的。没想到人在叔本华哲学中的结局竟如此可怜可悲。

但在叔本华看来，这不值得惊讶，个体之本性早决定了人不配有好运。这便是叔本华的“个体化原理”。叔本华断定，个体只是宇宙意志的“个别样品或标本”，既然“无穷的时间，无边的空间以及时间空间中无数可能的个体”，“都是大自然管辖下的王国，那么个体对于大自然就没有什么价值了，也不可能有什么价值。因此，大自然也总是准备着让个体凋谢死亡。据此，个体就不仅是在千百种方式上由于极微小的偶然契机而冒着死亡的危险，而且从原始以来压根儿就注定要死亡的；并且是从个体既已为种族的保存尽了力的那一瞬起，大自然就亲自把死亡迎面送给个体。由于这一点，大自然本身就很率直地透露了这一重大的真理：只有理念而不是个体才真正有真实性”[1]。既然个体的宇宙存在只具虚

①〔德〕叔本华.《作为意志与表象的世界》. 第378—379页

幻的片刻性，那么，叔本华视个体为宇宙的排泄物，也就不奇怪了。惹我奇怪的只是，叔本华何以能对个体之死如此冷漠，近乎冷酷：他不仅训诫“一个人要求延长自己的个体也是不对头的”[1]；还嘲讽人们因死亡恐惧而沉入悲哀的黑暗是自作多情，因为“地球自转，从白昼到黑暗；个体也有死亡，但太阳自身却是无休止地燃烧着，是永远的正午”[2]，没有黑暗。——仿佛他俨然成了宇宙本原的代言人，而不再是有生有死的血肉之躯。

“我们所以怕死，事实是怕个体的毁灭。”[3]多轻飘的口气。若个体真的仅仅是欲念的化身，倒也罢了。但事实是，肉体正是每个人生命—精神发展的生理载体，生命的终止所带走的不仅仅是人的生物性存在，更将他神往且修炼了一辈子的独特心灵存在，如使命、才华、爱情、天伦……皆化为噬心的遗恨。临终者为何大多遗言“活着有多美好”？他们所以酷爱生命，未必是因为生前很幸福，更重要的恐怕是因为只要活着，一切皆是可能的，若死了，则一切都完了。或许叔本华会申辩上述“使命、才华、激情、天伦”之类应属精神主体范畴，而不属生理个体范畴，但不论主体在文化上比个体高多少，个体毕竟是主体的载体，它犹如水，可载舟也可覆舟。叔本华“个体化原理”的致命点，恰恰是割裂了个体与主体的辩证关系，将主体对个体的超越进而夸张为取消个体，于是也就一错百错。

叔本华口口声声地标榜自己是宇宙（整体）本位，其实，他骨子里也未必没有个体（个性）本位。且不提他对自身才华的执迷和对自我功名的苦苦期待，也不提他反复咏叹的人生苦痛实为个体之苦（因为彻底以宇宙为本的整体论者即圣者无权痛苦），我只想说，叔本华有关自我意识和自我设计的精彩论述，足以透露个体（个性）在他心中的真

① 〔德〕叔本华.《作为意志与表象的世界》.第380页
② 同上书，第384—385页
③ 同上书，第389页

实位置。

先看自我意识。譬如叔本华说过："个体是一个小宇宙，是要和大宇宙等量齐观的。"这就是说"每一个体，尽管它在无边际的世界显得十分渺小，小到近乎零"，但"仍然要把自己当作世界的中心"，"在考虑其他之前首先要考虑自己的生存和幸福"[1]；又说："每个人在他内心的最深处欲求什么，他就必须是什么；每个人是什么，他就正是欲求这个什么。"[2]"再没有比自己从反省的思维出发而要成为不是自己的别的什么更为颠倒的了。"[3]那么，怎样才能使人美满地实现自我？这便涉及到叔本华所强调的自我设计了。他对此颇有心得："我们必须从经验学会认识我们欲求的是什么和我们能做的是什么。在没有认识到之前，这些是我们所不知道的，我们也就说不上有性格而常常要由外界的硬钉子把我们碰回到我们自己（原来）的轨道上来。——如果我们最后终于学会了认识这些，那么我们也就已经具有世人所谓品格的获得性格了。因此，具有获得性格就不是别的而是最大限度完整地认识到自己的个性。这是对于自己验知性格的不变属性，又是对于自己精神肉体各种力量的限度和方向，也就是对于自己个性全部优点和弱点的抽象认识，所以也是对于这些东西的明确认识。这就使我们现在能够通过冷静的思考而有方法地扮演自己一经承担而不再变更的，前此只是漫无规则地（揣摩）使之同化于自己的那一角色；又使我们能够在固定概念的引导之下填补自己在演出任务中由于任性或软弱所造成的空隙。这样我们就把那由于我们个人的天性本来便是必然的行为提升为明白意识到的，常在我们心目中的最高规范了。"[4]——即自觉地把人基于清醒的自我认识所设计的角色规范，奉为自己的日常心理一行为准则。在此，叔本华显然忘了个体对宇宙的无价值，相反，却强烈地传达出一个自由个体对自我生命的严肃责任感及其清新睿智。

① 〔德〕叔本华.《作为意志与表象的世界》.第455页

② 同上书，第503页

③ 同上书，第419页

④ 同上书，第418—419页

但遗憾的是，一旦叔本华把人纳入他的宇宙图式，上述神来之笔又被一风吹，荡然无存。事实正是如此：当叔本华单独面对个体生命时，他会情不自禁地以诗性语言，华彩乐段般地描摹人脑的高贵，人的认识机能的伟大，人在恢弘自然前的审美情怀和灵魂升华；但当叔本华想到个体不过是显现宇宙本原的一件道具时，人又顷刻贬值，贬为宇宙所不屑的废物。看来，叔本华确实是在用两种眼光打量人："个性眼"与"宇宙眼"。从"个性眼"即切身生命体验出发，他便赞美人的智慧或认识，执著于人对自我生命的设计与实现，总不免使人想起莎士比亚"人是宇宙的精华"，笛卡儿"我思故我在"这些人文主义的回声，但他并非真正的人文主义者。人文主义者大多以青春型热情来肯定个体本位及其对现世幸福之追求，即便到19世纪后期，忧思甚深的人文主义者也未放弃对人的灵魂"复活"之寄托，而不像叔本华将人生抹得漆黑，将个体萎缩为零，除了痛苦，便是灭寂。这当是他透过"宇宙眼"所看到的悲惨人生。当他冷冷地声称，人生"从根本上来说不可能有什么真正的幸福，人生实质上只是形态繁多的痛苦"；"我们的生命就是如此，最好它完全不存在，最明智的办法是抛弃它"；"我们的一切追求、斗争和奔波都分文不值"[①]；"我们的诞生就已把我们注定在死亡的掌心中了；死亡不过是在吞噬自己的捕获品之前，(如猫戏鼠)追着它玩耍一会儿罢了"[②]。……你会惊叹叔本华犹如预言家，在19世纪初叶便超前地读出了现代派大师在100年后才刻上文学碑的墓志铭。卡夫卡、乔依斯与加缪通过小说所表现的人的脆弱与无奈，在叔本华笔下早被哲学地预告了。但叔本华又非真正的现代派。现代派从不天真地夸大人的智慧或认识，他们认定人与生俱来的本体局限之一，便是人往往被其智慧所累，故人难免异化为自己所创造的世界的傀儡。于是，他们从不以个体的渺小来反衬群体的宏伟；相反，他们深

①〔苏联〕贝霍夫斯基.《叔本华》.第108—109页

②〔德〕叔本华.《作为意志与表象的世界》.第426—427页

信个体窝囊不过是对群体无能的个性表征，也因此没有一个现代派敢吹嘘自己能把握宇宙真理，当他们对能否把握自身命运尚多疑惑，自然不会像叔本华那样自我感觉太好，气贯长虹，傲啸天地了。

两个视角、两套论述、两种异质文化背景，什么都沾，又什么都不是，你可以从中发现很多，却又不能用任何一种价值模式去套，这既表明叔本华的独特、卓尔不群，也暴露了其思想的庞杂与混浊。就其现象而论，这委实有点像陀斯妥耶夫斯基的人学复调，因为其小说《罪与罚》主人翁拉斯科尔尼柯夫，正是在“人是什么：拿破仑？还是虱子？”这一命题上陷于头脑风暴，百思不得其解，最后不得已走向教堂，恳求上帝点拨。拉斯科尔尼柯夫的内心痛苦当是陀斯妥耶夫斯基的内心痛苦，鲁迅说这是“人性的自我拷问”，悲怆得近乎残酷。但有意思的是，极力渲染人生痛苦的叔本华在展开其“人学复调”时，似未见心灵撕裂般的剧痛；相反，他仿佛在趁机炫耀自己的机智，颇像一组规格不一、并排而置的哈哈镜，时而将人夸大为开天辟地的天神，时而又将人挤压成丑类。

我常想：叔本华也是爹妈生的，不是从石缝中蹦出来的，他何以能使自己坚信，他有权以宇宙的名义数落人的“原罪”，并进而超越宇宙之大限呢？

这里倒用得上王国维的一句话：叔本华哲学不是出于客观知识，多半出自主观气质。——所谓“主观气质”，依我看，在此是指某种表现主义的诗性定势或价值关怀。一块不起眼的人生境遇碎片、一缕游丝般逸散的心绪，在世人看来，过眼烟云耳，不必认真，不愿以此败坏心境；诗性气质则不同，它不仅不轻易放过日常场景或闪念，且往往无须推导，便从中悟出终极意味来，于是纯个体感受瞬间变得人类困境一般沉重，其特征是超现实的形而上的体悟或狂想。

叔本华从不讳言“特殊强烈的想象力就是天才的伴侣”[①],这落实到哲学上,便是天才思辨的泛化倾向。他说:“一切伟大的理论是如何得来的?那一定要他本人倾注全部精神力在某一点,由于全副心神的贯注和集中,其他一切的世界完全自眼中消失,只有他的‘对象’来填充一切的实在。在这伟大而强烈的集中内,固然带有天才的特质,但也不免经常朝向现实和日常的事物上,这事物一带到上述焦点之下,便像在显微镜下的跳蚤,体格变得大象那样大。”[②]什么叫泛化?将日常“跳蚤”视为宇宙“大象”,就叫泛化。应该说,泛化是哲学家建构庞大体系时的通用技巧,他们总是先将某一日常实在现象提炼为核心范畴,然后将它辐射到一切研究对象身上。正是在这意义上,可说没有泛化便没有体系。思辨泛化既是探险又是冒险:说“探验”是因为它有时确能蕴涵某种天才猜测或暗示;说“冒险”是因为它很难避免臆断。一个体系哲学家的非凡与局限,首先是由其思维方式来制约的。叔本华体系诚然也没跳出此格局,但又别具特色,其特色是从人格→学理,即从体验原型→体系建构,推出了“二度泛化”。

先看人格泛化。人格泛化就是将自我意识中的个体“还原”即膨胀为宇宙本体。这是一支“三步舞曲”。第一步,叔本华抓住粗俗唯物论的要害是撇开了主体作用,而不知客体既然是客体,就必然与主体有关,是被“认识着的主体通过其‘认识’的诸形式从多方面加以规定”[③]的对象,与主体无关的客体是“抽象物质”,硬让人去表述他无从把握的对象,这无疑是认识上的单相思;于是,叔本华反其道而行之,提出:“你应该从自身出发理解自然,而不是从自然出发来理解你自己。这就是我的革命性的原则。”[④]进而,第二步,既然人应从自身出发理解自然,那么,任何自然对象或现象只有内化为表象才能被人理解,与此相对应,叔本华以为体悟性直

① 〔德〕叔本华.《作为意志与表象的世界》.第261页

② 〔德〕叔本华.《生存空虚说》.第175—176页

③ 〔苏联〕贝霍夫斯基.《叔本华》.第76页

④ 同上书,第83页

观似比指向体外空间的认识，更能直接地洞幽或感应生命的奥秘，这样，主体对个体欲念的自我意识也就转换为人格化的宇宙意志的现身说法，亦即"我欲"成了"对自在之物的自我意识的'秘密入口'，这种入口既不需要外部的经验，也不需要知性判断，'我欲'撕下了'我是'的外壳，为我们开辟了一条越出表象世界而进入意志世界之通路"[①]。康德不是说自在之物"不可知"吗？叔本华说，不对，假如自在之物即宇宙意志本体，那么，通过主体对个体（人格化的宇宙意志）的自我观照，自在之物不仅"可知"，而且，万物作为意志的纷繁变体也皆能透过主体这一宇宙之镜而得以不同形态的说明，这就是说，人对自身生命之体悟是洞开宇宙秘密的金钥匙，因为宇宙万物的"实质"，说到底，"和我们在自己身上称为意志的东西是同一回事"[②]。经过这番不无机巧的推论后（从反粗俗唯物论→唯我论→客观唯心论），叔本华迈出了第三步，宣布："我的全部哲学可以表述为一句话：世界就是对意志的自我意识。"[③]外部宇宙消失了，世界成了意志与表象的化身。现在不难明白，题为"作为意志与表象的世界"的叔本华哲学在展开其体系时，为何将"表象初论"置于"意志初论"之先论述？因为他想为其意志哲学奠定认识论基础。

学理泛化是对人格泛化的体系凝冻。既然人的个体等同于宇宙结构的袖珍版，那么，孕育且制动个体的生命意志作为叔本华的核心范畴，也就成了普照宇宙万物的太阳。不过这太阳是混沌的、笼而统之的，它不仅将人的精神追求（心理）混同于一般欲念（生理），而且，对非生物的矿物所具有的动能一势能（物理）也称之为"意志"；区别仅仅在于，矿物、植物因无神经而无痛感，昆虫的痛感能力极有限，脊椎动物神经系统完备痛感明显增大，"到了人，这种痛苦也达到了最高的程度；并且是一个人的智力愈高，认识愈明确就愈痛苦。具有天才的人最痛苦"[④]。对这人生痛苦，叔本华出路

①〔苏联〕贝霍夫斯基.《叔本华》.第62页

② 同上书，第64页

③ 同上书，第83页

④〔德〕叔本华.《作为意志与表象的世界》.第425页

有二:审美式的片刻超越与宗教式的永恒解脱。解脱就是使宇宙走向“空洞的无”[1]。这在叔本华眼中,也是合逻辑的。既然人的小宇宙与大宇宙在本质上同一,那么,当圣者万念俱灭,与世无涉亦无争,这世界对他来说也就形同虚设,无所谓、无价值了,仿佛无此实在似的,故曰“空洞的无”。但曾被形而上所狂热肯定的叔本华意志,到末了竟沦为伦理上的阴冷赘物遭弃,如此自相矛盾的体系,这在西方哲学史上倒是少有的。

①〔德〕叔本华.《作为意志与表象的世界》.第560页

依我看,叔本华体系的自相矛盾,根子是在其人本忧思内核与意志泛化外壳的对立。这就是说,按动机而言,促使叔本华倾心哲学的原动力未必不是人生探询,但想独领风骚的雄心又使他不甘单纯论人,而非摆出气吞宇宙的架子不可,承载这一宇宙图式的逻辑起点便是泛化了的意志。故,叔本华哲学又可称为泛意志论。叔本华体系的所有重大裂缝,皆是这泛意志逻辑演化的结果。

说叔本华意志是泛意志,因为它不仅从未在矿物、植物与动物的“意志”之间画一条分界线,而且,也不愿在人的生理欲念与精神追求之间画出异质边界。诚然,叔本华说过,包括审美—宗教在内的“纯粹认识”是非欲念的。但“纯粹认识”又从何而来呢?说到后来,仍是宇宙意志为了能自我顾盼,“以人为镜”才赋予人的,即仍属意志的派生物。于是问题就棘手了:若审美—宗教为意志所派生,它们何以能“犯上作乱”,片刻超越乃至永远解脱意志对人的禁锢?相反,若审美—宗教并非意志所派生或涵盖,那么,意志将有愧于宇宙本原称号,叔本华体系也就失去了一块自以为沉稳与不证自明的基石。

不仅如此。若真把人当人,而不是混同于动物、植物或矿物,那么,远不是精神追求表明了人优越于动物,即使是人的生理欲念也不同于一般动物本能。这就是说，人作为文化动物，他对欲念的态度远较动物复杂。一个人饿了，他不仅想吃，更关注吃什么与怎么吃，前者是生物本能，后者是价值方式，人对价值方式的注重往往甚于生物本能之满足，以至一时找不到卫生食品与进餐环境，他宁愿挨饿，也不屑像狼一样饥不择食。或许饥肠辘辘的乞丐无此顾忌，但这除了证明贫困使人性退化外，并不说明其他。正是这一价值关怀，使人获得了动物不曾有的灵魂，同时也使人的生物本能升华为文明。

这么看来，泛意志论确实没把人当人。在人与欲念的关系上，它不是将人描述成被欲念拨得团团转的兽性个体，就是将人抽象为摒弃生命冲动的神性圣者，不是纵欲便是禁欲，人在“泛意志”王国日子很难过。但有意思的是，当叔本华将人驱入宇宙迷宫，快将人憋死时，人的自我拯救或挣扎最终又突破了“泛意志”框架。因为当人看透意志对人生只是痛苦时，那么，解脱痛苦的唯一出路便是放弃意志即放弃宇宙本原。这么一来，叔本华苦心营构的宇宙图式也就毁于一旦了。“泛意志”本是为了证实自己的形而上的权威才捏出个人来，但不甘沉沦的人最终又将“泛意志”消解为零。这表明叔本华论人时确有两个视角。两个视角的交叉与并置（“人学复调”），在体系上就演示为人本忧思内核与意志泛化外壳的僵硬对峙，于是，整个叔本华哲学的建构过程也就转化为框架的自行解体过程。

从发生学角度看，无论体系内讧还是“人学复调”，皆可视为叔本华过于激情、尚欠成熟的哲学天才的结晶。别忘了叔本华动手写《作为意志与表象的世界》时才25岁。正处于血气方刚，自视甚高，不知天高地厚之青春期，难免将自己的“意志与表象”乃至幻觉当作“世界”来挥洒。当他高歌人的认识是映照宇宙本原的镜子，当是因为他本身不乏智慧的新锐与深邃;当他神往圣者古井无澜的心境,也当是因为他忍受不了刻骨的灵魂之苦,且无信心改变境遇而使之与己协调,于是也就想出家遗世,一了百了。他所以对人生极度悲观,是因为他对自我生命之期待曾过于乐观。从认识论的极度自傲到伦理学的极度悲怆,不难发现:正亏那尚未发育健全的哲学天才,才将充满诗性的青春变幻心态精制成了宇宙定律。

第二节
王国维对叔本华体系的悟性扬弃或方法重铸

为了能把王国维对叔本华体系的悟性扬弃说清楚，可先让叔本华跟黑格尔作些比较。

叔本华是以反黑格尔而著称于西方哲学史的。西方哲学史家以为，在理性与意志关系上，叔本华率先提出不是理性支配意志，而是意志支配理性。这一反黑格尔的哥白尼式转变在当时实为惊世骇俗。因为这实际上是提出了当今世界极为重视的意识的意向性与认识主体性命题，这是人类思维深入发展的逻辑结果[①]；但就人在各自体系中的位置而论，我要说，两者差距不大。这就是说，人在叔本华意志宇宙中的地位并不比在黑格尔理念世界中来得重，人在黑格尔眼中是绝对理念借以自我意识的道具。无独有偶，人在叔本华眼中，也不过是宇宙意志孤芳自赏时偶尔一用的镜子，全无人应有的独立和尊严。明白了这一点，也就不难觉察，反黑格尔的叔本华哲学在体系结构上，为何仍套用黑格尔理念自在自为的逐级演化模式。原因不外是，既然两者的人学意蕴有相通处，那么，文体框架也就不妨沿袭，犹如形体相仿的模特儿可互换外套一样。区别仅仅在于，作为自在之物的黑格尔理念到了叔本华笔下改称意志罢了；虽然

① 参见刘金泉.《叔本华学说及生平简述——〈叔本华〉代译序》. 第5页

叔本华意志本位之本意,是想驱除黑格尔哲学中的虚构物如绝对理念之类,结果却事与愿违,不仅自己形同臆断,而且使其体系外壳同人本忧思内核的裂痕格外触目。

我说过,叔本华体系外壳与内核所以有矛盾,症结在于意志泛化,即人的生命特征被无限放大为宇宙本原。意志泛化所导致的人学紊乱至少有二:一是模糊了人类同矿物、植物和动物的异质界限;二是抹煞了人的生理欲求与精神追求的异质界限——当人所以为人的价值本性被宇宙图式所蒸发,叔本华那珍贵的人本忧思内核也就被体系外壳尘封了。而王国维对叔本华的哲学扬弃,恰巧是从明确人生欲求的异质界限开始的。

王国维以为,策动人类投入人生的基本欲求理应有二:一曰生活之欲,一曰势力之欲。生活之欲是指人与生俱来的生理本能,为个体生存与种族繁衍所急需,属肉体的粗俗性直接需求,颇接近叔本华生命意志;与此相对应,王国维提出了势力之欲,它不隶属于人的生物性生产与再生产,而只满足人的精神追求或灵魂熏陶,这便与叔本华生命意志异质。它不是自在意志,应是自由意志。势力之欲与生活之欲关系如何?王国维的解释是辩证的:势力之欲虽“与生活无直接之关系”,但也不能“谓其与生活之欲无关系”,因为“人类之于生活,既竞争而得胜矣,于是此根本之欲复变而为势力之欲,而务使其物质上与精神上之生活超于他人生活之上。此势力之欲,即谓之生活欲之苗裔,无不可也”[①]。

①《王国维遗书(三)》,第581页

说势力之欲是由生活之欲经“竞争”(社会实践)而生成的异质变体,王国维有此见解,委实可嘉。可嘉处有二:一是在叔本华笔下,人从生理个体转为认识主体全凭希腊神话式的“机械降神”,即人类精神素质之发生不是靠社会实践及文化氛围,不是从人身上历史地长出来的,倒是宇宙本原为了能顾盼自身而从外边硬塞给人的,相比较,王国维的势力之欲观当比叔本华高明;二是王国维的势力之欲观,似为蕴有极大信息量的现代人学预言,因为它似在暗示学界应到历史—文化深处去探寻人性之根。这就是说,从生活之欲(生理性)到势力之欲(精神性),其间将经历两种水平的转化中介:一是必须参与社会实践,与外部世界(以工艺—制度为基础)发生现实关系;二是受制于给定工艺—制度基础的价值信息,将伴随主体实践活动,而逐渐沉积于生理机能系统,使之转换为文化心理结构,此即人性之发生。故从人性的历史生成角度看,与人的"机体→灵魂→大脑"这一定式相对应的另一定式,只能是"欲念→价值→精神",即生物性生活之欲只有靠价值中介,才能转化为精神性势力之欲。这就解释了为何叔本华明明已认清人兽的形体区别(他说过,低级动物的头和身往往浑然一体,唯独"人的头部却好像是自由安置在躯干上似的";阿波罗雕像那"高瞻远瞩的头部"更是"自在无碍地立于两肩之上,好像这头部已完全摆脱了躯体,再也不以心为形役似的"[①]),却仍然划不出人生欲求的异质界限。原因无非是他只看到了人的机体与大脑,却没看到大脑作为人体的最精密物质,只有通过价值信息的反复刺激与浸染,它才能滋生思想与情感,即变成灵魂的居所。相反,王国维虽几未提及"价值中介"一词,却为何没被叔本华泛意志搅昏头呢?因为他那异质欲求的区分及其关系之学说,总在闪闪烁烁地诱他从文化角度去猜人本之谜。

①〔德〕叔本华.《作为意志与表象的世界》.第248—249页

人为何能昂首独立于自然界?因为他是靠"脊椎骨"支撑的,这"脊椎骨"就是价值支柱。从价值角度来打量人,学界将获得迥异于叔本华的新参照。这就是说,日后人们评判人生苦痛与否,不再简单地滞留于本能水平,仅仅看生理欲求是否满足;而是要上升到文化水平,考察能否在合人性的范围内兑现欲念,使身心和谐相长。这也就是说,生理欲求满足与否不是衡量人生苦乐的绝对尺度,只有内化为生命体验的价值准则，才是人生百味的最终裁决。我所以如此强调人的价值本性，动机有三：一是尊重人权。摆脱了动物界的人类有权确立超生物性的自我评估标准。二是回避叔本华式的思维紊乱。因为他老自相矛盾，一会儿说生理欲求匮乏即是痛苦，一会儿又说审美的幸福即在无欲；若从价值着眼，则矛盾消解，既然非人性的纵欲近乎兽性表演，那么，人生的福祉就应取决于自我生命品位的提高及其情调的欣悦。这就解释了为何"知力愈优者，其势力之欲也愈盛"[①]？这也解释了艺术、哲学明明不宜经世致用，却为何能使历代艺术家、哲学家乐此不疲，且"绝非南面王之所能易者也"[②]？这更解释了，出身豪门的叔本华青年时绝无生计之累，又为何郁积灵魂之苦。说白了，无非是以叔本华为人格表征的自觉生命，皆对自我有严肃而执著的价值期待——对他们来说，没有比合理想的人生实现更幸福了，也没有比人生理想的幻灭即价值受阻更痛苦了。简言之，价值是人的第二生命，相对于人的自然生命，价值生命的品位似乎更高，也更珍贵即难得。于是，第三，超越人生苦痛之真谛也就可能被阐明，即人生的自我超越未必等同于禁欲主义的生命沉寂，而主要在于能奠定且完善自适一自慰的价值图式与生存方式。换言之，某圣徒即使从宗教信仰中体悟到了灵魂安宁，也不宜将此归结为勿贪酒色之功；劳伦斯说得好，安宁是灵魂最深处的欲求得到满足时的心境——此欲求当是指远比酒色高档的终极价值关怀。事实上，叔本华所谓圣徒的"超绝的转变"或"天惠之功"之类[③]，若滤去其神秘感，其本意亦是指价值图式或信仰的心理发生。

诚然，我承认，关于人的价值问题，当初王国维不可能上升到原理层面想得如此细深——这是事实；但事实的另一面却是，王国维的势力之欲作为人的精神追求，又似为价值期待的代名词，或者说，价值期待既是势力之欲的某种极致，也

① 《王国维遗书（三）》，第538页

② 同上

③ 〔德〕叔本华．《作为意志与表象的世界》，第553页

是对势力之欲的新潮表述。我敢说，王国维所以最终未被叔本华的“人学复调”所惑，而独自从其僵硬外壳与合理内核的幽暗夹缝中爬了出来，全亏王国维有势力之欲这盏指路明灯。此灯所以可贵，不仅因为它纯粹是用王国维自己的智慧点亮的，更重要的是因为它默默地为王国维对叔本华作人本主义解读提供了高效智力保证。简言之，正是借助此灯，王国维才使人从广漠宇宙走向日常人间，从抽象群体走向情欲个体，从纯生物性走向旨趣高远又不乏情致的精神境界。

叔本华泛意志论（本体论）是有其认识论做基础的。人们会问：随着本体论被突破，王国维对叔本华认识论作何感想呢？

我发觉，王国维似特别推崇叔本华直观说。直观作为主体机能之一，在叔本华认识论中是为理念（纯粹认识对象）作陪衬用的，分量不见得重。但耐人寻味的是，它在王国维眼中却变得异常郑重。据其说理由有三：

第一，王国维以为，叔本华认识论“其最重要者”，是“出发点在直观，而不在概念”；“然古今之哲学家往往由概念立论，汗德且不免此”[1]，毋庸提他人了。为何尊直观为认识之始，一定比尊概念来得高明？这便涉及到直观与概念的关系了。此即理由之二，王国维说，若将“吾人之知力”喻为“银行”，必备若干黄金垫底，钞票才值钱，那么，直观犹如金子，概念便是纸币了。[2]这就是说，直观为概念之母，两者关系是源与流的关系，因为“吾人欲深知一概念，必实现之于直观，而以直观代表之而后可”，故“直观之知识，乃最确实之知识，而概念者，仅为知识之记忆传达之用，不能由此而得新知识。真正之新知识，必不可不由直观之知识，即经验之知识中得之”[3]。显然，王国维之直观，无论是指主体对体外现实空间的耳染目濡（官能性触摸），还是指主体对体内心理空间的切

①《王国维遗书（三）》，第398页

② 同上书，第407页

③ 同上书，第398页

身体悟(心智性内视),皆有毛茸茸的生命感,皆属烙痕般刻在心头确凿无疑的第一印象或第一手资料。这才是概念赖以孕育的血源,概念总是第二手的。不错,语符化的概念具有传讯性,或直观只有经语符中介即转化为概念,才能进入传播渠道。但即使如此,仍不能改变二者的源流契约。因为概念所可能蕴藉的信息,本就来自直观,来自主体对宇宙人生的独特发现或洞察,概念是载体,直观才是第一知识。直观比概念更始原,更贴近主体之潜能功力。“故以概念比较概念,则人人之所能,至能以概念比较直观者,则希矣。”[①]因为它对主体的精神要求将更高。也因此,若人只知死读书,读死书,“则直观之能力必因之而衰弱,而自然之光明反为书籍之光所掩蔽,且注入他人之思想,必压倒自己之思想,久之,他人之思想遂寄生于自己精神中,而不能自思一物,故不断之诵读,其有害于精神也必矣”[②]。第三,现在再回到叔本华。王国维承认,他所以倾心于叔本华,恰恰是因为其哲学“实本于一生之直观所得者”,“彼以天才之眼,观宇宙人生之事实,而于婆罗门佛教之经典及柏拉图、汗德之哲学中,发见其观察之不谬,而乐于称道之。然其所以构成彼之伟大之哲学系统者,非此等经典及哲学,而人人耳中目中之宇宙人生即是也。易言以明之,此等经典哲学,乃彼之宇宙观及人生观之注脚,而其宇宙观及人生观,非由此等经典哲学出者也”[③]。

① 《王国维遗书(三)》,第407页

② 同上书,第408—409页

③ 同上书,第399页

一语泄漏天机。现在清楚了,王国维所以青睐直观,无非是逼视心灵的直观比什么都更接近生命存在本身,这也是王国维急于想从叔本华处觅得价值参照的标志。这又解释了直观在叔本华处本是依附于理念的,为何王国维偏要轻理念而重直观?因为叔本华引进柏拉图理念本是为了支撑其宇宙图式,作为自在之物的形上本原与作为个别之物的形下现象,正是靠理念中介才焊接为体系的;但王国维无意于浩茫天宇,他更执著于真实人生,于是,也就不想绕道理念,曲径通幽,而只须凭借直观,便一步到位,开门见山,人生形象历历在目矣。也因此,王国维《人间词话》几乎不见“理念”一词,但对人生之感悟却俯拾皆是。感悟者,对生命存在之直观也。

这确实引人玩味:叔本华从体系框架出发,以理念为本,直观为末,故他对理念与概念之关系着墨甚多,却颇少正面阐释直观之含义;王国维正好相反,他“舍本而求末”,纵深展示直观与概念的关联及差异,对理念却惜墨如金。看表面,这似乎仅是将直观从理念的附庸地位中解放出来,但究其质,却是体现了王国维解读叔本华的兴奋点,实不在其体系外壳,而在其人本内核;乍看不离其词,细察恪守己志。这是静悄悄的思辨位移,这是形迹隐蔽的价值背离。

在此我还想说,若考虑到王国维是美学家,则他的重直观而轻理念,便更属势在必然了。

记得叔本华曾将审美等同于对理念的纯粹直观。理念是宇宙本原的直接客体化,它普遍而完美。故置于审美直观的人,也就不再是欲念郁结的个体,而已变为纯粹主体。纯粹主体看世界的眼光与意志个体不一:若说后者出于实用动机,注重对象与自身的利害关系,即“欲者不观”;那么,前者倾心于对象则是非功利的,又谓“观者不欲”。由于理念既不像形而下的现象那样带有可供消费的实用性,也不像形而上的本原那样高远无垠,于是,理念便成了人的最佳审美对象。这当是叔本华的如意算盘。

但当理念像分水岭将功利性实践—精神与非功利的审美—艺术一刀切开时,其实已留下隐患:科学—思维的位置何在?科学—思维作为人把握世界的精神方式之一,特点在于:它既不像实践—精神那样求善,也不像审美—艺术那样求美,其本性是求真。换言之,就非实用性而言,科学应与艺术相通,无愧为“纯粹认识”;但就对象的实在性而言,科学又颇接近实践—精神,它的位置似在美与善之间。这就使理念进退两难了:若承认科学是"纯粹认识",则它就不应像实践—精神那样去关注对象的"'何处'、'何时'、'何以'、'何用'"[1],但不讲究上述实在性的科学近乎伪科学;若否认科学"认识"的"纯粹"性,而将其混同于实用意识,则叔本华又将被学界嘲笑连常识都没有。看来,用理念去概括科学与艺术这异质对象,显然不行;但若将科学对象撇在理念之外,而归于意志性个别现象,则又与常识相悖。其实,叔本华也早看出科学与艺术异质,甚至断言(且不论此说妥否):"艺术上的伟大天才对于数学并没有什么本领。从来没有一个人在这两种领域内是同样杰出的。"[2]既然如此,那么,该如何处置科学对象的逻辑归宿呢?叔本华似颇为难,他被理念为枢纽的宇宙图式框死了,以至找不到合适的词来涵盖一个既不同于审美,又不同于实用的科学对象。

①〔德〕叔本华.《作为意志与表象的世界》.第249—250页

②同上书,第264页

理念不能同时涵盖科学与审美的对象,原因是科学与审美作为人类把握世界的两种方式,所调动的心理机能各有侧重。尽管有人将科学与审美皆称为直观,但审美直观显然不同于科学直观。科学直观是知性的,原则上不允许主体情绪渗入观察—实验过程,更不准以主观臆测来代替客观数据,堪称追求客体之真的纯粹认知;相反,审美直观则是情态想象的,重在对宇宙人生的情调性感悟,若诗人从一块石头读出了体温,那是他将自身热情想象性地移植到石头中去了,而不是石头有了心脏与脉搏。科学若靠情态想象来支撑,科学就完了;但审美若无情态想象来充实,审美也完了。故审美之本性,不仅是非功利的,同时也是非纯认知性的。准确地说,它可以包含若干认知因素,但总体上却非认知,而是非认知的情态想象。在人类精神的罗盘上,审美指针总颤颤地指向主体情志,而不像科学执著于客体或本体之真。而叔本华又偏坚执理念是形而上的本体的高保真显现。由此也就不难理解王国维为何轻理念而重直观。因为无论诗性气质，还是美学家的缜密思辨，皆会诱导王国维走向直观，并进而将直观视为自身生命感悟的近义词。

我说过，王国维人本—艺术美学的思辨基点是从叔本华处拿来的。但拿来不是嗟来之食，囫囵吞枣，更不是书呆子式的背诵；拿来是一种筛选，一种接受与扬弃互渗的过程。事实上，当王国维将叔本华若干哲学原理转化为自己的美学方法时，既有体系硬壳之突破，又有人本忧思内核之吸吮。这一人学探索为导向的拿来过程，主要在两个水平上运作：一是本体论，王国维提出生活之欲与势力之欲即异质欲求说来代替叔本华泛意志说，并着重阐释势力之欲，这就把人从物欲横流的叔本华宇宙桎梏中解放出来，使之恢复应有的人性尊严；二是认识论，王国维重直观而轻理念，并进而将直观视为人生感悟之近义词，这又使人从宇宙本原的被动镜像，转变为能珍重其生命存在，并进而探询人生意义的自觉主体。王国维在本体论、认识论方面的这些创意，其实是在尝试对人的价值重塑。因为在叔本华笔下，人的价值地位是不稳定的，他既可在认识论中被夸张为开天辟地的巨神，又可在本体论中被粗鄙化为一种生理冲动，在宗教伦理学中更被沦为走向寂灭的自虐狂。叔本华这一充满嘈杂的"人学复调"，到王国维那儿已被洗练为晓畅的"人学主调"。这就是说，王国维给出的人类造型虽不神奇也不卑微，他似乎更像日常世欲中的，既有情欲又有志向的勃勃进取者，灵与肉不再冲突，而是尽力使之和谐，丰富或健全，仿佛挺接近马斯洛的"第三思潮"。我有时遐想：要是王国维在1902年不读叔本华，而读马斯洛，可能有更多的心灵共鸣。虽然马斯洛是在20世纪60年代才名闻遐迩的。

人的价值重塑落实到美学研究上，便是方法之重铸。"审美是对人生苦痛之超越"——这一思辨基点虽源自叔本华，但一经王国维重铸，却形似而神异，颇具新意。新意大体有二：一曰“人生苦痛”，以前大多是指因物质匮乏所引起的欲念受阻，王国维却以为因势力之欲受挫而酿成的灵魂之苦远比前者深刻，假如说前者的痛苦尚属动物水平，不可能靠审美来消解，那么，后者之苦倒的确是人才有的，也可通过审美来缓解。二曰“审美超越”，叔本华虽将审美喻为麻醉人生苦痛的针剂，但他明白这疗效不可靠，人若想永远摆脱与生俱来的意志枷锁，只有走禁欲主义的沉寂之路，故他主张以宗教来驱逐审美；相比较，王国维对“审美超越”的态度则积极得多，他不以为审美仅是人生可有可无的过眼烟云，作为某种“无用之用”，它对人格更新或灵魂净化有潜移默化之功，故王国维提倡以审美来代宗教。

方法是理论建构之魂。现在再来看王国维艺术美学的各个板块，无论“天才说”、“无用说”、“古雅说”还是“境界说”，确实始终贯串着人本沉思，而这人本沉思又是在对势力之欲的审美补偿中展开的。如“天才说”中的非功利眼光与艺术技能，“无用说”中的嗜好分析，“古雅说”对艺术传统的精细品味，及其“境界说”对高品位诗艺文化的推崇与期待，无一不在展示他所关怀的那片情真意深的人本生命景观。我发觉，类似上述闪光点，叔本华书中未必没有，甚至不少，且屡给王国维以启迪，却未能像王国维那样将点串成线，将线连成片，几近整合成一个生机盎然的美学系统。究其因，根子乃是叔本华体系外壳太僵硬，将其人本内核给闷住了。所以，叔本华与王国维之差别，不仅是前者专攻哲学，后者擅长美学，故后者能将前者的哲学颗粒演绎成一片美学绿地；要害更在，这两颗深谙人本价值的智慧巨魂，对人的看法本就参差不齐。这就决定了王国维对叔本华的接受过程，同时也是他对叔本华的扬弃过程。确切地说，他对叔本华没有照单全收，只是挑剔地吸收其合理内核，却将体系外壳甩了，从而完成了他对叔本华的人本主义解读。可以说，作为一代宗师，王国维的再创性不仅体现在他对叔本华的师承中，更体现在他对叔本华的扬弃中。没有扬弃，便没有创造。“问渠那得清如许？为有源头活水来。”王国维美学所以有如此清新馥郁的人本哲学气息，奥秘全在他对叔本华的悟性扬弃中。

为何再三点明王国维对叔本华的扬弃出自悟性？为了尊重历史。叔本华是西方哲学的多头鸟，其体系横跨本体论、认识论、美学、宗教伦理学等诸领域，王国维何以能轻松地嗑碎体系外壳，直取人本内核？在我看来，这是受益于他诗性般敏锐的人生睿智。故，尽管他在1902年尚无西方哲学史素养，却不妨碍他倾心叔本华；也因此，尽管他在读叔本华时，并未痛感其“人学复调”的不谐和音，也未见他对叔本华体系作任何整体性批判，事实上，他对叔本华的兴奋点与叔本华对西方哲学的历史性贡献也不在同一地方。但所有这些，皆未阻隔他跟叔本华的神交，那天才情结与生存逆境的严重失衡所酿成的灵魂之苦，犹如灵犀，使他一下便读懂了叔本华的火焰般激情，并由此萌发超越人生痛苦的审美神往，尽管叔本华的生命火焰是裹着厚厚的盔甲的。这就是说，王国维对叔本华的扬弃似是在某种情调氛围中悟出来的，而不是系统知性分析的结果；是出于半自觉或非纯自觉，是因顺从定势所作的无意筛选，而不是思想史家对先贤破绽的刻意洗刷。当时蔡元培曾说，王国维是国内学者中对西方哲学关注最多的一个（没说他是对西方哲学研究最精的一个）——我以为是恰当的，王国维对叔本华的悟性扬弃正好证实了这一点。

据说叔本华曾将学人分为两类：“思想家”与“书籍哲学家”。前者是真挚的、直接的、原始的，所有的思想和表现都具有独立的特征；后者与此相反，他们只是拾人牙慧，是承袭他人的概念,就像把人家盖过的图章再盖一次一样。显然,悟性丰盈的王国维无愧为独立的思想家。

王国维对叔本华的悟性扬弃,根源于他对叔本华的人本主义解读。因为对王国维来说,读叔本华的第一动机,并不是要为其美学建构寻找方法;相反,他是想从叔本华处觅得契合其价值期待的生存参照,而治学只是这人生探询的副产品而已。这就是说,他不仅是用脑,更是用心来读叔本华,不仅是为了润色思维,更是为了滋补灵魂。故,是否已从学理上真正疏通了叔本华的每一定律、每一概念,这对王国维并非最重要的,最重要的是他已从心底感应到了叔本华那深远而亲和的人本之声。也因此,他对叔本华的再创性接受,除了为其美学研究举行了奠基礼外,更是在其生涯树了一个靠生命来兑现的价值承诺。

王国维从叔本华的人本内核走向人本位,落实到日常行为上,便是对自我生命的珍重。这一珍重,在灵魂水平体现为对势力之欲的不懈追求,在官能水平则体现为对生活之欲的尽情享受。这可从其诗词中得以佐证。我说过,作于1904年前后的《静庵诗稿》,可大体按诗境渐变而分为两块——从"南通阶段"到"苏州阶段",由此可辨诗人的天才灵魂之苦(因势力之欲受阻所致)是怎么随境遇的改观而逐次缓解的。现在我想引入王国维1906年至京后所写的《苕华词》,人们不难发现其诗风又有变,除了独抒人生苦闷依旧外,还新添了"南通阶段"绝对没有的士绅式的逸致与甜俗。如《蝶恋花》:"莫遣良辰闲过去,起瀹龙团,对雪烹肥羜。此景人间殊不负,檐前冻雀还知否?"[①]——这是写"饮食"的,想必他以前太穷了,无权品尝佳肴,而今熬出头了,再不大饱口福,岂不辜负人生美景?写"男女"的就更多了,如《应天长》:"波上荡舟人似玉。似相知,羞相逐,一晌低头犹送目。鬓云欹,眉黛蹙,应恨这番匆促。恼一时心曲,手中双桨速。"[②]如

① 《王国维遗书(三)》.第323页

② 同上书,第321页

《浣溪沙》："为惜花香停短棹，戏窥鬓影拨流萍，玉钗斜立水蜻蜓。"[1]……这些惹诗人心旌摇荡的美的瞬间写得很典雅，近乎腼腆，仿佛乍涉情场的处子；但，另些情语则几近不惜以名份换取青楼艳遇的柳永了，如《清平乐》："拚取一生肠断，消他几度回眸。"[2]如《虞美人》："未能羞涩但娇痴，却立风前散发衬凝脂。近来瞥见都无语，但觉双眉聚。不知何日始工愁，记取那回花下一低头。"[3]……诚然，我罗列上述艳词，并非想对王国维作道德评判，我也明白诗境作为艺术创造，也不尽是对现实场景的摹写。但通过对《人间词》与《静庵文稿》之比较，人们委实可发现王国维所以对灵与肉两方面皆津津乐道，至少说明他心中的美好生命应是性灵高致与官能情调之融合，而这又恰恰是对人，对现世生命，对健全人性的价值肯定。由此联想到《人间词话》对境界意蕴与形式的刻意规定，也可理解为是王国维从性灵高致与官能情调两方面，对其价值理想所作的诗美延伸。

①《王国维遗书(三)》，第322页

②《王国维遗书(二)》，第639页

③ 同上书，第323页

若与叔本华比较，则王国维的言行一致就愈显突出了。

叔本华的言行不一在西方哲学史上是有名的。他留给人们的醒世箴言是清心寡欲，但他自己却从未认真实行过。不仅在势力之欲方面其成就感与虚荣心皆极重，即使在生活之欲方面，其饭量也极大，晚餐必饮酒，且搞男女关系，并为了充分享有自由，他只同居却不结婚。简言之，其箴言只是说说而已的玄念挥洒，远非铁心践履的信仰。

对此心口误差，叔本华是从角色分工角度来为自己辩护的。他说哲学家与宗教徒不同："宗教圣徒的美德和神圣性是以其行为表现出来的"，但哲学家的使命则"是把这些真理纳入抽象的知识，纳入反省的思维"，"在此以外，哲学家不应再搞什么，也不能再搞什么"；故"一个圣者不必一定是哲学家，同时一个哲学家也不必一定是圣者；这和一个透顶俊美的人不必是伟大的雕刻家，伟大的雕刻家不必是一个俊美的人，是同一个道理。要求一个道德宣教者除了他自己所有的美德之外就不再推荐别的美德，这根本是一种稀奇的要求”[①]。

①〔德〕叔本华.《作为意志与表象的世界》.第523—524页

看来,叔本华低估了评价文、哲之学时的人格参照。一个人文思想家欲征服人,首先得自我征服,自我征服与否的标志是看其是否真的按所说的做了,只有自己说到做到,他人才可能信以为真;若自己仅耍嘴皮,则别人也不会当真,只当耳边风,其理论也就大打折扣了。借用克尔凯郭尔的话来说，这就像一个光说不练的体系制造者，虽筑了宫殿，自己却仍住在茅棚里。这一比喻与叔本华甚契，因为其涵盖宇宙的体系外壳恰似宫殿，而其忧思所居的人本内核当是茅棚了。

正是在这点上,我相信王国维是深知叔本华其人的。他断言叔本华的灵魂之苦,亦源自其天才情结与人生逆境的严重失衡,曰:“独叔本华送其一生于宇宙人生上之考察,与审美上之冥想,其妨此考察者,独彼之强烈之意志之苦痛耳。”[②]故“彼之说‘博爱’也,非爱世界也,爱其自己之世界而已。其说‘灭绝’也,非真欲灭绝也,不满足于今日之世界而已。”[③]“故彼之学说与行为,虽往往自相矛盾,然其所谓‘为哲学而生,而非以哲学为生’者,则诚夫子之自道也。”[④]这就是说,叔本华抱负太大,以至“九万里之地球与六千年之文化,举不足以厌其无疆之欲”[⑤],故若受阻,则其阴郁之宣泄亦很难不凭借浪漫狂想,如风暴雷霆横扫宇宙,由此势必放大其体系外壳与人本内核的逻辑内讧。

②《王国维遗书(三)》.第400页

③ 同上书，第478—479页

④ 同上书,第400页

⑤ 同上书,第478页

相反,何以王国维无此狂想? 因为王国维对叔本华作了人本主义解读或扬弃。这就意味着,王国维作为一代英杰,确非迷途羊羔,可被他人随手牵了走。可以说,他对叔本华之接受,是接受其哲学中最富人本启迪之精华,对非人本内容则无疑避之如糟粕,这就像食河豚鱼,由于在总体上将毒腺清洗了,故吃了不仅没赔命,反而赢得鲜美与营养。

第三节
结　语

当本章告尾声时，心头忽闪一念：如何避免比较美学的平板化倾向？

比较美学可能在如下两方面被平板化：一、在方法论层面，不是将比较理解为一种对不同时空的思想传承何以发生之追究，也不是要探寻超越不同文化框架的艺术本性，相反，而是将比较日常词语化，望文生义地将它浅化为某种对若干形似对象的经验性罗列；这就势必导致二，在操作论层面，仅仅满足于对详尽资料作分门别类之对照，而不是捅破单一平面作纵深掘进，细察某门类的内在关系及其各门类间的有机关联，以达到对对象的整体逻辑还原。

平板化研究尚处比较美学的“初级阶段”。所谓“初级阶段”也有两方面：一是对仓促引进的比较方法毕竟刚打交道，有个逐步熟识过程，从“外行凑热闹”姗姗走向“内行懂门道”；二是就操作程序而言，任何较为系统的理论研究起码有三部曲，从详尽占有资料→分门别类→某门类的内在关系及找出各门类间的互相联系。这落实到影响性比较一案，就得着力揭示蕴藉在显性形似背后的隐性神交，即活在彼此身上的那种必然亲和性。这才是学术思维的“高级阶段”。显然,平板化研究还够不上这台阶。

这就清楚了,对王国维与叔本华关系作影响性比较,若想避免平板化,关键全看你能否潜到发生学水平去展示两者势必作超时空传承之底蕴。这就不仅要求你说明两者的相似处,而且急需你证明他俩何以心心相印,即究竟在哪一关节点上两颗巨魂撞出了深深的共鸣。由此,你的比较研究也就逸出了路人皆知的经验平面,而获得另一描述两者的可逆互动关系的立体模式:比较美学⇄比较哲学⇄比较文化学。其中,比较美学→比较哲学→比较文化学这一顺向程序,是标志研究者对两者关系的逐级沉思。因为你首先是在美学层面发现王国维身上有叔本华的影子的,而影子又直接源自叔本华哲学,但王国维对叔本华哲学并未全盘师承,这又取决于王国维对人的价值期待同叔本华不尽一致;相反,比较美学←比较哲学←比较文化学这一逆向程序,则是标志研究对象的发生本相,因为陷于灵魂之苦的王国维渴望人生探询,才使他钟情叔本华哲学,但由于其定势更倾向于对人的肯定,故又促成他对叔本华的人本主义解读或扬弃。也因此,看表面王国维美学的思辨基点是从叔本华处拿来的,但由于拿来作为某种价值筛选过程,故也就成了方法重铸过程,这更使王国维有可能再创出既有中国气质,又有欧化光彩、风格独特的人本—艺术美学。

我发现,上述发生学模式虽是影响性比较的派生物,但其应用范围又不是影响性比较所能限定的,事实上,它在驰骋影响性比较圈的同时,也涉及平行性比较。当然,你也可以说,这是在影响性比较这棵大树上长出来的平行性比较,如对王国维与叔本华在美学、哲学、文化学方面的异同之分析,皆是在王国维为何接受且如何接受叔本华这一大前提下进行的。但这一个案,至少为影响性比较与平行性比较的可能合作提供了某种前景，而无需像以前那样，为了标榜各自对比较文学的合法继承权及阐释权，而弄得老死不相往来。

多层面复合结构的发生学模式作为比较美学方法之一，较之平板化的经验性形态对照，无疑要复杂些，因为它所面对的研究对象本身就挺复杂。对象与方法的这一对应关系，酷似音乐与高保真音响组合之关系，现代音响器材及其组合所以愈搞愈精致愈繁复，无非是想更大限度地迫近原音之美，于是驱使一代代“发烧友”为配制理想音响效果而不惜一掷千金。我想，比较美学界在努力建构且完善研究方法方面，也应具备“发烧友”式的学术热情。

在日本留学时的王国维

外篇

>>>>>>

第四章

影响比较是王学整体研究的前提

>>>>>>>

王学即王国维美学研究，在20世纪中国学界，大概是一个能与红学相媲美的、源远流长的独立学科。因为从王国维自沉至今，在近70年的时间里（暂将“文革”10年撇开），学界对王学的关注不仅未被截断，而且自20世纪80年代始，其兴味可说是愈见浓郁。其标志之一，与20世纪80年代前相比，一批旨在王学整体研究的专著接踵问世，蔚然可观。所谓“王学整体研究”，含义有二：一是将王国维美学作为整体即体系来评述，如周锡山《王国维美学思想研究》；二是从整体角度来评估王国维美学是否为体系，如叶嘉莹《王国维及其文学批评》。是的，周著、叶著作为王学整体研究之力作，并非自觉而系统的比较美学专著，但通过分析不难发现，任何意义上的王学整体研究若想经得起推敲，则又须以影响性比较为前提。这不仅因为王国维美学，而且整个20世纪中国现代美学的发生或发展，皆是在“西学东渐”的世界框架里运演的，即它们不再是封闭在古长城里的土生子，分明是欧风美雨中分娩的混血儿。故，就像没有20

世纪中西美学关系史研究之前提,中国现代美学史的描述将不可能完整一样,若无叔本华为代表的西学对王国维美学的影响之比较,则任何人的王国维整体研究也难免先天不足,后天失调。因为王国维对叔本华哲学之接受,不是别的,正是20世纪中西美学关系史之序幕,更是为中国现代美学之发生行了奠基礼。

第一节
迷失在译介与再创之间

周锡山《王国维美学思想研究》在王学整体研究领域颇具特色。特色有二：一是对王国维美学的总体评价甚高，称王国维不仅是“中国的传统美学”“最后的里程碑”，“不仅对现当代中国美学”，并是对世界美学“做出历史性贡献”的“理论巨匠”[①]；二是该书立意不俗，说要“紧扣王国维美学原著，进行归纳、整理并加阐发，力图展现王国维美学思想体系的原貌与全貌”[②]。

周著第三章《美学总论》曾这么概述王国维美学“体系”：“除本章所叙之天才说、古雅说、苦痛说、游戏说和美育观外，重要的还有自然说，赤子说，悲剧论和壮美与优美说等。”[③]若据周著目录，还该补上“小说美学”、“诗歌美学”、“戏曲美学”、“美学功利观”、“鉴赏学理论”、“对比较文学和比较美学的重大贡献”诸项——周著便是对上述各项的别类分述，林林总总，洋洋洒洒，包罗万象，颇有将王国维美学“体系”一网打尽之势。

但细读周著，总体印象是：该书对王国维美学之描述委实“紧扣”“原著”，但“归纳”不足；或者说，复述“原貌”有余，却未能给王国维美学一个明确的“体系性”整

① 周锡山.《王国维美学思想研究》.北京：中国社会科学出版社，1992，第1页
② 同上书，第3页
③ 同上书，第39页

体界定。学者不是上帝，他不能像上帝那样说要有光便有光；学者的天职在于说明光是什么？为何要有光？怎样才有光？同理，若想在学理上标榜王国维美学为“体系”，首先得说清何谓体系？或体系作为理论架构的最高思辨形态之特点何在？即应提出一套可供学界在给定程序下，重复其逻辑操作，以验证其理论是否在理的凭据。我以为，判断某理论架构达到体系与否，起码得满足如下条件：(1) 是否有一个能统辖理论架构的思辨基点；(2) 是否有一个在上述基点展开的，逻辑自圆而又轮廓分明的研究对象。也有人称前者为思想方法，后者为概念系统与演绎系统。假如说思辨基点是灵魂，事先规定了理论的思辨深度或文化品位，拟称为“定性”；那么研究对象作为神经网络所制动的理论肌体，则直接显现了思辨广度或知识容量，可称为“定量”。对理论架构的整体界定，即意味着要对它作“定性—定量”分析。我为何称王国维美学实为人本—艺术美学？因为在我眼中，王国维正是在人本忧思即对人生的价值关怀的水平线上，去展开且组织他对传统艺术之研究的；或倒过来，他所以热衷于中国艺术美学之探索，其原动力正来自他对生命价值的执著。这就从整体上界定了王国维美学的品位与容量，从而为甄别它是否建构了体系，及他在 20 世纪中西美学关系史乃至中国现代美学史的地位，提供了可资参照的基础。周锡山对王国维美学虽纵情推崇，并冠以“体系”，但由于未作整体“定性—定量”分析，这便导致他对王国维美学的全部繁复描述，不仅未给人留下体系般深邃严整的印象，反而变成一场“遥看草色近却无”的学术游戏，即粗看周著目录，你会肃然叹服作者驾驭王国维“体系”的那份博大与气度；但真的潜心拜读，则那不时明灭的“体系”轮廓却又被文无巨细的繁复陈述搅成朦胧。

我说周锡山“文无巨细”，首先是指作者未能抓住王国维美学的基本特征：再创性。

是的，既然称王国维美学是“里程碑”，想必王国维定有使历史为之动容的卓越再创力或原创力，而不仅仅是由于对先祖或西哲的单向传承。这就亟待分清，王国维典籍中哪些是纯译介性的，哪些是独创的，哪些是被西哲所激活而再创的，即说出西哲未曾说过的新意。诚然，对王国维而言，再创与译介是很难绝然分开。可以说，没有他对叔本华、尼采的倾心译介，大概也不会有他的美学再创；但译介毕竟不是再创，否则王国维也就不成其为王国维，而变成美学上的严复或傅雷了。也因此，若不加区分地将叔本华思想划归王国维名下，表面上看王国维美学库存似乎顿显丰饶，但其实王国维的再创性锋芒却被无端锉平乃至掩盖了。其负效应有二：一是将自成系统的王国维美学变成了“杂货店”，而不是独此一家的“精品商厦”；二是将贵在创新的王国维贬为行销叔本华产品的代理商，而不是独树一帜的一代宗师。

这就是说，若能自觉区分译介与再创，则王国维美学的架构轮廓是不难澄清的，这便是“天才说”→“无用说”→“古雅说”→“境界说”顺序相衔的四个板块，此四板块不仅始终贯穿人本忧思这一轴线，而且，每一板块皆有较大的理论包容度或涵盖面，是可将周锡山所陈列的纷繁诸说分门归类的。如“天才说”作为王国维关于审美力与艺术创造力的人格表征之学说，本是王国维的审美—艺术主体论，它无疑是将“赤子说”也包括在内的；又如“无用说”作为王国维的艺术性能论，既揭示了艺术之审美本性，也回答了艺术功能实为非功利的“无用之用”，即它对熏陶、健全人性或许有潜移默化之功，但绝无“当世之用”或“经世致用”，这又将“游戏说”、“美育观”、“美学功利观”与“鉴赏学理论”也熔于一炉了；“古雅说”作为王国维的艺术程式论，因纯属独创，倒可单列;再如“境界说”作为王国维的诗学理想论,既是他衡量古代诗词的文化品位与艺术成就的美学尺度,又是他所神往的、包括戏曲在内的中国艺术所应追求的目标,因此,所谓“自然说”、“戏曲美学”之类也可划归“境界说”。李泽厚早已指出《宋元戏曲考》似属艺术史考证。我同意此说,是因为《宋元戏曲考》所包含的“意境说”、“自然说”等观点无一不源自《人间词话》,而《人间词话》本是对“境界说”的权威阐释。若说得再细些,第一,“意境说”本为“境界说”之变体,源头仍是“境界说”;第二,“自然说”作为“境界说”在修能(诗艺技巧)方面之延伸,又属“境界说”之外延,故在“境界说”身边单列“自然说”,在逻辑上恐有画蛇添足之嫌。而若将“意境说”、“自然说”划归“境界说”,则“戏曲美学”一说也就近乎釜底抽薪,只剩空壳了。周锡山可能会说,还有“悲喜剧论”呢！这正是我想强调的——在我看来,王国维笔下的“悲喜剧论”似属舶来品,只具译介性,未见再创性,故不宜纳入王国维美学“体系”。以此类推,则“壮美与优美说”也不属王国维之再创,而应物归原主(叔本华)。至于“小说美学”、“对比较文学和比较美学的重大贡献”等说法,我猜这大概是周锡山未能区分“思想”与“理论”或“学科系统”的思辨形态差异所致,即由于珍爱先贤学术,而无形中将若干思想颗粒放大为理论乃至学科规模了。

现在再来看“苦痛说”。严格地说,“苦痛说”不是美学,而是哲学。或者说,只有当思路运行到审美—艺术是摆脱人生苦痛的途径时,“苦痛说”才告别哲学而进入了美学王国,但此时,“苦痛”也就不再苦痛,它将被超脱、冲淡或升华。这便涉及到译介性与再创性之关系了。不错,“审美—艺术是对人生苦痛之超脱”作为王国维美学的思辨基点,确是从叔本华处拿来的。但拿来作为过程,它又是王国维对叔本华作价值扬弃或方法重铸之过程。其要害在于:

将叔本华宇宙图式化的普遍意志落实到人间，而阐释为“异质欲念说”即生理性“生活之欲”与精神性“势力之欲”，并将后者作为审美—艺术可能超越的对象，这在实际上，是再创性地将人本忧思内核从叔本华那玄虚的宇宙图式外壳中解放出来了，同时也为王国维人本—艺术美学建构提供了坚实的思辨基点。故，又可说这基点，既是沟通王国维跟叔本华的人本关怀的共鸣点，也是导致王国维同叔本华的价值分野的临界点，更是凝聚王国维美学的理论构成的聚焦点。

不难见出这焦点酷似中枢神经，网络般地遍布王国维美学板块，并将其聚为整体。先看“天才说”。天才作为审美力与艺术创造力的人格表征，所以痛感人生之苦，根子倒不在他“面对黑暗、落后的社会和人欲横流，人心不古的世风”而哀“无力解决”[1]，不，在王国维心中，执著于人生价值之探询却又无路可循——这才是天才最深重的灵魂之苦。与这难以承受的苦痛相比，诸如对现存秩序之失望之类倒是可以忍受的。如何消解或缓解这灵魂之苦？王国维认为可通过艺术的创造与鉴赏，这便是“无用说”了。这又表明，艺术的审美本性只能麻醉、安抚或提升人的心灵，作为“精神鸦片”，它不具干预现实，改观历史进程之实用功能。至于“古雅说”，更是诱导人们浸润于传统艺术程式所弥散的古色古香，怡性养心，乐不思蜀。最后是“境界说”。“境界”无非是指对天才所敏感的生命体验或遥深关怀的诗性观照与表现，这又与“天才说”首尾呼应。可见，与“苦痛说”相连的思辨基点确是贯穿整个王国维美学的灵魂，而不是该美学构成中的某一板块、骨骼或肌腱。故，当周锡山“文无巨细”地将“苦痛说”作为板块型构成，与“天才”、“古雅”诸说并提相论，势必造成如下缺陷：一是使王国维美学架构显得庞杂且臃肿，不论其为译介物还是再创物，只要出自王国维名下，皆通通往上

① 周锡山.《王国维美学思想研究》. 第60页

靠,叠床架屋,竟使王国维美学之基本构件高达 15 个之多,其间你中有我,我中有你,指涉互缠,轮廓模糊,根本无法对此作整体定量分析;二是无所谓整体定性,周锡山描述王国维美学所以陷于无序,关键是不具整体定性意识。大凡理论系统的品位与规模,皆首先受制于方法或思辨基点。刘勰云:“贯一为拯乱之药。”思辨基点正是将形态纷纭的理论构件聚为整体,使其从无序走向有序,一以贯之的统帅。无帅则无异于乌合之众。故,面对王国维美学,周锡山纵然有作“体系”描述之美好愿望,但由于放弃了整体“定性—定量”分析,结果,只能使他对王国维美学“体系”之命名仅仅作为“命名”,而非证明。

周锡山所以走向愿望的反面,原因是多方面的。从客观上看,王国维虽有建构体系之实力,但毕竟未拿出体系,他是贡献了一个有待后人重构的准体系,或带引号的“体系”。该“体系”特点有二。一是尚未发育出能同化王国维所有著名创见的恢弘框架,如在我看来,王国维关于文体沿革为中心的文学发展观,便不易被有机融入其美学整体。这是真正的“自相矛盾”:一方面,关于文体沿革的文学发展观作为卓识,当为王国维所器重,故《人间词话》特为其单列条款;但另方面,擅长创调的白石词体明明属文体沿革的典型案例,却因不合“境界”规范,又遭王国维冷落。这只能表明王国维美学建构未臻体系之圆熟。特点之二,是王国维因未撰系统的美学专著,故其学术表达往往是融译介与再创于一章,这就为后人设了迷障,假如你想勘探王国维美学的独特构成,你就非具外科手术般精细的剥离技巧不可,认真地区分哪些是译介,哪些是王国维的独创,哪些又是领悟西哲后的豁然再创。这就亟需研究者——即在主观上——有强烈的比较美学意识,以及对王国维与叔本华为代表的西哲之关系实施影响性比较的知识与技能。这就是我所说的"影响比较是王学整体研究的前提"之本义。记得周锡山曾欣赏这么一段话，说：人们所以关注康德对先哲的师承，"不是为了向他算旧账，而是为了指出他的美学理论的发展过程。康德美学理论中的主要东西，不是他向别人借的债，而是他的独创性"（引自吉尔伯特、库恩《美学史》）。并进而说明王国维与先哲之关系拟与康德"地位相似"[①]。可见要点仍在于要分清，何谓康德之外债，何谓康德之"独创性"。否则，仍是一笔糊涂账，甚至，曾为周锡山所不屑的那类误解还会重演。

写到这儿，不禁想起罗继祖为周锡山编《王国维文学美学论著集》序中所说的一句话：若论王国维美学对中国学界之深远影响，只需提"境界"二字足矣。（大意）是的，"境界说"当属王国维的历史性实绩；但话还得说回来，若对王国维美学的整体界定不落实，则对其美学的某一构件之阐释也难以自圆。这即所谓"先天不足，后天难调"也。譬如，周锡山在"天才说"一案便患有这思维后遗症。

"天才说"是王国维美学之重头部件，也是译介与再创交叉甚密的迷津。想弄懂王国维"天才说"之新意何在，首先得查明其学说源自何人。亦即分两步走：第一步从译介着手，寻根溯源，认清王国维"天才说"的理论来源；第二步，再经美学比较，析出其再创物。

先走第一步。周锡山的观点是：王国维"天才说"源自康德。[②]确实，王国维自己也承认："'美术者天才之制作也'，此自汗德以来百年间学者之定论也。"[③]但窃以为此言不足以定乾坤，因为不能从中直接导出王国维学说源自康德之结论。理由如下。第一，王国维既称此为康德后"百年间学者之定论"，想必其中也包括叔本华，可见此言并无独尊康德之意。第二，从西方哲学史角度看，提出艺术是天才的审美创

① 周锡山.《王国维美学思想研究》. 第38页

② 同上书，第46—47页

③《王国维遗书（三）》. 第614—615页

造,当是康德先于叔本华;但就王国维接受西哲的过程看,则王国维最初接触的西哲经典是康德《纯粹理性批判》而非《判断力批判》。众所周知,《纯粹理性批判》专攻认识论,与艺术天才无涉,因过于艰涩,曾迫使王国维释卷,后翻阅叔本华《作为意志与表象的世界》竟一见倾心,不能自已。于是不能排斥这一可能,即当时王国维初识西方天才理论,恐怕不是通过康德,而是通过叔本华才实现的;或者说,与康德相比,叔本华对王国维"天才说"之关系也许更具亲和性与血源性。诚然,尚需进一步验证。

验证途径有二:"局部验证"与"整体验证"。

所谓局部验证,即囿于王国维"天才说"一隅,就事论事地去辨别康德还是叔本华对王国维更具影响力。这当然会难分仲伯。因为就王国维对"天才"的双重定义来看,无论是从人类把握世界的不同精神方式角度去规定"天才"所以为"天才"之必要条件,须具备迥异于功利性世务俗趣的审美力或艺术创造力;还是从艺术创作的文化品位级差角度去界定"天才"所以为"天才"之充分条件,须表现出对宇宙人生的遥深感悟或独创艺术规范——皆很难使康德、叔本华分出高低。原因是两家在论"天才"时,对上述两方面皆有所涉及。

那就换整体验证,即把"天才说"放到王国维美学赖以奠定的那个整体思辨基点上去看看,到底是康德还是叔本华离王国维更近。先看"天才"的必要条件——我发现康德、叔本华虽皆强调艺术天才之非功利性,但就"非功利"命题而言,叔本华似有比康德幽邃且厚重得多的哲学沉思。因为叔本华是从宇宙本体高度,试论人只有摆脱欲念冲动即普遍意志之纠缠,走向非功利之审美或宗教,他才可能自由,而艺术天才恰恰是对这一摆脱的人格表征。无疑,这一思想是甚契王国维情怀的。再看"天才"的充分条件——我记得王国维评估诗人的品位级差之标准有二:(1) 在价值关怀方面能否表现出深挚的人生感悟；(2) 在文体艺术方面能否有独创，即“遁而作他体”。但同时，在王国维心中，(1)的分量远比(2)重，否则，他就不必恨周邦彦创意少而创调多了。意者，“人生感悟”之谓也。这又分明与康德拉开了一段距离，因为康德《判断力批判》有关“天才”的那四点著名论断，其重心是落在“天才”须有独创艺术规范之天赋，至于对王国维屡屡为之焦虑的人生价值命题则只字未提。而作为共识，人本忧思又偏偏是王国维美学建构的原动力，而此原动力又偏偏是王国维读了叔本华后才频频引爆的。如此看来，不是康德，而正是叔本华才是王国维“天才说”之理论血源，大概已说清楚了吧。

眼下可走第二步了，即与叔本华、康德比较，王国维“天才说”之新意何在。

我以为王国维“天才说”的最大贡献是在，他将西方理论诗学化了。毕竟叔本华、康德不是艺术家，他们考察艺术多半是其哲学探索之延伸或补充，没有精力，也未必有能力将原理性的天才律，舒展或充实为一个既有逻辑骨架，又具经验血肉的诗学系统。他们做不到的事，王国维却做到了。作为一个情知兼胜的诗人兼美学家，王国维的拿手戏正在于他将哲思理趣融于诗情的同时，又能从诗性经验中提炼出一套不无系统的理论。这在《人间词话》中尤见显著，可以说，《人间词话》所提出的“内美”与“修能”→“入乎其内”与“出乎其外”→“独能洞见”与“独有千古”，如此依次深化的三对关系，正是王国维在诗学水平上展开的“天才说”的三个有机环节，亦可依次称为是王国维辨别诗艺天才的首要标尺、提高诗艺品位的操作程序、及其揭示诗艺天才何以为“天才”的发生基因。

周锡山对王国维“天才说”却另有一番思路。他是从“先天—后天”角度去评估王国维之再创的。他说：“王国维的天才说既承认天才的先天性，又强调天才的后天性，并指出先天与后天之间的辩证关系。围绕这个论题，他有一系列精彩而且精辟的论点，发人深省。"[①] 为此，周锡山特拟如下四条。(1) 天才须具备"锐敏之知识"与"深邃之感情"[②]；(2) 天才"又需莫大之修养"，强调后天"千百度"努力之长期与艰巨[③]；(3) 天才须"德才兼备"，"须济之以学问，帅之以德性，始能产生真正之大文学"[④]；(4) "天才之眼"，"这是训练有素，经验极为丰富又是理论大家，才能具备的直觉眼光"[⑤]。可见，除先天条件外，(1)(2)(3)(4)诸条皆是从后天来谈天才的，周锡山断定王国维所以比叔本华、康德高明，正在于他"将天才落到了实地，王国维决不认为天才只是高渺王国里下凡的神仙人物"[⑥]。

不能说周锡山没眼光。因为王国维也说过："夫美术之源，出于先天，抑由于经验，此西洋美学上至大之问题也。"[⑦] 事实上，王国维"天才说"既讲先天也讲后天，既讲遗传也讲学识，辩证周全，确比叔本华、康德较少片面性。但我不敢认同的是，注重"先天—后天"关系，就是王国维"天才说"之精髓。我毫不怀疑王国维"天才说"有辩证唯物论因素，也颇珍视之。但我委实怀疑王国维"天才说"是否就是靠这类哲学观念才得以光彩。是的，近代西方美学史作为西方哲学史的分支之一，历来将"先天—后天"命题看得不轻，但对于王国维"天才说"乃至整个人本—艺术美学来说，似未必。因为王国维从来不是真正的哲学家，也未曾铁心要当哲学家，相反，倒实实在在地想成为不无天才的一流词人兼戏剧家。故，"王国维对天才和天才之作总结如许难臻的极境和高而难攀的条件，这既是他本人高自期许的奋斗目标、人生宗旨，也是不肯轻许与人的衡量中西文艺家美学家的公允尺度"[⑧]。这是周著中的一段话，写得多好，可惜没了下文。

在我看来，王国维"天才说"之再创是多方面的，既有

① 周锡山.《王国维美学思想研究》. 第 50—51 页
② 《王国维遗书(三)》. 第 626 页
③ 同上书，第 627 页
④ 同上
⑤ 周锡山.《王国维美学思想研究》. 第 53 页
⑥ 同上
⑦ 《王国维遗书(三)》. 第 452 页
⑧ 周锡山.《王国维美学思想研究》. 第 53 页

“先天—后天”命题上的哲学之辩证，更有其人本—艺术美学的建构。后者似比前者分量更重。但周锡山却相反，他是将王国维“天才说”从其美学建构背景中分离出来，又异常关注其中“先天—后天”之表述，即不是将“天才说”交给艺术美学，而是交给哲学去透视了。

由此，还波及到对“古雅说”之评价。

当周锡山见出“古雅说是王国维天才说的重要补充”[①]，我是挺赞同的。因为艺术史上确有如下现象：一是某些技艺精巧之作“虽非天才创造”，但“其艺术质量尚高”，足以传世以示“古雅”；二是天才有“非天才之作或天才之作中未达到天才水平的部分”，但又非败笔，仅仅非“神来兴到之作”，“全赖修养，功力保持着相当水平”，也堪称“古雅”。这样，“古雅说”便将“天才说”涵盖不了的艺术现象，也收容为王国维美学的研究对象了，王国维美学的理论幅员由此而拓宽。

但当周锡山认定“古雅说”之“目的主要是为了纠正康德天才说的偏颇”[②]，仿佛王国维摇身一变，变成了坚定的唯物论者，欲自觉地“以强调审美的后天修养和经验的重要性”来修正西方“唯天才论”[③]，我又觉得言过了。因为这不仅有悖于王国维对康德的崇敬，并且从王国维美学的整体关联来看，“古雅说”也无意于“纠正”康德，它是重在对传统艺术程式之美质的命名及其开发，以便使国人在思古之幽情中有所寄托，修身养心耳。这才是“古雅说”之本义。至于它在逻辑上可能被推导出若干与康德不同之含义，这也不能证明王国维有志于拨乱反正，因为，这毕竟是引申义，而非本义。

此外，我还想说，由于周锡山太热衷对王国维“天才说”作唯物论解，不慎在论述中曲解了王国维原意，以至抹掉了王国维“天才”与“人才”的逻辑界限。这就是说，王国维对“天才”的双重定义，规定了只有具备精英品位的艺术家才无愧为“天才”，其他则为“人才”。但周锡山为了强调“天才”

① 周锡山.《王国维美学思想研究》.第75页

② 同上书，第62页

③ 同上书，第75页

的后天性,便引王国维"夫学须才也,才须学"之语录佐之,"认为学识必须有才华才能真正得到并迅速积累,而天才必须学习并取得学识才能保持并发展,发挥"[1]。然而一查,不对了,我发现此语录摘自王国维《中国名画集序》一文,原话如下:

> 夫学须才也,才须学。是以右相丹青,坐卧僧繇之侧;率更翰墨,徘徊索靖之旁。近世画师,罕窥真迹,见华亭而求北苑,执娄水以觅大痴,既摹仿之不知,于创作乎何有。今则摹从手迹,集自名家,裨我后生,殆之高矩,其美一也。[2]

按,可见王国维旨在赞美编者掇英集林,使近代画家有(准)真迹可摹,此当属"古雅"即"人才"之举也,而非"天才"之独创也;亦即王国维"学须才,才须学"之才,当为"人才",而非"天才"。

现在,我想提个问题:在阐释王国维"天才说"时,周锡山所以倾心发掘它的唯物倾向,而忽略其在艺术美学上的成就,这除了政治史背景对学界的浓重投影外,是否还有其他更直接的原因?有,这就是缺乏厚实或成熟的比较美学背景。

应该说,就比较美学意识而言,周锡山不可谓不鲜明。撰于20世纪80年代、问世于20世纪90年代初的周著之最后一章,即题为王国维《对比较文学和比较美学的重大贡献》,白纸黑字,赫然在目;若开卷寻觅,则诸如"王国维是一个自觉的中西文论和美学相结合、融合的倡导者"[3],"他精通中国传统文学和美学,深知其辉煌价值,又虚心向西方学习",提出应以"世界学术"为目标[4];"从世界比较文学史和比较美学史的角度看,王国维也是一位极其重要的权威人物"[5],以及"王国维对康、叔、尼的认识,有一个富于意味的三部曲:无限崇拜,发现问题,改造发展"[6]等说法,也随时可

① 周锡山.《王国维美学思想研究》.第48页

②《王国维文学美学论著集》.第225页

③ 周锡山.《王国维美学思想研究》.第20页

④ 同上书,第311页

⑤ 同上书,第297页

⑥ 同上书,第304页

见。但若追问王国维对西哲，尤其是对叔本华，为何“崇拜”？怎么“发现问题”？发现了什么“问题”？又如何“改造发展”？则又往往点到为止，语焉不详了。即使有些美学比较，也大多是语录体而非文献学水平的。从他论王国维与叔本华关系时便可见出，周锡山没有系统读过叔本华，至少没有通读叔本华名著《作为意志与表象的世界》全书。我发现他探寻王国维与叔本华关系的办法是顺藤摸瓜，即顺着王国维行文，再去找王国维曾引过的那段叔本华语录之出处，再平行对照，特别留意王国维与叔本华的若干相似处与不同处，略加阐发，概括或推测。不能说没有精当处，但毕竟周览通观不够，细部有余，整体不足，其基本思路是单向的，即从王国维→叔本华，很少从叔本华→王国维，缺少反馈或双向可逆交互辉映，这就使他的影响比较滞留于印象型经验阶段。譬如，周锡山为何看不到叔本华对王国维“天才说”的重大影响？根子首先是在他未能从文献学角度去把握叔本华对“天才”的原型界定，因为他不是从叔本华原著（第一手），而是通过韦勒克《近代文学批评史》对叔本华之概述（第二手乃至第三手）去结识叔本华“天才”概念的。偏偏韦勒克之概述虽则丰富，却又是不完整的，即韦勒克也未从叔本华哲学高度去注疏其“天才”，这本已属闪失，周锡山再以此为参照，势必上当。由此可见，科学意义上的影响比较确是王学整体研究之前提，若无此前提，则不仅把握不住整体，即使论及局部也不免失误。

但我要说，责任不全在周锡山，而在比较美学界。若学界于王国维与西方哲学关系一题，能尽早拿出丰硕成果以垫底，想必周锡山会写得更潇洒且扎实。周锡山之短不在学问。他师从名门，国学底子不薄，文史掌故挥洒自如，对西学也有根底，无一字无来历，学风谨严，是学有专长的中年学者。但纵然有如此起点，当他想跃向更高目标时，仍需有比较美学做跳板,好将他送上高高的横杆。然而没有。这又逼迫他只身向宝藏尘封的荒漠深处挺进。这是一次远程探险。庄子有言“适千里者,三月聚粮”(《逍遥游》),意谓要有充分的装备。周锡山不可能充分,于是也就走不远,脚底轻飘飘的,背影叠出迷津,但他毕竟已以勇气与顽强走进了新时期王学研究史,学界不会忘记他。

第二节
准体系的非人本切割

在王学整体研究方面，叶嘉莹《王国维及其文学批评》的思路，恰同周锡山《王国维美学思想研究》相悖：周锡山是高扬王国维美学为“体系”，叶嘉莹则力图证明王国维无体系可言。

须说明的是，叶嘉莹未袭用“王国维美学”这一提法，而是称其为“文学批评理论”，原因是叶嘉莹更愿意将王国维视为近代“中国第一位引用西方理论来批评中国固有文学的人物”[①]——虽然她说的王国维“文学批评理论”，与时下学界所说的“王国维美学”实为同一对象，仅仅是着眼点不一而已。

叶嘉莹极其珍视王国维在思辨—文体方面，对中国文论更新所起的开拓之功。其观点是，连绵千年的“中国文学批评的特色”所以“是印象的而不是思辨的，是直觉的而不是理论的”，“是重点式的而不是整体式的”[②]，原因有二：一是汉民族“一向就不长于西方之科学推理的思辨方式”[③]；于是导致二，即该民族的审美惯性也历来是浑涵有余，明晰不足，亦即不论作者、读者或评者，“无一不是从幼年之诵读中熏习培养出来的”，从而决定了这三者“之间所赖以沟通的凭借，便也并不是任何固

① 叶嘉莹.《王国维及其文学批评》.广州：广东人民出版社，1982，第122页

② 同上书，第133页

③ 同上书，第131页

定的理论或准则,而乃是他们之间所具有的共同的阅读背景,共同的表达习惯,共同的思维方式,共同的感受联想,以及由此多种因素所结合成的一种共同的欣赏和判断的能力"[①]。因而,也就不难体会,作为上述思维一审美定势的文体显现,如司空图《诗品》虽擅长于风格的诗性分类,却又为何拙于对每一风格概念作精严阐释了。因为受制于传统的司空图也"喜欢从个别的事例来观察思考,而不喜欢从多数个别者之间去观察其秩序与关系以建立抽象的法则",以至"风格便只剩下了'高古'、'典雅'、'清奇'、'飘逸'等一些极难以掌握其义界之确限的模糊的概念了"[②]。也因此,刘勰《文心雕龙》之出现,实为中国文学批评史之奇观,因为它一反传统文论体例驳杂、义界含混之弊,而尝试系统论著之方式,"对于源流、名义、文类、文体,以及写作与鉴赏之各方面,都曾各立专题加以探讨和论析"[③],堪称空前的体系性巨著。颇让叶嘉莹得意的是,因为她看到在中国文学批评史界,竟"没有一个人曾经提出过中国文学批评要想建立理论体系,必须有待于外来之影响的此一严重之问题",即便是学识过人的朱东润也只是指出"勰究心佛典,故长于持论"而已,也"忽略了其'究心佛典'之影响对于建立中国文学批评之理论的整体的重要性"——亦即不是别人,正是叶嘉莹才率先明言:刘勰所以能突破封闭的思维背景,全赖"外来之影响"[④]。叶嘉莹如此强调外来刺激对中国文论更新之紧要性,当是为了替王国维的历史定位"造舆论"。因为在她眼中,王国维于晚清因受西学刺激而改观传统文论一事,实为"刘勰第二",或是在近代条件下,做了刘勰曾做过的事。

① 叶嘉莹.《王国维及其文学批评》.第141—142页

② 同上书,第132页

③ 同上书,第131页

④ 同上书,第135页

但在我看来,更引人深思的见解,恐不在于她提出了中国文论之思维革命有赖于外来影响,也不在于她为此所作的论证在同类研究中最具心得,而在于:她所抓住的西学与中国文学批评之融会这一命题,不仅是20世纪中西美学关系中的敏感点，同时也是她用以测试王国维有否体系的试金石。

说起来，“西学与中国文学批评之融会”一题仍源自王国维。叶嘉莹曾以王国维《论近年之学术界》、《论新术语之输入》诸文为凭，将王国维对“西学东渐”之姿态概括为“三点觉醒与一点原则”[1]，该原则即为“将西方之思想理论与中国固有之文化传统相融会”[2]。但何谓融会？在什么水平上融会？王国维、叶嘉莹皆未细说。我以为，就中西美学关系而言，其融会至少有两种水平：思辨（工具理性）水平与观念（价值理性）水平。这就是说，融会并非是在单一水平上，将东方国学之酒，机械地倒进西学思辨的瓶子里；融会的真实含义，应是指异域文化中所蕴涵的，某些可能导致彼此亲和的因子之互渗或交接，即找到新的混同生长点。——此“生长点”当不囿于思辨水平，同时也包括观念水平，或是两种水平之交织。所谓“中西合璧”，说到底，便是这“生长点”的分泌物。此物既非纯国学，也非纯西学；既非洋为中用，也非中为洋用。而是你中有我，我中有你，非马非驴，却是更具活力的“骡”。

① 叶嘉莹.《王国维及其文学批评》. 第143页

② 同上书，第140页

由此看来，融会作为一种行为，其结果至少将出现叶嘉莹所说的两种形态：“一种批评对象乃是新作家的新作品，这些作品有些原来就是从西方之思想理论的横截面中孕育出来的产品，他们本身原来就早已远离了中国传统的血缘，因此为之配备一套西式衣冠”，“往往会有十分贴切的感觉。可是对另一种对象，即古人传统的旧文学之作品则不然了。因为古人写作时之意识活动，与现代西方批评家之意识活动，其间实在有很大之差别，如果勉强把他们的作品套入西方的理论规范之中，则自然便不免会产生牵强抵牾之病了”。根子何在？叶嘉莹以为就在未能“完美”地履行融会原则，故“有时对西方思想理论的援用就仅只成了张冠李戴的假借,而并未如食物之被消化吸收而将之转化为自己的营养和生命”[①]。这在原则上,当为警策。但问题是具体落实到王国维身上,其批评美学就被叶嘉莹截为前后两组了:前期以《红楼梦评论》为代表,几近囊括王国维 1904 年至 1907 年间的主要美学著述,从《叔本华与尼采》到《人间嗜好之研究》、《古雅之在美学上之位置》等皆是;后期则以 1908 年至 1909 年刊于《国粹学报》的《人间词话》为楷模。理由很明确:因《红楼梦评论》领衔的前期著述“是完全凭借西方既有之理论体系为基础,将之应用到中国文学批评中来”,即“全盘西化”,斧痕犹重,未臻融会;而《人间词话》所表征的后期著述“则是并不使用西方之体系而仅采纳其可以适用于中国的某些重要概念,而将之融入中国文学的精神生命之中,从而建立起自己的一套批评理论来”[②],近乎“中学为体,西学为用”,故为中西融会之标本。可见,融会与否确是叶嘉莹赖以割析王国维美学的整体关联的手术刀。若王国维美学真像叶嘉莹所描述的那样,可被截为不甚相干的前后两块,“刀切豆腐两边光”,当然也就无所谓结构谨严之体系了。

叶嘉莹认为王国维无体系的另一证据是以思辨一文体为尺子,指出中西融会之《人间词话》虽“在新旧两代的读者中都获得了普遍的重视”,但《人间词话》“毕竟受了旧传统诗话词话体式的限制,只做到了重点的提示,而未能从事于精密的理论发挥,因之其所蕴具之理论雏形与其所提出的某些评诗评词之精义,遂都不免于旧日诗话词话之模糊影响的通病,在立论和说明方面常有不尽明白周至之处”[③]。这又使《人间词话》有稍逊体系之嫌。于是,我发现,王国维似被叶嘉莹置于夹板中,两边受压:一方面,若着眼于思辨一文体,则《红楼梦评论》确为中国文学批评史的“开山创始之作”[④],因前人从未如此以哲学—美学方法来系统解析名著,但其代价是生搬硬套,犯了有违融汇之大忌;另一方面,若着眼于

① 叶嘉莹.《王国维及其文学批评》.第 143—144 页

② 同上书,第 174—175 页

③ 同上书,第 212—213 页

④ 同上书,第 175—176 页

中西融会，则《人间词话》之成功足垂史册，但缺憾却是步传统诗话体例之后尘。总之，无论从文体，还是从融会角度，在叶嘉莹看来，王国维美学皆无体系可言。

叶嘉莹对王国维美学的人为切割，还可从她对王国维前后期著述的甚为悬殊的情态评判中见出。叶嘉莹从不以为其前期著述有大价值，甚至像创立了“古雅说”的《古雅之在美学上之位置》那样的杰出专论，仍被她视为“没有完整体系的琐杂概念而已”，系“已被时代逐渐删汰了的”“杂文”。故，若“仅为一己之阅读计”，前期著述大可不读，选读其《人间词话》足矣。那么，叶嘉莹又为何将前期著述纳入其视野呢？为了表明如下两点：(1) 表明王国维对更新中国文学批评有开拓之功，而前期著述作为印痕凿凿的历史文献，恰恰“无一不显示着他与西方思想接触以后，在另一种文化的光照中，要对中国传统文学之意义与价值重新加以衡定的觉醒”[①]。(2) 也是为了表明王国维前期尝试之失败，作为前车之鉴，反射出《人间词话》即后期融会之成功。用叶嘉莹的话则是，“这种失败一方面既是尝试新理论所必经的过程，而另一方面则这种失败也未尝不可说明静安先生的文学批评之所以终于又回归到中国旧传统的潜在的因素”[②]。这就是说，叶嘉莹是想对王国维理论的“成长与演变的过程作一番整体性的研究，也许这将比前人之仅仅注意其某一些批评概念，或某一些批评术语的片断的讨论更有时代之意义”，因而，“他早期的杂文与他后期的《人间词话》当然就有着同样值得我们重视的价值”[③]。

① 叶嘉莹.《王国维及其文学批评》.第127—128页

② 同上书，第128页

③ 同上书，第128—129页

毋庸置疑，如上所述蕴有极大之信息量，容笔者逐次疏理且辩证。

首先，我以为叶嘉莹对王国维《红楼梦评论》之评论甚好，好就好在针对良莠杂生之《红楼梦评论》，叶嘉莹能在激赏王国维的非凡首创性的同时，准确指出其破绽是想“完全用叔本华的哲学来解说《红楼梦》”。这就是说，即使《红楼梦》所蕴涵的哲学意味与叔本华有“相合之处”，也“不可先认定了一家的哲学，而后把这一套哲学全部生硬地套到一部文学作品上去”[1]。《红楼梦评论》恰在此犯忌。可见叶嘉莹之眼力。

① 叶嘉莹.《王国维及其文学批评》. 第180页

但我也想指出，当叶嘉莹将《红楼梦评论》作为王国维前期著述之开篇兼范文，认定它既有生拗之病，则整个前期著述也必然青涩未熟，似未必。可以说，在前期著述中，《红楼梦评论》既是其开端，也是其极端，亦即它作为初始显现王国维灵魂之苦的心史留真，同时也只是他对叔本华的模拟性学识领悟的一段忠实记录。王国维毕竟是聪慧过人的。很快，他便走过了这一起跑线。故，若读王国维早期之其他名篇如《古雅之在美学上之地位》等，便已一扫《红楼梦评论》式的、“牙牙学语”般引经据典之生硬，而代之以再创性乃至独创性，既发叔本华之未发，又颇自圆其说。事实上，曾精彩地针砭《红楼梦评论》之稚拙的叶嘉莹，却未能同样精彩地诊断另一些早期著述也有类似毛病。因为王国维改了。

其次，叶嘉莹以1907年为界，将王国维美学割成前后两块，也欠妥。看王国维年谱，《人间词话》撰于1906年—1908年间，若硬将1906年动笔的《人间词话》划归后期，却又将1907年脱稿的《古雅之在美学上之地位》等划归前期，从编年史角度讲，这无论如何也说不通。

再则，从观念—价值角度来看，王国维也未在其前后著述间留下一道无可弥合的裂缝。记得叶嘉莹曾从王国维前期著述中提炼出下列观念，这便是“反功利的文学观”[2]、“文学批评中的美学观念”[3]、“对衡量文学作品之内容所持的价值观念”，特别是“希冀能透过个人而诠释整个人生的意念”之观念[4]与讲究程式、技巧之形式论[5]——并将此视为王国维后期批评赖以“真正生长”的“重要基础”[6]。所有这些，转

② 同上书，第184页
③ 同上书，第153页
④ 同上书，第159—161页
⑤ 同上书，第162页
⑥ 同上书，第148页

换成我的语言，亦即：王国维前期所提出的“天才说”、“无用说”、“古雅说”，与他后期《人间词话》的“境界说”之关系，是一脉相承，有某种互渗互补之整体感的。所谓互渗，它不仅是指前后著述皆贯穿“艺术是对人生苦痛的审美超越”这一主轴，而且，某些颇惹王国维自珍的思想或语录，几乎是一字不改地前后通用的。如历来为学界称道的《人间词话》第26则对人生一学问“三境”之描摹（后期），起先便出自《文学小言》（早期）。所谓互补，那是指王国维前后期著述似在两个层次交互辉映，假如说前期“天才说”、“无用说”、“古雅说”属美学层次，则后期“境界说”属诗学层次。自前期至后期，似不难测出王国维有将一般原理落实到具体诗艺部门以求深化之动机：如重在人生感悟（内美）之艺术表现的“境界说”，其实就是对前期“天才说”的诗学阐释；而“境界说”对刻意“自然”的诗艺形式（修能）之规定，也可看作是对前期“古雅说”的诗学延伸，因为很难说王国维不想借《人间词话》来铸造他的新诗艺程式，我不妨戏称它为“新雅”，以示与“古雅”的渊源和区别。倒过来，王国维前期“三境说”似也只有在后期“境界说”中，才第一次觅得于诗学王国重新结集之机遇，从而使散落尺牍的美学果实能在一完整善本中得以诗性团聚。也正是在这意义上，我说，叶嘉莹将王国维著述之前后关系喻为“基础”与“成长”，不仅无错，而且，无论是将它理解为某一动态过程，还是活的机体，皆能从中领略到一种有机性，而非断裂性。这就是说，王国维著述并不缺少整体感，关键是有无发现这整体感的眼光。

现在再来讨论融会。当叶嘉莹将《红楼梦评论》判为融会失败之象征，我觉得是过分了。准确的说法，似应为融会度偏低。因为，即使叶嘉莹也承认：像《红楼梦》那样“愈是有深度的作品，对人生的透视也愈深，因此批评者便可以从其中掌握到一种可以据为批评的哲理观点。同时任何一篇作品也必定都具有一种表现的'形式',批评者也都可以自其中归纳出一种可以据为批评的美学观点。所以从哲学与美学的观点来批评文学"[1],是有道理的。这道理在于:当王国维袭用叔本华的意志哲学和悲剧美学(西学方法)来系统解剖《红楼梦》(国学对象)时,并非出自纯粹主观,而是确颖悟到曹雪芹小说与叔本华理论两者,委实蕴有某些可使彼此发生哲学—美学感应乃至共鸣的亲和性因子,这便是融会可能实现之基础。王国维看到了这基础,缺点是走过头了,过犹不及,将中国名著简化为形象注释西方理论之读本,这就不尽是融会,而近乎一个吃掉一个了。问题是针对王国维之过分,叶嘉莹重蹈覆辙,更过分,将明明有会融之可能,惜融会度偏低的《红楼梦评论》断然定为失败,这就无异是在《红楼梦评论》与《人间词话》,或王国维前期与后期著述之间切了一刀,只见断裂,而无渐进过程与整体关联了。但在我看来,恰恰相反,从《红楼梦评论》之生涩到《人间词话》之圆熟,这既是王国维吸吮、消化、扬弃叔本华理论之过程(即从学识领悟→情态反刍→学理再创),同时也是王国维尝试中西融会,使融会度由低转高,逐渐浓郁之过程。这就是说,在叶嘉莹制造人工断层的地方,我却分明看到了王国维美学的有序"生长"。

① 叶嘉莹.《王国维及其文学批评》.第179—180页

奇怪,"生长"一词本是叶嘉莹用来比喻王国维前后期著述之有机关联的,末了又为何一刀割断这纽带了呢?我想,这大概与叶嘉莹疏忽了融会的人格中介有关。

所谓融会的人格中介,无非是说中西融会是靠人来承担且完成的,亦即能否实现融会,或融会度之高低,最终并不取决于有待融会之两端的文化背景间隔多远,而仅仅取决于中介环节的承担者,是否真的有学贯中西之储备及才识。学贯中西贵在"贯"。"贯",不仅是指知识储备的跨学科与超国界，更是指——擅于从异域文化中发现可能诱发彼此交接或共鸣的亲和性因子——这一穿透力极强的慧眼。只有具备如此慧眼者，才可能胜任中西融会之使命。这就是说，决定融会能否发生或融会度高低的那个人格中介，其实是在两个角度上展开的：(1) 既取决于他对西学原理的接受程度；(生搬硬套，还是扬弃再创?)(2) 也取决于他对国学对象的相关因子的甄别程度。学界不妨从王国维前后著述中抽出如下两对三角关系作一比较，便不难发现王国维 1904 年对叔本华与《红楼梦》之关系，跟王国维 1906 年至 1908 年对叔本华与中国诗词之关系，确实同中有异。所谓同，是说上述两对关系所各自包含的三项元素乍看相似；所谓异，是说由于扮演中介角色的王国维对中西两端的接受——甄别程度有别，故铸成融会度之高低不均。说得具体点，便是王国维 1904 年对叔本华尚流连于模拟性学识领悟之初阶，书生意气，恃才挥洒，却又无力阐明《红楼梦》与其所蕴涵的忧生因子之复杂关联，反倒将整部小说误认为是对西哲的文学注疏，这当然不能导致融会之圆满。这不禁令人想起化学实验中的化合反应，若参与实验的某一物质纯度不高，则实验也就得不到方程式所预示的完美的化合结果。但到 1906 年至 1908 年间，王国维显然沉潜得多。一方面，从《红楼梦评论》到《人间词话》，叔本华不是丢了，而是被充分消化了，被用作人本主义解读，即叔本华对王国维来说，已不再是抽象命题或硬邦邦的宇宙框架，而是经过滤转为血液或骨髓，与他对人生的关怀，及对中国诗词的形而上的感悟，融为一体了。故看表面，他虽不再大块大块地引用叔本华语录，但其人本忧思之精义却已内化为王国维的一种眼光，一种深邃精微的价值视角，一种永恒之魂的颤栗与沉吟，以致可用自己的语言再创性地道出与叔本华的共鸣。伽达默尔说，这是视界的融合。这酷似旅美多年的游子回国演讲，不时在淋漓晓畅的母语流中蹦出若干英语单词或词组，这不是卖弄，而是情不自禁的流露，因为其思维脉络本是由双语乃至多种语系编梳的。另一方面，与此相对应，王国维对国学对象（诗词）所蕴涵的忧生因子之甄别，也由混沌转为精确、洗练且老到。用叶嘉莹的话说，则是《人间词话》专挑那些重在感怀“人生哲理及普遍的情感经验”的名篇华章，这样，“一方面既可对诗歌之意蕴达致恢弘拓展之功，另方面则又不致有牵强牴牾之病”[1]。——若将此言移到融会一题，则《人间词话》为何能做到中西合璧，也就昭然了。谜底无非是在王国维从古典诗词中所觅得的忧生因子，恰与他跟叔本华的人本共鸣相呼应，这就不仅不见唐突，反显天籁归一。于是又出现如下现象：《人间词话》所陈述的所有名篇皆源自国粹背景，但经王国维点化而挥发的那种人本主义的精神“境界”或价值省悟，却又断然不是千年儒教道统所固有，倒反而与现代世界文化相近。这表明了什么呢？它表明，中西融会之关键，确实不取决于叶嘉莹所谓的“全盘西化”抑或“西学为用”，而仅仅取决于充当融会中介的那个角色，能否像王国维 1906 年至 1908 年在将西学精髓化为内在眼光的同时，又使自己对国学对象中的相关因子之甄别技艺臻于圆熟。

① 叶嘉莹.《王国维及其文学批评》. 第 310—311 页

诚然，我也注意到叶嘉莹所以将王国维理论一刀两断，是因为她见其前后期著述在文体上相差甚大。假如说，《红楼梦评论》为范本的前期文体是纯欧化，铺展式演绎的话；那么，后期《人间词话》文体则接近传统诗话格式，行文简古敛缩，远未充分展开。这难免给人以如此印象：前者西化，后者国粹。

但印象毕竟是印象，并非科学说明。我的看法是，就像在观念（价值理性）方面，王国维对西学有个从领悟到再创之过程，在思辨—文体（工具理性）方面，王国维也有一个从模拟到扬弃之过程。故，将《红楼梦评论》与《人间词话》作一文体比较，人们同样能看到这两者是同中有异，或大同小异。所谓大同，是说王国维在引进西方思辨方式以补正故国抽象思维不足之方面从未动摇过，即使是最形似传统体例之《人间词话》，叶嘉莹也承认其"编排次序，却是隐性有着一种系统化之安排的"[①]，这就当不是国粹文体所固有，却分明是与重逻辑结构的前期文体相沟通；若就文体布局而言，《人间词话》与《红楼梦评论》之起首皆属开门见山，先陈述思辨原则或尺度，再以此尺度去衡量对象之思想、艺术品位。当然也有小异，如《红楼梦评论》赖以剖析小说的哲学—美学尺度纯属舶来品，只具译介性，不具再创性；但《人间词话》用以观照诗词的"境界说"却是王国维熔古今中西于一炉之创见。这就是说，将西学观念—文体化作中国文学批评之方法，可有两种形态：既可让方法作演绎性延展如《红楼梦评论》，也可让方法内化为空灵之眼光，含笑一瞥，便揽尽春色如《人间词话》。诚然也有牺牲，虽说《人间词话》不乏伏脉千里之暗线，但较之演绎周正、辨析细密为特征的西学思辨范式，毕竟稍逊明晰；但较之前期文体，我又要说，虽演绎上有所逊色，然而就整篇著述之思辨深度、广度及其系统感而言，又是有过之而无不及的。也因此，若陶醉于《人间词话》行文有世袭之书香而匆忙宣布王国维已回归传统，或见《人间词话》体裁与传统"极为相近"而淡忘其内在架构之"系统化"，皆恐有皮相之嫌。

① 叶嘉莹.《王国维及其文学批评》. 第 213—214 页

与其将王国维前后期著述的文体差异，夸大为切割王国维之利刃，倒不如心平气和地将它视为是王国维在融会中西过程中所难免的转型痕迹。这就是说，中国学术格局从传统→现代，从区域→世界，这一转变进程不是一朝一夕便能完成的。这也像摸石头过河，既然是走前人未走过的路，就不免瞻前顾后，先走一段试试，再回头看看，然后再挺进，于是，势必在先驱的思路墨迹中留下点点冲动和迂回,但大体说来,其脚印尚能朝前,其足迹亦逐步沉稳。若将此落实到王国维文体之总体评判上来,则我可说,王国维对中国文学批评暨中国美学之功绩,既在他引进西学思辨方式,更在他身体力行,贡献了一个前无古人的、颇具潜在体系规模、包括批评论在内的整个人本—艺术美学(可称之为准体系),从而为中国近代美学从无体系的思想形态走向现代意义上的独立学科形态,铺了一级坚实台阶。

这也就是说,《人间词话》的成就应是双重的,既有观念—价值方面的,也有思辨—文体方面的。这便涉及到价值理性与工具理性,即观念与文体之关系了。从逻辑上看,观念与文体并无必然关联,两者既可牵连,亦可分立。李泽厚《美的历程》曾论及儒学为代表的先秦理性主义,因注重实践性教化而不擅形而上的玄思,致使汉民族自古有发达的政治学、伦理学,却无发达的名学或逻辑学。抽象思辨机能因受儒教观念压抑而未见正常发育,以至后来佛教传到中国,真正能在故土扎根的也是禅宗,而非因名学。从这些文化现象来看,观念与文体似不无关联。但这关联又出自历史偶然,因为遗世独立之老庄固然不像儒生入世参政,它是弃绝人为,崇尚天然的,然而其行文也未见有系统思辨之修炼。不妨再看刘勰,其《文心雕龙》虽以体系建构著称于史,但究其文学观,却仍师承"文以载道"之儒学教条。可见,先秦时儒教观念与思辨文体之分离,并未妨碍两者在魏晋刘勰笔下"和平共处"。由此可信,观念—文体在逻辑上确是各行其是的,彼此牵连与否,只取决于历史偶然,而非本体必然。但历史掀到20世纪初叶,王国维倒是痛感传统文论在观念—文体两方面皆亟待补阙的,他在再创美学时,对人本价值之醒悟与对西学思辨之推崇几为同步,于是,又可见王国维较之刘勰,是更值得学界称道的,因为刘勰只是在工具理性方面联系历史，王国维却在工具与价值两方面拓宽了故国美学之视野。

可惜叶嘉莹对王国维成就是睁一只眼，闭一只眼，即她只强调王国维在工具方面的开拓性，而对其在价值方面的孤苦探询及其再创则着墨不多。王国维本是用两条腿走路的，一条叫观念，一条叫文体，彼此均衡且协调，走出了继往开来的中国美学之路；但叶嘉莹是重文体而轻观念，这就将两条同样有力的腿弄得一粗一细，一高一低，于是整个王国维理论看起来，也就形似残疾，无健全可言了。起先是因重文体而轻观念；继之是以前后期著述之文体差异来冲淡王国维理论的价值取向之一致性；最后则从工具评判延展为价值评判，意谓前期著述为全盘西化，后期《人间词话》以西学为用，几将“融会”误解为“中学为体，西学为用”的代名词——这便是叶嘉莹进行整体王国维研究时的总思路。沿着这一思路，王国维前后期著述便不仅在文体，而且在观念方面，皆有质的断裂。正是基于这一总体错觉，故，当她面对前期著述中的诸多新观念如“反功利之文学观”、“批评中的美学观念”，及其对文学内容的人格含义与对艺术程式之敏感等，即使有能力一一梳理得当，却仍看不清这组观念或板块所贯穿的那条审美化的人本忧思主线，正是这一主线赋予上述板块以整体感，也正是这一主线诱导王国维接受叔本华并对其作人本主义解读，且进而将美学再创当作人生探询的试验田。俗话说，纲举目张。人本忧思为纲，美学观念为目，只须将人本之纲一举，则林林总总的美学观念便自然舒展为浑然网络了。同理，后期《人间词话》作为“境界说”之阐释系统，本是对上述人本—艺术美学的诗学延伸或重整，或“境界说”所标举的人生感悟，本是对王国维前期人本忧思之诗性反刍，抓住了这一点，也就抓住了王国维理论的灵魂，王国维理论的整体架构也就呼之欲出了。遗憾的是，尽管叶嘉莹读《人间词话》时,已屡屡读出王国维“用诗”、“说诗”皆喜富于人生哲理之名篇,这在实际上,已颇接近人本忧思之魂了,但由于不重观念重文体,结果失之交臂,终未看准那个将《人间词话》与早期著述连为一体的思辨基点即文化关怀。

这又不禁使我联想起周锡山。周锡山同样不乏古典文学修养,故,他在品味李煜词时也曾屡屡感慨其以血书写的历史苍凉与生命忧患,这同样已走到王国维灵魂之门槛了,却由于没有影响比较垫底,终于功亏一篑,未能进而抓住王国维美学之精髓;同理,叶嘉莹所以未能把握王国维理论的整体性而导致非人本切割,根子之一,也在于缺少影响比较之前提。准确地说,影响比较并非叶著之重点,却委实为叶著之弱点。从叶著中可以看出,作者没有系统读过叔本华名著,这当然也就很难使她从 20 世纪中西美学关系高度来审视王国维。因为王国维美学建构之原动力及其整体凝聚力,正来自这一背景,于是,学界发现,尽管周锡山、叶嘉莹是从不同角度来审视王国维,前者溢美,后者割裂,但根源归一,皆陷于影响比较之盲点而不自拔。此可谓“殊途同归”也。

第三节
结　语

通观20世纪王学史，有个问题：王学整体研究为何到20世纪80年代才在学界初成气候？而在此前的半个世纪（从20世纪20年代到20世纪70年代），学界大多热衷其《人间词话》，对其前期著述（姑且从叶嘉莹说）则较少关注，能打通前后期而作整体探讨如叶嘉莹者，诚属凤毛麟角。

对此，叶嘉莹的解释是：资料不全。确实，较之学界对《人间词话》的搜辑之勤，版本之多，《静庵文集》及其《续编》所载之前期著述却被湮于烟海，难见流传。照理说，前期著述"所表现的敢于突破旧传统勇于接受新观念的过人识见，在当时原当受到晚清思想界及文学界的普遍重视"，然而竟未能如此，何故？叶嘉莹以为原因有三：(1)《静庵文集》及《续编》问世于1905年—1907年间，时值革命激变前夜，激进者纷纷从政而无暇旁顾美学，保守派则忌叔、尼"贱仁义，薄谦虚"而避之，致使流传不广；(2) 辛亥年后，时代转新，王国维反而倒退，1923年自编《观堂集林》对前期著述竟一字不录，遂使吴文祺有"绝版"之叹；(3) 王国维死后，其门人亲友虽将前期著述编入《王国维遗书》(1936年)，但那时中国文坛已陷入非学术纷争,当无人留意王国维美学之绝唱了。

如上注疏诚然不错,但我总觉得似还漏了什么,即前期著述所以暂未传世,除了王著——最初遗世独立,继而幡然悔悟,末了远离时尚——这三部曲外,是否还应补上一条,即深受传统浸染的学界(特别是中国文学批评史界),当它面对王国维的前后期著述时,其定势恐怕将使它倾向后者,而非前者吧。故从20年代俞平伯到80年代初刘恒、滕咸惠、靳德峻……对《人间词话》或重印,或修订,或校注,或笺证,乐此不疲,其间虽曾被"文革"粗暴中断,但噩梦过后,接踵继弦,可见其情切切。但对其前期著述,则至1987年才由周锡山编校结集,重见天日。"爱有差等"矣。

这说明了什么呢?它说明一本书、一种学说的传播程度,表面看来是取决于媒体,但媒体是受制于人,受制于人所信奉的学术背景的(暂将非学术因素撇开)。王国维前后期著述在传播系统的境遇反差,恰如镜子折射出学界的阈限,即学界历来将王国维美学视为近乎国粹的区域性学术现象,而不是自觉呼应世界潮流,经中西融会向现代人文转型的精神再创;也因此,它可三世同堂地竞相咀嚼《人间词话》的世袭书香而漠视其更可贵的价值省悟,至于对欧化痕迹明显的前期著述则就更隔膜乃至不惜怠慢了。

耐人寻味的是,叶嘉莹作为留洋多年的华裔学者,其笔下之厚此薄彼也俯拾皆是。譬如她将王国维圈入中国文学批评史范围,乍看是重在评估王国维与传统诗学之关系,但究其实质,则是叶嘉莹从未自觉而强烈地感受到王国维的现代意味,于是也就势必将他尊为晚清为终端的、中国古典诗学及其批评性演绎之历史的最后一位大师,而未看到他同时还是20世纪中西美学关系的开山祖兼中国现代美学的拓荒者和奠基者。也因此,她对王国维的批评性文字之兴趣远胜过对其原理之兴趣,这从叶著的篇幅分配即可见出:其下编

《王国维的文学批评》计 190 页，用于《红楼梦评论》、《人间词话》分析各为 30 页、130 页，合计约 10 万字，但对前期原理之评述只占 26 页，仅 1.7 万字，可见亲疏之别。

叶嘉莹对王国维美学中的传统成分之偏重，取决于她的学识格局。叶嘉莹承认她所以研究王国维，首先是为了圆其少女梦。因为她天性纤敏，在北平上初中读《人间词话》便曾有"一种'与我心有戚戚焉'的直觉的感动"[1]，这当属传统化的诗性感受；后为人妻，为人母，历尽沧桑，对王国维之"古雅、凝静"，"在含蓄收敛之中隐含有深挚激切之情，和一种虽在静敛中也仍然闪现出来的才华和光彩"[2]便愈发崇敬。但同时，她对原理性"批评的批评"并无好感，仅仅是不愿割爱机遇，才"勉为其难"地走上诗学研究之路[3]，谁知自此一发而不可收。这又表明她对王学整体研究之学术准备是不充分的。这就是说，王国维无愧为国学大师，但其包含批评论在内的整个人本一艺术美学，又断不是靠"国学"二字所能涵盖，所能消化的；若无近代西方哲学素养，无现代世界文化演化之眼光以及中西美学关系之知识，单凭国学积累，哪怕再渊博，再正宗，也会在王国维美学前捉襟见肘的。因为说到底，王国维美学不是"土生子"，而是"混血儿"，故王学整体研究绝非中国文学批评史界之专利；相反，若无影响性比较美学作先导，则任何探险都将走不远。周锡山如此，叶嘉莹也如此。

① 叶嘉莹.《王国维及其文学批评》.第 468 页

② 同上书，第 472 页

③ 同上书，第 477 页

>>>>>>

百年学案典藏书系·王国维:世纪苦魂

第五章

影响比较的历史心理障碍

既然影响比较是王学整体研究之前提条件，那么，又为什么在学界还很少见到学术层次上的王国维与叔本华关系之探索研究呢？

准确地说，自20世纪50年代至20世纪80年代初，颇有人对上述关系感兴趣并形诸笔墨；但遗憾的是，他们未能冷静地将这关系看作是20世纪中西美学关系史的学术序幕，相反，却将它泛政治化或非学术化了。这就是说，在那个“以阶级斗争为纲”的年代所铸成的历史心理障碍，左右了他们的思维定势：既然王国维是晚年投昆明湖自杀的封建遗老，那么，其青年时的美学建构及其与叔本华的思想联系也就不会干净。这就像当初盛行“唯成分论”时要“查三代”、“查海外关系”一样。于是，叔本华作为王国维美学的“海外关系”，正好用来证明“近墨者黑”。

这真是对王国维“二重证据法”之妙用：先由王国维晚节有污，追查到叔本华思想的“反动”；再从叔本华曾经“毒害”过王国维的灵魂推导出王国维最终非自沉不可。由此看来,青年王国维在20世纪初对叔本华的这番纯思辨的神交,到头来,竟被涂抹为一场由政治话语来执行的这样的清算,也就不再难以理解了。

第一节
政治话语:从清算到矫饰

说王学界在1949年后鲜见纯学术的影响比较,却不时发生由政治话语来执行的清算,我是有依据的。下面,我想着重剖析陈元晖《王国维与叔本华哲学》一书,因为此书较之“文革”前的诸多“大批判”,似更能体现政治话语的特征。

相对于学术话语的政治话语,至少有如下三个特征。(1)动机——不是出于对客体的形态描述或本相探询,而是重在配合现实时势或注疏政教定式,以求立竿见影式的舆论导向。借康德的话说,这是实践理性而非纯粹理性;用王国维的话说,则此为“当世之用”而非“无用之用”。(2)方式——不是实事求是地从对象出发,对具体命题作具体分析,而是坚执一时一地的僵硬框架去穿凿文本,上纲上线,攻其一点,以偏概全,以政治裁决来废黜学术反思。(3)态度——不是“百花齐放,百家争鸣”,在真理面前人人平等,宽松宽容,允许商榷、反驳与修正,而是只有一种声音,挟着霸气、武断与威慑,不容证伪,也经不起史实或常识之检验。总之,政治话语与其说像治学,毋宁说是政治式写作,为政治而写作,或以政治宣传方式来写作。

政治话语的三个特征，在陈元晖书中皆能一一找到。

(1) 动机——陈元晖承认，其写书动机有深浅之分：表面看，他是想揭示“王国维这位中国近代学者，就是受坏的哲学支配的典型人物”；但在深层次，他是要亮出“殷鉴”，即告诫学界必须“加深认识世界观对学术工作者的生活和行为的影响”，“加深认识哲学与历史学、文学及其他学术门类的密切关系”，因为“任何一个学者，都一定受一种哲学思想支配——好的或者坏的哲学思想支配”[①]。显然，这一动机并无新意，它不过是对建国初期知识分子“思想改造”运动的一种缅怀，即把“世界观决定创作”论再次架到知识分子头上。

(2) 方式——其实，在评判王国维前，陈元晖早就有了一套“历史决定论”的先定框架，这就是“半封建半殖民地社会的历史条件”决定了“旧中国的学者”得“一身两任”，即“一方面继承中国固有的封建文化思想，一方面继承西方的外来的资本主义文化思想”，这落实到王国维身上，便是“一方面忠君保皇”，“一方面在学术思想方面却对康德、叔本华景仰崇拜”[②]；东方的封建文化与西方的资产阶级文化，就这样一拍即合，“使一代学者沉沦于痛苦的境界，竟至毁灭自己以求解脱”[③]。故，这与其说是在评述某历史人物，倒不如说虚拟了一出人间悲剧，来反衬既定框架之英明。于是，通篇文字读起来也就像在自说自话，因为他既不追溯青年王国维为何在1902年恋上叔本华，也不辨析王国维如何接受叔本华。(是书呆子式囫囵吞枣呢，还是对叔本华作创造性人本主义解读?)更不调查辛亥革命后王国维有否悔悟其青春时的价值追求(包括对叔本华的眷恋)。或许，这一切在陈元晖看来无足轻重，重要的是须在王国维之死与叔本华哲学这两点间画一直线，这直线既表明“历史决定论”之普适性，更证明哲学“世界观和人生观对学者的一生影响是如何巨大”[④]。谁知叔本华哲学跟王国维之死偏偏无甚瓜葛。别看晚年王

① 陈元晖.《王国维与叔本华哲学》.北京：中国社会科学出版社，1981，第4—5页

② 同上书，第90页

③ 同上书，第4页

④ 同上

国维身为遗老，叔本华亦从属资产阶级，似皆出自剥削者营垒，应为一丘之貉，同气相吸，同声同应；但史实却相反，王国维之死与叔本华哲学间的价值偏差，决不亚于东西方间的空阔间距。理由有三：一是晚年王国维已从纯学术转向经世之学，叔本华哲学则是纯思辨的，犹如"攀登高耸入云的山峰，沿途只有唯一的一条利石荆棘遍布的小道，愈往上愈陡峭，愈荒凉"[①]；二是晚年王国维跟亡朝废帝有割不断的政治情丝，叔本华哲学则幽闭在"隐士般"的"孤寂中"[②]，不屑为任何政治力量效劳，更谈不上有兔死狐悲之叹；三是晚年王国维投水而逝，叔本华哲学则是坚决反对自杀的。故，硬将王国维之死的思想根子倒栽在叔本华身上，实在冤枉。诚然，这里不宜正面展开对王国维死因之深究，但有句话，我得强调，这就是：陈元晖将王国维之死与叔本华哲学这两件本无直接关联的事扯在一块，倒恰好反证出政治话语的叙述方式确是"攻其一点，以偏概全，以政治裁决来废黜学术反思"的；这体现在陈元晖书中，便是不见王国维—叔本华之关系在不同生命阶段的形态差别，而径直将王国维描绘成20世纪初从西方贩运精神毒剂，既污染国粹，又自残自虐，最后不得好死的双料丑角。一个曾以空前的天赋、胆识与坚忍，掀开了20世纪中西学术文化关系史序幕的巨子，就这样被漫画化为一条被洋人牵着鼻子走的糊涂虫。

①〔苏联〕贝霍夫斯基.《叔本华》.第3—4页

② 同上书，第13页

(3) 态度——最让我吃惊的还是陈元晖何以能对自己专著中的结构性逻辑断裂视而不见？譬如他一再宣称"王国维是历史学家，是文字学家，是文学家，但他仍不失为一位哲学家"，因为不论早期还是晚年，也不论他"从事于历史、语言、文学的研究"，还是创作诗词，他"无时不受哲学支配。什么哲学支配他呢？叔本华哲学"。但同时他又说，王国维是"好历史学家，好文字学家，好文学家，而却是一位坏哲学家，是一位叔本华的信徒，是悲观主义者，是唯意志论者"[③]。这

③ 陈元晖.《王国维与叔本华哲学》.第42—43页

就颇让人费解:既然叔本华哲学是“坏哲学”,既然王国维一辈子皆是在“坏哲学”支配下搞学问与创作的,他又何以能从“坏哲学家”摇身一变为“好历史学家,好文字学家,好文学家”呢?陈元晖到底想说什么呢?他是想活学活用辩证法来证明坏事也能变好事吗?看来不像。因为坏事变好事需要前提,只有在特定条件下,坏事才会向好事转化。这落实到王国维—叔本华关系中,便是王国维只有将叔本华哲学中的人本忧思内核,从其宇宙意志图式的玄学外壳解放出来,从而为自己的人本—艺术美学建构找到一个富于现代意味的思辨基点,他才能从一个“叔本华的信徒”晋升为20世纪中国现代美学的一代宗师。这委实有点像“坏事变好事”。但陈元晖本意似非如此,因为他从未说过叔本华哲学也有黑格尔式的内核与外壳的矛盾,也从未考察过王国维对叔本华的创造性人本主义解读过程,更从未肯定过王国维在师承叔本华的同时,其实已在文化价值层面超越了叔本华。这就是说,王国维在人本哲学方面确为“悲观主义者”,但绝非“唯意志论者”;他确曾为“叔本华的信徒”,但绝非唯上唯书的呆子。因此,问题就变复杂了:既然陈元晖并未认真勘探过王国维对叔本华的真实接受过程,他凭什么说叔本华“坏哲学”使王国维成了一位“好历史学家,好文字学家,好文学家”呢?青年王国维搞美学确从叔本华处得益匪浅,但其晚年撰《殷周制度论》又与叔本华何干呢?夸王国维为“好文学家”也是一笔糊涂账,到底是指王国维诗词呢,还是指诗学或美学原理?按钱钟书的说法,《静庵诗稿》、《人间词》的不少篇章深得西方人学之真髓,这就诗词的精神境界或文化品位而言,当为好事。但若按陈元晖的文艺观,这也好吗?还有《人间词话》,陈元晖说它受叔本华影响最少,其实王国维是少而精,用自己的独特诗哲感悟及其术语讲出了与叔本华的人本共鸣,这一隐秘若被陈元晖获悉,大概又未必肯大声叫好了……总之，陈元晖对王国维—叔本华关系之总体判断，并非经过郑重而缜密的影响比较后引出的结论，而仅仅是出于政治话语者的傲然一瞥后的混沌印象。故，他也就看不见自身的破绽。

还有一种是周锡山式的政治矫饰。这从周著《王国维美学思想研究》便可见出。

周著是在1992年出版的，比陈著(1981年出版)迟了11年，思想、观念较为开放，不仅开放，且行文时有拨乱反正之意，意欲将被颠倒的历史再颠倒过来。

譬如陈元晖说，王国维"古雅说"是"反对社会性和人民性"的。[①]周锡山便说，不，我不同意，旋即，他就对王国维一段《诗经》评论作了如下再评论。他以为，当王国维能从"昔我往矣，杨柳依依"等名句中悟出"诗人体物之妙，侔于造化，然皆出于离人孽子征夫之口，故知感情真者，感物也真"[②]，这本身即表明王国维对人民一往情深。何则？因为周锡山发现："离人，孽子，各个阶级，阶层都有，征夫则显指劳动人民和下层士兵。王国维对这些人的感情的极度重视或尊重，将其感情视之为创作的源泉，充分说明他热爱人民、尊重人民的真挚感情，超越旧时代一般封建文人的孤芳自赏、'体验自我'或自居为高劳动人民一等的旧意识，与西方资产阶级中的进步作家如尊重、同情劳动人民的玛丽·巴顿、狄更斯、维克多·雨果、列夫·托尔斯泰等同属高层次的思想水平和认识水平。"[③]结论：王国维当然是富于人民性的。

又如，学界近几十年来对王国维"生百政治家，不如生一大文学家"之说常有否决，以为"此论有抬高文学家贬低政治家之弊"。对此，周锡山又颇不平，辩解道："王国维处于马克思主义尚未传入之时的半封建半殖民地时代的旧中国。综观中西封建时代和王国维之前的西方资本主义时代，的确'生百政治家，不如生一大文学家'。以中国来说，三千多年

① 陈元晖.《王国维与叔本华哲学》.第54页

②《王国维遗书(三)》.第628页

③ 周锡山.《王国维美学思想研究》.第196页

的封建时代中有哪一位政治家在中华民族的文化—心理结构、民族精神的形成、发展方面可与屈原、司马迁、杜甫相比?"[1]真的,在构筑民族艺术—文化殿堂特别是"唯歌生民病"方面,不论秦皇、汉武、唐宗、宋祖,谁也比不过上述大师。经周锡山这么一辩,王国维此说不仅无可指责,而且政治上还挺进步似的,因为他竟敢蔑视封建之尊。

① 周锡山.《王国维美学思想研究》.第59页

从陈著(1981年)到周著(1992年),人们发现时代确实换了,故,打量王国维的视角也有了大幅度位移:以前批他反人民性,现在夸他有人民性;以前疑他有揶揄革命政治家之嫌,现在敬他有雄视历代帝王之傲……但同时人们也发现,周锡山、陈元晖评估王国维的角度虽有不同,但用于评估的话语却相同,仍沿袭政治性"阶级分析"这一套路。经典阶级分析之本意,应是从人在给定经济结构中的地位去考察其政治倾向;谁知到了学界,它却被泛化了,变成以政治裁决来冲击学术探讨。这体现在王学领域,便是因人废言,以晚年王国维来穿凿青年王国维,以政治迷途来株连美学建构。陈元晖所谓王国维美学反"人民性"且欲清算之,当源自这一政治话语系统。相反,周锡山是倒过来,因珍视且敬重王国维学术而祈愿其政治面貌也应是人民的、进步的。这又未免近乎矫饰。

矫饰者,含义有二:半为矫情之意;半为矫枉过正之举。前者属个体情愫,后者似欲应答时代召唤,但皆带"矫"字,故曰矫饰。如此政治矫饰,对于消解以往学界对王国维的政治偏见或清算有现实意义,但终究不是纯学理的王学研究。因为,政治话语就其本性是非书卷气的,故,硬让它扮演学究角色,结果非砸锅不可。如周锡山曾用"阶级分析"法,将王国维对"征夫"的离情别绪之关切,放大为是有人民性的表现,乍看不无道理,却经不起推敲。因为有人会问:若王国维珍重"征夫"情怀便是"热爱人民",那么,王国维同时也珍重

“离人孽子”之心，这又该作何解释？用周锡山的说法，“离人，孽子，各个阶级、阶层都有”，即不仅包括平民百姓，还包括非劳动人民乃至反动派，能否说王国维珍视“征夫”之情便极可贵，而珍视非平民化的“离人孽子”的生命哀怨便极可鄙呢？再则，若将“阶级分析”推演到底，有人还要问：谁能保证“征夫”的每缕情丝皆是纯洁的、健康的，而从未遭受封建的精神污染呢？故，用“阶级分析”之政治话语来矫饰王国维美学的政治面目实在不适。这也是一种“上纲上线”，借拔高王国维的进步形象来哄抬其美学标价，犹如替刻满沧桑的神情涂一层又白又香的美容霜，终觉不自然，因为这不是从皮肉里长出来的，只是从体外硬贴上去的。

这就亟需将王学还给学理。这叫“物归原主”。若着眼于纯学理，则王国维美学之本相也就昭然，这就是以人本忧思为镜，去观照其对传统艺术的美学把握；亦即王国维“天才说”、“无用说”、“古雅说”和“境界说”，是靠人本忧思这一主轴之贯穿，才获得体系规模的。这也就是说，王国维在1904年—1908年间投身美学，虽遗世又未敢忘世，但占据其灵魂热点的，毕竟首先是对人本价值的终极关怀，而不是对共时态民疾国难的经世忧患。故，若欲审视王国维美学之真谛，仍须回到青年王国维的灵魂苦痛这块精神高地去俯瞰，而不是仓促地将眼光洒向王国维遭遇的历史境况。譬如王国维所以将“征夫”与“离人孽子”相提并论，仅仅为了说明“感情真”是“感物也真”之前提，情动于中而形于外，故，《诗经》中的抒情主人公因乡恋过浓，本不愿背井离乡却又不得不走，于是，连随风摇曳的杨柳在他看来，也仿佛是在依依惜别其噙泪远行了。温柔得令人衷肠寸断。显然，此类情怀本属人情之常或普遍人性范畴，“多情自古伤离别”，无论俗子还是巨人，革命者还是反革命者，只要他（她）天良未泯，还剩一点亲情，每逢割爱，总难免伤感或痛感的。这是超阶级的，当无

“阶级分析”之必要。同理,对王国维“生百政治家,不如生一大文学家”之语录,也不宜从历史政治批判角度去辩护,因为王国维之本意,不过是对文学与政治的异质界限及其对艺术的“无用之用”的极而言之或激情高扬而已。

这一原则也适用于对王国维与叔、尼关系乃至对叔、尼哲学之评判。

大概是爱屋及乌吧,为了刻意美化王国维的政治面容,周锡山竟将叔、尼描述为能与革命携手共进的哲学同盟军。他说:“伟大的马列主义革命理论无比辉煌,但革命者是少数;进步的人是多数,他们没有接受马列主义,信奉叔、尼及其后来发展的其他进步学说。革命者和进步力量共同汇成人类的前进潮流。叔、尼不仅为进步学术界文学界所信奉,也为不少中外革命的文艺理论家和作家所接受。因此,王国维在本世纪初,初涉学界即将眼光投向德国哲学美学,用康、叔、尼理论武装自己,不仅在当时已与世界进步思想潮流同步前进,得世界风气之先,而且在马克思主义传入以前的清末中国,率先引入,运用先进的西方美学和文艺理论,开中国风气之先。这对于王国维后来成为‘文学革命的先驱’之一这样的人物,无疑有积极影响。”[①] 这番议论颇为大胆,容我逐次体会。

① 周锡山.《王国维美学思想研究》.第303页

第一,叔、尼当属西方哲学史上的一对怪杰。假如说,前者启发了西方哲学对人本存在的遥深关怀,那么,后者则诗性地预言了近代理性哲学的历史破产。叔、尼在西方哲学史上的千秋功过自有专家评说,我想指出的只是,西方哲学史评判应有别于“阶级分析”,即与政治裁决分开。尽管叔本华哲学曾在1848年革命流产后的欧洲风行一时,尽管尼采哲学也曾蒙希特勒青睐,但这类不无政治色彩的接受学现象,并不能被简单地拿来注明叔、尼本人的政治成分。据我所知，叔本华生前基本上是一个自觉“生活在书中比生活在人当中更幸运”的孤愤隐士[1]，他既“不指望用自己的书去博得大臣的赞许”[2]，又对社会革命“深感恐惧和担心”[3]，即他跟权贵或革命党皆隔着一堵冷漠的墙，故，他大辈子一直郁郁不得志，其名著出版后19年只发行了500册，另一专著《论自然界的意志》没有稿酬，一年也只卖了125册。[4]尼采大体上也是一个在书斋里自吹自擂，只活在哲学史中，与现实政治无涉的旷世奇才。

①〔苏联〕贝霍夫斯基.《叔本华》.第15页

② 同上书，第19页

③ 同上

④ 同上书，第17页

第二，王国维对叔、尼的接受也与特定政治背景无直接关联。他是从人本哲学角度，而不是从社会改革或革命角度去解读叔、尼的；而且，其阅读期待也主要源自对自身灵魂苦痛之缓解，而不是为救国救民寻找实践性药方。虽然这一人本忧思，相对于传统儒教（“官本位”）而言，有其价值文化的进步性，但毕竟不是政治的，更无所谓革命性。吴文祺称王国维为“文学革命的先驱”，想必也是就艺术观念更新而言，而与政治—革命无涉。

我曾暗自猜测周锡山论王国维时所以用那么多政治术语，大概是出于某种生存策略。但细读周著，我又琢磨着笔者似未必尽出于违心。准确地说，他是徘徊于违心与衷心之间，既非全然违心，亦非纯粹衷心，而是违心、衷心相克相生。亦即他那套用政治话语铸成的盔甲，既是用来对付外界的，具防御机制；同时也用来征服自己，具平衡机制。因为他也隐隐忧虑如此敬重那位脑后拖着遗老长辫的先贤，真不知将来会给自己带来什么。心总有点虚。于是，必先设法将自己理顺或摆平。这就亟需用那套正统的、硬邦邦的政治话语来壮阳补心。若政治话语能证明王国维美学的进步性或先进性，则他也就理直而气壮了。政治话语成了支撑其学术良知的拐杖。

也正是在这意义上，我发觉周锡山跟陈元晖在如何应用政治话语方面虽大相径庭(陈是在政治上剑拔弩张地清算王国维,周锡山则想在政治上巧施粉墨地修饰王国维),但在皆信政治话语为"道",即信它不仅为工具理性,并且为价值理性这一点上,陈、周之间却无质的区别。事实上,陈、周皆缺独立的纯学术语系,由此,为何 1949 年后鲜见科学的王学比较研究,其心理障碍何在,也就可见一斑了。

第二节
“学派”对峙与学理误判

导致鲜见王学影响比较的历史心理障碍，其实有二：一是政治过敏，即敌情观念太重，惯于将人文学术视为“兵家必争之地”，对王国维—叔本华这对有封、资嫌疑的中西美学关系更是满怀警戒，所谓影响比较也就势必异化为用政治话语来执行的清算了。二是知识结构太窄。由于当时人文学术只能作为意识形态的部门而存在，故，一般学者在此空间所形成的知识结构，很难不是对政治语系的学理内化。即表面看去，那内在知识结构属于学科性构成，但究其质，当初那些能够幸存的人文学科往往本是政治语系的孪生子，它们虽不像政论术语那般坚硬，而是蒙上了一层哲学或美学的词语面纱，但又万变不离其宗，故，也可称其为不是政治话语的政治话语，或隐性政治话语。这从20世纪50年代至20世纪60年代初的王学讨论中可以看得很清楚。

20世纪50年代至20世纪60年代初，这大概是“文革”前难得的“阳春”气候，因为那时王学界似乎出现了“学派”对峙的可喜迹象。当然这“学派”是带引号的，它不是指那种严格意义上的，有明确学术宗旨、领袖、可资标榜乃至传世的学科经典，已在或将在历史上大书一笔的学术群体与派别。此处不过是为叙述方便而借“学派”一词,意谓当时学界在评判王国维时确有不同取向,有褒有贬。仿佛一场旷日持久的足球对阵,分红、白两队,红方有张文勋、吴文治、雷茂奎、叶秀山,白方有汤大民、吴奔星、陈咏、李泽厚,壁垒分明,又旗鼓相当:红方攻,踌躇满怀,咄咄逼人,挟压倒一切之势;白方守,东截西堵,不无狡狯,竭力支撑门面。但有意味的是,无论攻守贬褒,双方的思路,术语却惊人的相似,这又酷似球赛,虽都想逞雄争霸,但比赛规则归一,皆不越出四四方方的绿茵场。

“文革”前的惯常思路之一,是要对任何人文学术作哲学审查。这就颇像当时流行的狭隘“阶级路线”,若评估某人,首先不是看他的才干与学识,而是看档案,查其家庭成分;虽然那时也说要“重在政治表现”,不“唯成分论”,但由于当时几乎无人敢“政治表现”不好(极个别“花岗岩脑袋”除外),故,最终还是无意有意地滑向了“唯成分论”即“血统论”。那时的“社会共识”也确认同,血统是决定一个人的政治立场的重要基因。与此相对应,学界则以为人文学术的哲学取向,当是表征其政治倾向的精神血缘。俞平伯《红楼梦研究》为何被打成“反动”? 据说其在哲学上是“唯心”的。从此,哲学上的唯物—唯心,也就成了检验人文学术在政治上可靠与否的法定标尺。

于是也就不难体会,那些珍惜王国维遗产的学者,为何要处心积虑地证明王国维是“唯物”的了。我所以这么说,是因为他们当时这么做难度很高,不仅在政治上有风险,而且在操作上还亟须像高明的外科大夫巧施一连串剥离兼整容手术,才可能使王国维变成“唯物”的。这是又一支“三部曲”。第一步,先将王国维美学与叔本华哲学相分离。众所周知王国维是深受叔本华影响的,而叔本华哲学之唯心也是抹不掉的，于是，唯一的出路是冲淡两者的哲学血缘，这便是汤大民提出的二元模式：即“文学对于政治和哲学，有其相对的独立性。王国维固然以清朝遗老自居，具有哲学偏见，但也是个求实的学者。当他面对着充满珠光宝气的中国文学，探索文学的特殊规律时，他的求实精神就表现得比较突出”[①]；说白了，便是王国维在哲学上是跟叔本华的，但其美学则根源于中国传统艺术，故叔本华哲学虽对其美学有染，但毕竟未能影响到全部。由此，王国维美学就被形容为一个有霉斑的苹果，若剜掉这块被叔本华所腐蚀的烂肉，则剩下的即是营养与芬芳了。第二步，再将王国维诗学从其整个美学构架上卸下来。因为王国维美学是由“天才说”、“无用说”、“古雅说”和“境界说”四个板块组成，其中“天才说”与主张艺术性能为非经世致用的“无用说”和重在传统程式美的“古雅说”，不是有“唯心”嫌疑，就是被屡屡指责为脱离现实（“脱离现实”不过是“主观唯心”的另一说法），似乎只有半文半白的“境界说”才稍稍干净些，因为从字面上看，它引征叔本华确实甚少，于是“安全系数”也就随之提高。事实上，那些情系王国维的辩护者皆是围绕“境界说”来论述其美学的，这从他们的论文题目便可见出：如汤大民是《王国维“境界说”试探》；吴奔星是《王国维的美学思想——“境界”论》；陈咏是《略谈“境界说”》；李泽厚则为《“意境”杂谈》。第三步，当是对“境界说”实施哲学整容。既然“境界说”一与叔本华无甚关联，二又与王国维其他美学理论脱了钩，那么，其所谓“唯心”底色也就被淡化或被漂白了，再染上“唯物”色彩也就有了可能。应该说，吴奔星对此是下了功夫的。他大体做了三项工作：（1）从实例归纳着手，先界定“境界”是“反映了日、月、山、川的风貌和喜、怒、哀、乐的心情”，即“比较接近现实”的诗艺形象，故，它“显示了艺术必须通过形象来反映现实的根本特征”[②]——这诚然是“唯物”的。

① 姚柯夫编.《〈人间词话〉及其评论汇编》.北京：书目文献出版社，1983，第231页

② 同上书，第128页

(2) 进而将王国维关于"境界"有常人—诗人之分一说阐释为"艺术与生活的关系",他说:"所谓'常人之境界'意味着'生活的真实';所谓'诗人之境界'意味着'艺术的真实'。常人与诗人的区别,在于常人只能感受各种境界,诗人则不仅能感受,而且还能把常人感受的境界上升为艺术的形象"。"这里接触到了生活美与艺术美的关系问题"[①]——将"艺术美"看作是对"生活美"的升华,这也是"唯物"的。(3) 末了将王国维"入与出"转译为是"源于生活,高于生活"似最为风趣。吴奔星认为:"所谓'入乎其内',意味着了解人生。对人生有深入的理解,才能创造有'生气'(形象鲜明有生活气息)的艺术境界。所谓'出乎其外',意味着高于生活,比现实站得高,才不致成为爬行的现实主义,才能创造出有'高致"(具有充分典型意义和独特风格)的艺术境界。"……这就是说,诗人必须站在现实的高峰,居高临下,争取反映现实的主动权(所谓'以奴仆命风月');同时,又要密切注视现实,不脱离生活,争取和客观事物打成一片(所谓'能与花鸟共忧乐')。""所有这些论点,既'入乎其里',又'出乎其外',既蔑视外物,又重视外物,都是王国维对待人与现实的关系问题的理解,显示出他的美学思想具有朴素的唯物的因素和初步的辩证的观点。"[②]

① 姚柯夫编.《〈人间词话〉及其评论汇编》.第130页

② 同上书,第133页

现在总算明白了,所谓哲学整容,就是借风靡一时的简单认识论(反映论)术语来注疏"境界说",亦即用一套隐性政治语系去置换王国维诗学语系,且不论如此偷梁换柱是否有违本义。但不得不承认,王国维诗学经这番"唯物"化后,委实比以前时髦了,仿佛真能将它从囚禁异教的另册中保释出来,而进入"红色保险箱"得以珍藏。有意思的是,我发现擅长哲学整容者竟不止吴奔星一家,因为早在1957年(吴文撰于1964年),陈咏便撰文提出:既然王国维强调其"境界"作为一种诗艺形象,"不是对事物作客观的无动于衷的描写,而是按照作者的理想，也即按照作者的观点、感情来选择、安排的”，“这就进一步说明了文学艺术中的形象是客观事物在作者头脑中的主观反映”[①]，这当然更“唯物”了。

如此哲学整容，今天该怎么看？老实说，我很矛盾：一方面，着眼于学人良知，我是颇为辩护者的用心而感慨的，因为他们这么做，并非出于利己，而实是不忍心美学珍品无端地招致误解或诋毁；但另一方面，着眼于学理规范，我又想，似是而非的改头换面终究牵强，充其量是貌合而神离。这就是说，无论维护者动机多好，辩术多高，皆无法改变这一史实，即包括“境界说”在内的王国维美学的思辨基点或哲学基础，不是认识论，而是人本价值论。认识论与价值论不同。假如说，前者是要回答人对实在的认知关系即物质—精神孰先孰后，那么，后者则重在反思人对自我的生命体验，即探询人类存在的意义到底何在。显然，认识论，特别是康德前的认识论，主要是在人的体外空间延展，而价值论却始终执著于人的精神世界与文化关怀。是的，认识论与价值论本是近代西方哲学史的两大流向，这是事实；但王国维建构美学时，主要是从叔本华哲学的人本忧思（而不是从康德认识论）汲取其灵感与方法，这也是事实。现在看来，辩护者所以将王国维“境界说”的哲学基础误判为是唯物反映论（认识论），而不是人本价值论，学理上的原因无非有二：一是当初几乎无人从忧生高度去鸟瞰《人间词话》或整个王国维美学；忧生者，人本忧思也，即人本价值论也。据悉，直到20世纪80年代初，才有人（如陈鸿祥）悟得应将《人间词》与《人间词话》打通，从而叠印出“境界说”（其实是整个王国维美学）的精髓是在“忧生”二字。[②]但这是后话。辩护者的哲学误判的另一原因是由于哲学的贫困。这贫困是因为当时全盘师承日丹诺夫的西方哲学史模式所致。这就是说，日丹诺夫不仅粗暴地将全部哲学史的基本命题钦定为一个，这就是面对物质与

① 姚柯夫编.《〈人间词话〉及其评论汇编》. 第214页

② 同上书，第476页

精神之关系,你愿“唯物”呢,还是“唯心”?并进而将哲学史界定为是唯物论同唯心论的斗争史。该模式后又被“发展”为“唯物”与革命结伴,“唯心”与反动相连。这就将一个纯哲学命题政治化了。因为这么一来,唯物反映论不仅成了规范人对世界的认知关系的唯一定式,并还提升为限制人的哲学视野的僵硬框架,在这框架里,除了物质实在形态的客体(自然界、现实社会或革命实践)最有资格荣任哲学对象外,那些非实在、非现实—政治形态的人本价值、生命关怀、人类心理便被逐出了哲学王国。事实上,当时凡不能直接或间接回答政治与现实所提出的实用命题的学科处境极为可悲,它不是被冷落门前,便是索性被判为“资产阶级伪科学”而遭取缔(如心理学)。不难想象,在如此凄凉的季节,谁还想对王国维美学怀一缕温情,除了替它添一件“唯物”外套,确实别无选择了。

但想躲过对立派的眼光也不容易。譬如吴文治写过一则短文《必须辨明原意》,寥寥 2 000 字,却言简意赅,提出“为了辨明”王国维“原意”,“需要我们联系它的时代,它所论述的对象,乃至作者的全部著作,进行反复的考察。如果望文生义,往往就很容易牵强附会,有失原作的本意”[①]。吴奔星不是曾将王国维“入与出”转述为“源于生活,高于生活”吗?吴文治说:不对,“王国维所主张的‘诗人与现实的关系’,至多也不过是若即若离的关系。所谓‘入乎其内’云云,不过是从中取得一些形式的材料,并不‘意味着了解人生’,更不意味着要‘对人生有深入的理解’。而所谓‘出乎其外’也者,也不过是主张艺术家超脱现实社会生活,摆脱物我关系,追求物我两忘的神秘境界而已。这怎么能说‘出乎其外’四个字是‘意味着高于生活,比现实站得高,才不致成为爬行的现实主义’呢?显然,认为王国维的那段文字‘显示

① 姚柯夫编.《〈人间词话〉及其评论汇编》. 第 270 页

出他的美学思想具有朴素的唯物的因素和初步的辩证的观点’的说法，是不符合客观实际的。相反，它倒是说明了王国维的美学思想是以唯心主义为基础的”。末了，他总结道：吴奔星“对《人间词话》中那段文字的解释，实际上是以我们今天对作家的要求去理解古人的文艺理论的。我们要求作家深入生活，了解生活；要求他们在反映生活的时候，应该高于生活，比现实站得更高。站在封建地主阶级立场，同时又受了西方资产阶级某些思想影响的王国维，是不可能对于艺术创作具有这样的认识的”[①]。这等于是说，王国维美学头上的那顶“唯物”帽子不是自己长出来的，而是外加的。

还有叶秀山，他是瞄着陈咏而来的。这从文章的标题便可悟出：陈咏题为《略谈“境界说”》，叶秀山显然针锋相对，《也谈王国维的“境界说”》；陈咏说王国维“境界”作为诗艺“形象是客观事物在作者头脑中的主观反映”，叶秀山则谈“唯物”、“唯心”在“主客观统一”这命题上的界限何在，其观点是：界限全在“统一于什么基础”即“精神和物质谁是第一性的问题”上，他论定王国维“境界”是“统一于主观、统一于感情、统一于理想”[②]，故，也就不可能“唯物”，而是“唯心”的了。

说句心里话，我不赞成吴文治、叶秀山两位先生对王国维的否定，但辩护者的哲学误判的把柄又确乎被捏在他们手中。这是场“一边倒”的球赛。攻势是在他们脚下。但若就他们对王国维本身的评判而言，则我又要说，否定者同样也陷入了另种误判。如吴文治释王国维“出乎其外”，我便以为是正误居半：当他说“出乎其外”是“主张艺术超脱现实”——这没错，因为王国维“境界”本就以人生感悟为魂，作为一种对人类生存意义的遥深关怀，当然是要穿透或超脱世俗的现实形相，即“摆脱物我关系，追求物我两忘”才可觅得；但当他将“物我两忘”之境归于“神秘”时——这就显然

① 姚柯夫编.《〈人间词话〉及其评论汇编》. 第272页

② 同上书，第217页

误解了，因为一种纯审美心境，是可以让主体领略到灵魂的充实与澄静的，甚至飘飘然，遗世独立，宠辱皆忘。马斯洛还曾誉之为是“生命高峰体验”。这可是古今中外的艺术家、美学家与心理学家常谈常新，乐此不疲的一个永恒话题，故，无所谓“神秘”。同理，叶秀山所以将王国维“境界”等于“唯心”，也是囿于某种茫然：假如说吴文治是因为缺少心理学储备，那么，叶秀山则是漠视哲学同艺术的界限，用通俗认识论来生硬地规范“境界”的艺术构成。这就是说：(1)“境界”作为王国维的诗学理想，本属艺术，艺术包含认知，但主要不是认知，它重在情态想象造型，以表现主体对人生、历史与世界的价值情怀，故，不必苛求艺术像认识论那样去回答物质—精神之孰先孰后；(2)“境界”既然是诗语造型，就得讲艺术构成，讲艺术整体感，而让“修能”统一于“内美”，技巧统一于构思，形式统一于意蕴。怎么能因为“内美”、构思、意蕴皆为精神，而让艺术统一于上述精神就是“唯心”呢？

诚然，当我如此冒昧地数落两位先生时，心中并不踏实。因为我明白我是在用20世纪90年代的尺度衡量他们，这就不仅苛刻，而且也大大逸出当时他们的角色规定了。我说过，作为政治话语的捍卫者和操作者，其使命不在纯学术，而在维护政治话语的绝对权威性与纯洁性。应该说，作为一种历史性责任，吴、叶两位先生是很尽心尽力了。真的，当我坐在世纪末的看台上，以超然姿态重观那场久违了的王学角逐，我确有某种赏心悦目之感。特别是目睹吴文治对吴奔星，叶秀山对陈咏那“一盯一”的紧逼战术，既短兵相接，捉对厮杀，又互不失态，多发内功，坐而论道，大有羽扇纶巾，“运筹于帷幄之中，决胜于千里之外”之儒将遗风。相比之下，张文勋差矣，对王国维美学乱砍乱伐，口气比力气大。如他对王国维“无我之境”之误判，即如此。[①]时下学界对“新时期”学风空疏颇多微词，我想，此风所以经久不息，原因之一，是

① 姚柯夫编.《〈人间词话〉及其评论汇编》.第261页

因为它源远流长，至少并不自“新时期”始，还可追溯到更远。转而又想：幸亏自己后生，未在那年头成年且爬格子，否则，大概也很难免俗，时过境迁，重读拙作，势必无地自容。由此再回味钱钟书关于旧文“被发掘的喜悦使我们这些人忽视了被暴露的危险，不想到作品的埋没往往保全了作者的虚名”之教诲[1]，实在精彩。但从学术史料角度看，则有关旧文又不能不发掘，否则，晚辈也就无从拜访历史了。

现在，不妨让我们再次进入历史，对参与这场哲学误判的两派略作小结。

是的，我不会低估这一王学讨论的历史严肃性，犹如不低估一方的学术良知与另方的政治敏感一样；但就学理规范而言，它更像是一出双重性缺席审判。所谓双重性缺席审判，意思有二：一是被告早已作古，无法出庭；二是原告（否定者）与律师（辩护者）之间的现场辩论皆不得王国维美学之要领。这就是说，无论褒其“唯物”，还是贬其“唯心”，皆未从日丹诺夫模式走出来，且皆企图用那套隐性政治语系去注疏王国维，结果愈注离王国维愈疏远。

① 钱钟书.《写在人生边上（重印本序）》. 北京：中国社会科学出版社，1991，第3页

接下来是美学误判。

从哲学误判到美学误判，这倒是有中国特色的。因为当时确实流行如下公式：假如说，哲学的革命标签叫“唯物”，反动标签叫“唯心”；那么，与此相关联，美学的革命品牌便是“现实主义”，“非现实主义”拟为不革命，“反现实主义”则近乎反革命了。这里似有两个冰炭不容的递等式：一是从革命（政治）→唯物主义（哲学）→现实主义（美学）；一是从反革命（政治）→唯心主义（哲学）→反现实主义（美学）。将无产阶级革命与唯物主义哲学与现实主义美学连成一体，这一动议最早大约可上溯到苏联“拉普派”。该派提出，取得了十月革命胜利的无产阶级，在哲学

>>>>>>>>>>>>>>>

上已经拥有了自己的,迥异于资产阶级哲学的革命方法,这就是"辩证唯物主义哲学方法";与此相匹配,无产阶级在文学上,也应有自己的,迥异于资产阶级文学的创作方法,这便是"辩证唯物主义创作方法"。这条以哲学来替代文艺美学的思路当然极其僵化,僵化得连斯大林也接受不了。后来,"辩证唯物主义创作方法"这一名称也就从苏联消失,而代之以"社会主义现实主义"。但将美学上的某一创作方法,与哲学上的唯物主义、政治上的无产阶级革命相提并论之构想,则从未得到清理,相反,却伴随"社会主义现实主义"一块儿流行到了中国。其实,斯大林让"现实主义"与"社会主义"联姻而成为苏联文艺美学的最高法规,这本身也就是对上述"拉普派"构想的逻辑延伸或发展。于是也就派生出了如下怪现象:现实主义作为艺术造型法则之一种,在文坛能长期享有优越于其他创作方法的至尊地位。为何?说穿了,无非是它沾了"社会主义"(政治)的光。于是也就不难理解,为何吴奔星为了保护王国维美学,要使劲儿强调其学说有"现实主义倾向"[①]?也无非想借一把大红伞,当作王国维美学的避风港。

① 姚柯夫编.《〈人间词话〉及其评论汇编》.第132页

应该说,称"境界说"与现实主义有染,并非吴奔星的独家专利。毋宁说这是一股美学思潮,要点是在对王国维的"写境—造境说"该怎么看。

我以为,王国维将诗艺"境界"分为"写境"、"造境"两种,无非是指前者"境多于意",即写实重于写意,而后者"意余于境",写意盖过状物。但鉴于"境界"所以为"境界",还须满足如下条件:一要"内美",其意蕴得传递出主体对人生的情趣理致乃至高品位的价值关怀;二是"修能",即其诗语构成应具有俊爽疏朗、浑然天成之审美效应。这就势必要求擅长"写境"的"写实家"也应有"理想"之空灵,即"所写之境必邻于理想”。“理想”者，对人生之遥深感悟也。否则，他可能有冯词之“句秀”，韦词之“骨秀”，但绝无李词之“神秀”。故王国维又言：“虽写实家，亦理想家也。”至于对热衷“造境”的“理想家”，王国维则要求“所造之境必合乎自然”，言情体物，穷极工巧，以免使“凿空而道”的深邃精义无所附丽。故王国维又说：“虽理想家亦写实家也。”欲将写实与写意、写境与造境，完美地融于一“境界”，确非易事，非大诗人，大手笔难以企及。我所以坚执“境界说”实为王国维的诗学理想论，根子即在此。

这就是说，若严格遵循王国维本义，写境—造境本不难解释，它完全可在“境界说”框架内得以圆说；进而，“境界说”作为王国维诗学本是自成系统的，与现实主义并无瓜葛。但这只是20世纪90年代的我的看法。几十年前的吴奔星们却不作如是观，若不将“境界说”挂靠上现实主义，他们就不放心。因为在他们眼中，现实主义似与革命有缘，故挂靠上现实主义，也就近乎是“弃暗投明”了。这对“境界说”来说，简直太重要了。这里又有两种情况：一种是能否直接将“境界说”等同于现实主义，或能否将王国维关于写境—造境“二者颇难分别”一说，径直看成是对“现实主义与积极浪漫主义”两结合创作方法之先声，还有点吃不准，吞吞吐吐，不敢敲定，如汤大民。[①]另外是吴奔星，快人快语，一口断定王国维关于写境—造境“二者颇难分别”一说之实质，是在对“浪漫主义和现实主义两种创作方法作了初步的辩证的理解”，并美言这“在马克思主义文艺理论尚未介绍来的我国近代文坛”无疑是“可贵的”；至于对整个“境界说”，吴奔星更是声明其“大体上立足于唯物主义，具有现实主义倾向”[②]。吴奔星还特别赞赏王国维“通古今而观之”这一原则。他说：“在诗词创作上，如果‘域于一人一事’，就可能流于自然主义，不可能创造典型的境界，表现典型的情绪。王国维提出‘通古

① 姚柯夫编.《〈人间词话〉及其评论汇编》. 第236页

② 同上书，第131页

今而观之'这一原则，就是要突破'一人一事'的范围，根据历史条件和现实环境，进行广泛的概括，正像小说家必须描绘典型环境的典型人物一样，诗人也必须表现典型环境的典型情绪。因此，'通古今而观之'实际意味着从现实的发展中来反映现实。"[1]经吴奔星这么一炒，"境界说"的身价自然被抬高，不仅基本符合恩格斯所界定的经典的现实主义定义，而且还颇接近斯大林所钦定的"社会主义现实主义"之精髓呢，因为只有"社会主义现实主义"才"要求艺术家从现实的革命发展中真实地、历史地和具体地去描写现实"（见《苏联文学艺术问题》）。

① 姚柯夫编.《〈人间词话〉及其评论汇编》. 第132页

在将"境界说"现实主义化方面，走得最远的还不是吴奔星，而是李泽厚。

李泽厚在1957年撰文《"意境"杂谈》，其实不杂，应该说，是当时大陆同类文章中谈得最深的。深就深在李泽厚不是将"意境"（为王国维"境界"的另一表述）简化为"形象"，而是将"意境"升华为足以同典型环境—典型性格相平行，且相媲美的现实主义美学范畴。在他看来，假如说，典型环境—典型性格是现实主义叙事艺术的美学范畴；那么，"意境"便是现实主义抒情艺术的美学范畴。[2]这当是发时贤前人之未发。

② 同上书，第160—161页

李泽厚在大陆学界确是独树一帜的。读李泽厚之感受，就是跟读他人不一样。人家只能三言两语的地方，他往往能弄成一篇真知灼见的专论；人家只是草草地勾勒粗线条，他却可以将此线条分解且编织出一个严整绵密的思辨网络。故读一般论文，若晓畅而有思想，该思想往往是可以一语道破，一眼看穿的，因为它似是从字里行间自动跳出来的，而不是通过缜密的运演水到渠成的；但读李泽厚你非全身心投入不可，它仿佛是岔口密布的迷宫，只有紧跟其事先埋伏而又丝丝入扣的思路，才能曲径通幽，最终才明白他究竟想说什么及其为何这么说。故读李泽厚，你能享受到一种真正的理论感，一种逆流击水又循序猛进的创造性思维的兴奋。也因为，其思想的华彩乐段不是兀地崛起，而是被精心地组织在演绎结构中，是以整个思辨机制为基础的，故，你即使不苟同其高见，也不能不叹服其思辨的凝重与功力。在此，我想说，正是经过这番高工艺化的思辨加工，"意境"才从王国维《人间词话》的核心概念，转化为李泽厚心中的现实主义美学概念。这就是说，若我将这思辨加工过程讲清楚了，则"意境"的涵变实质也就清楚了。

我一直认为，王国维在《人间词话》删稿中让"意境"来置换"境界"一词，本是对"境界"要义的一种更为精确的美学表述，因为它在滤去"境界"的词源学的佛教色泽的同时，确实将"境界"中的"境—意"即造型与意蕴的内在关联突出了。李泽厚的思辨加工正是从这儿起步的。他说："意境"所以"是比'形象'（'象'）、'情感'（'情'）更高一级的范畴"，"因为它们不但包含了'象'、'情'两方面，而且还特别扬弃了它们的主（'情'）客（'象'）观的片面性而构成了一完整统一、独立的艺术存在"[①]。请注意这"扬弃"二字：谁扬弃谁？为何扬弃？怎么扬弃？这里大有文章。

李泽厚堪称黑格尔的高足，他从黑格尔《小逻辑》学到了一手绝活，这就是善于对给定概念作内涵分解，细胞分裂似的一分为二，再让它们对立统一。王国维不是说"意境"可分"境—意"两部分吗？李泽厚便紧接着说"'境'与'意'本身又是两对范畴的统一：'境'是'形'与'神'的统一；'意'是'情'与'理'的统一"[②]。统一包含扬弃，用毛泽东的话说，就是一个吃掉一个。现在我们逐个来看，"形—神"、"情—理"之间，到底是谁扬弃谁，或谁吃掉谁。

李泽厚以为，所谓"形—神"即中国古代文论中的"形

① 姚柯夫编.《〈人间词话〉及其评论汇编》.第161—162页

② 同上书，第163页

似—神似"关系问题。"形似"是指"意境"作为一种诗性造型"必求境实",使其造型能酷肖原型,即"符合于,近似于生活的本来面目";"神似"是要求"意境"造型不独在外部形态,还要在神理上逼近原型之真,即"要求形象传达出现实生活中更内在更深刻的东西",而这才是"真正的所谓生活的真实"[①]。很明显,与"形似"相比,"神似"将高一档次,因为它既是对前者的选择和集中,又是对前者的提炼或扬弃。故,李泽厚又借齐白石"似与不似"来注释"形—神"关系:"似","形似"也,为了达到"神似",可以不拘泥"形似",乃至牺牲或超越"形似"。[②]用我的话说,则是"形似"被"神似"所扬弃,或倒过来,"神似"吃掉"形似",即"神似"包含"形似",却又不是"形似"。于是又回到齐白石,"神似"者,"不似"也。但这里又有微妙差异,即李泽厚所谓的"意境"之"境",实是指对社会现实的"神似"之"境"。[③]这就是说,别看李泽厚、齐白石皆用"似"字,其实两人赋予的内涵不尽相同:假如说齐白石主要是在造型形态美学上谈"似与不似",那么,李泽厚则是上升到哲学认识论水平来论"形—神"关系的。这从他论"情—理"关系中可以看得更清楚。

同样的思路,对"情—理",李泽厚先强调它们辩证统一于"意境"之"意",即"'意'不仅是'情',也不仅是'理',它可说是'情'化的'理',也可说是蕴'理'的'情'"。"情—理"之间如胶似漆,难分难舍。若"光'情'而无'理',就是背'理'的'情',那纯粹就是主观任意的抒发,就是违背生活真实的狂言呓语,主观主义的艺术;光'理'而无'情',就是光秃秃的道理,这种艺术就只能是同样失去生活真实的公式化概念化的枯燥的逻辑论文"[④]。但"情—理"关系既然是由对立而统一,也就不纯是相对主义,不是平分秋色,总得有个主次,有个谁扬弃谁的规矩。在李泽厚看来,当是理为主,情为次,以理节情,"发乎情,止乎礼义","礼义"者,理也。但若

① 姚柯夫编.《〈人间词话〉及其评论汇编》.第163页

② 同上书,第164页

③ 同上书,第166页

④ 同上书,第169页

分析得更细,则李泽厚之理较之“礼义”之理,在内涵上似更丰富:假如说“礼义”之理是指宗法(社会)意义上的人伦规则,属伦理学范畴;那么,李泽厚之理则不仅包含伦理学意义上的“礼义”准则,更意指宇宙万物赖以如此发生且发展的那个本体论意义上的普遍必然或规律。——准确地说,李泽厚之理是“天人合一”的,“应当”与“必然”互渗互换,或干脆就是同一混沌本体之两面,在天(宇宙)显现为普遍“必然”,在人(社会)则转化为伦理“应当”。用李泽厚的话则是:“一个东西所以是一个东西,生活所以是这样而不是那样,必有其道理在。‘理者,成物之文也’。所以,‘理’实际上就正是事物的内在的客观逻辑(规律)的正确的主观反映,也就是指正确的思想,思想性。”[1]请细嚼“正确的思想”或“思想性”这几字的深长意味!因为它不仅蕴涵本体论的普遍“必然”,伦理学的准则“应当”,更是将认识论上的对宇宙真谛的绝对把握也囊括其中了!这当是至高无上的了!故,李泽厚又说:“真正美好艺术的‘情’,总是合乎正确思想的‘情’。这样,才使艺术家有可能通过自己的情感感受的抒发来达到与理论家通过思想逻辑所论证的同样的生活的本质的真实。”[2]倘若艺术家的审美创造给人类精神生活所带来的,与理论家通过思辨运演所带来的,竟是同一玩意儿,那么,还要艺术家干什么呢?在情态艺术想象与纯粹科学思维这两种精神机能之间,是否存在某种异质界限及其不可互换的独特功能呢?李泽厚的回答是否定的。他说,“艺术是客观生活的反映,艺术家主观情趣的抒发,也正是为了更深刻地反映”;因为,“美客观地存在于现实生活之中,艺术美只是生活美的集中的反映,意识形态在这里的主观能动作用只是为了反映而必须的一种手段和工具。情感,和思想一样,形象思维,和逻辑思维一样,其价值和意义并不在于自身,而只在于它们能使人更深入地反映世界(从而改造世界)”;也因此,“正如主观理论

① 姚柯夫编.《〈人间词话〉及其评论汇编》.第168页

② 同上书,第169页

思维愈强愈准的思想家，就愈能发现客观事物的本质规律从而建立科学的学说一样，主观情绪爱憎愈强愈准的艺术家，就愈能同样发现这种规律而创造出真实于生活的作品”[1]。原来，在1957年的李泽厚那里，“情”不过是对“理”的修饰，审美性艺术不过是对认知性科学的点缀，其功能如同替主食面条浇一勺卤汁，使其略添风味而已，即只有附庸性，绝无独立性。“情”就这样被“理”吞噬了。但在李泽厚眼中，这却叫“情合乎理”，进而才有“意”，“意”“是艺术能达到神似、能创造典型和意境的主观创作方面的必要条件”[2]；或者说，只有“合乎理”之“情”才是“正确情感”，“正确情感在作品中抒发愈强烈，则作品的思想性也愈强”，“反映的生活也愈真实。所以，愈具有社会主义思想感情的作家，就愈能去反映今天生活的真实”[3]。而所谓“反映今天生活的真实”又恰巧是李泽厚所说的“神似”。于是，“境”方面的由形而神，“意”方面的由情而理，终于在所谓“社会主义思想情感”的历史高地胜利会师，整合出了李泽厚不倦企盼的，被他现实主义化的“意境”范畴。且不论如此将现实主义简化为唯物反映论的美学替身是否合适，在此我只想说，把“意境”的美学指向与社会现实直接相连的任何尝试，都将背离王国维本义，因为王国维“意境”之魂是忧生而非忧世，故，“意境”主要是对人生感悟的诗性表现而绝非是对现实场景的形象再现。也正是在这一点上，我以为当叶嘉莹看到王国维“对诗句之解说，也并不作任何现实情事之实指，而只是就人生哲理作普遍的申述”[4]。——这在实际上，是已经猜测到了王国维“意境”之真髓的。相比之下，李泽厚却硬把王国维“意境”弄成“现实情事之实指”，这当然是误判了。

① 姚柯夫编.《〈人间词话〉及其评论汇编》.第167页

② 同上书，第169页

③ 同上

④ 叶嘉莹.《王国维及其文学批评》.第130页

导致李泽厚对王国维“意境”的美学误判的原因不少，但根子归一，即李泽厚在当时也未能逸出那个由隐性政治语系所表征的历史心理障碍。这一心理障碍具有双重单向度之特点：第一，任何政治话语的最终目的皆是为了统一思想，即通过系统灌输，将一颗颗个性活泼的心灵冲压成某种只会顺应，不会游离既定秩序的精神铸件，让他朝东决不朝西，犹如按预定指令运行的电脑，不可能有突破与创造，这便是马尔库塞所说的灵魂的单向度。第二，作为政治语系的哲学表述的日丹诺夫模式则还暴露出思维的单向度，即把哲学的基本命题强行定为一个，似乎除了从认识论角度回答物质—精神孰先孰后外，有关对人类生存意义之关怀根本无权进入哲学王国。这一哲思的单向度投射到艺术美学，便使现实主义被扭曲为唯物反映论的美学变体，变成对现实场景的形象认知。李泽厚所以会把王国维"意境"误判为社会现实的"神似"之境，而剔除其人本忧思之精华，其根子正在那个将"思维—灵魂"双重单向度化的心理障碍上。用李泽厚后来的术语来说，则是隐性政治语系也已内化为他的心智结构与心理定势了，以至在他看来，艺术除了反映现实外，不宜独抒性灵，即使想表情抒怀，也得纳入反映过程，作为反映过程的捎带物，服务于反映过程。[1]也因此，诸如古典诗画中的潇潇春雨、寂寂渡口、疏疏人迹，明明是在传递某种非现实形态的生命情调或牧歌气息，但李泽厚仍执意要从中掘出"一定时代社会的特征"来。[2]其实，诗画"意境"所蕴藉的生命意向，与造型画面所酷似的现实场景的关系，并不像李泽厚所说的那样呈绝对对称，它是有弹性的，可合亦可分。所谓"合"，是指若想刻意寻觅，你当不难为某艺术情趣找到一片与之相匹配的历史背景；但同时，它亦可分，即作品的意蕴或情调若真能凝结且昭示某种深刻的人本韵味，则它对民族乃至人类精神发展的穿透力与影响，又远不是孕育它的那块历史胚基所能限制的，它可能比直接孕育其生命的那个作者或时代活得更久、更隽永，而积淀为整个民族乃至人类审美意识结构中的

① 姚柯夫编.《〈人间词话〉及其评论汇编》. 第167页

② 同上书，第172—173页

>>>>>>>>>>>>>>>

一部分。1981 年李泽厚撰《美的历程》,正是从审美意识演化角度展开了对汉民族文化心理结构的历史巡礼,亦即确认在人类精神领域,委实延绵着一种既源于历史(现实),又不是历史(现实)横截面所能机械阻隔的文化传承现象,以至沐浴当代阳光的审美主体可以穿越历史洪荒,而为原始艺术的浑涵朴野所撼动。这一在价值心理水平运行的文化积淀与传承,涉及到人性的历史生成等命题,当不是唯物反映论所能阐明。这说明李泽厚在 20 世纪 80 年代初已突破了日丹诺夫的单向度哲学框架,不再将美学研究囿于认知圈了,同时对艺术中的"情—理"、"形象思维—逻辑思维"关系也有了新探索(见李泽厚《形象思维再续谈》)。[①]综上所述,至少表明两点:一是经历了 20 世纪 70 年代末"思想解放"运动的李泽厚确实大大刷新了自己的美学形象,绝非写《"意境"杂谈》时可比;二、这又倒过来说明李泽厚在 1957 年确为心理障碍所累而出不来。

于是,人们又一次目睹怪现象:一方面,尽管李泽厚当时是因痛感"歌曲变成了口号,漫画变成了标语,诗歌变成了政论"才写《"意境"杂谈》的,意在校正"公式主义概念化"倾向(这是令人敬佩的)[②];但另一方面,这么做又难免引起过激反应,竟有人发誓要"重新""清算"王国维美学(这是令人悲哀的)[③]。——但不论令人敬佩,还是令人悲哀,这互为对峙的两派虽在怎样评价王国维"意境"方面差距甚大,然而在评价所参照的基本尺度方面却又极其相近!譬如李泽厚为何将王国维最为珍视的忧生意蕴剔除在外,而把"意境"误判为"神似"社会现实之境?因为在他看来,艺术本是一种披着形象外衣的反映活动,故,除了社会现实是正宗的艺术对象外,他如非现实态的人本情思充其量也是等外品,是依附于反映的。巧极了,张文勋也主张"境界"是"作家借助于典型化的方法","对现实生活进行艺术概括的结果"[④]。他所以要批

① 李泽厚.《美学论集》.上海:上海文艺出版社,1980,第 555—577 页

② 姚柯夫编.《〈人间词话〉及其评论汇编》.第 176—177 页

③ 同上书,第 252—253 页

④ 同上书,第 254 页

王国维，是因为他误会王国维“抽掉了作品的思想内容而抽象地谈‘境界’”，以至使“境界”成了“一种超阶级的，无思想性的纯粹的艺术形式而已”[1]。显然，在张文勋眼中，只有当艺术直接指涉社会现实乃至阶级政治时才具“思想性”，至于非现实、超阶级的人生体悟则无“思想性”可言——这不恰好与李泽厚想到一块去了吗？故，若有人将当时因王学而引发的“学派”对峙，喻为是一出在同一场地展开的，新意不多却充满贫困的学术“内战”，我以为并非讽刺，而是史实。

① 姚柯夫编.《〈人间词话〉及其评论汇编》. 第256页

第三节
结　语

从纯学理角度看，我敢说，1949 年后的王国维美学研究史，基本上是一部误读兼误判的历史。当然，这里有名实之分。假如说，在 20 世纪 80 年代前，王国维作为中国现代美学的奠基者兼饮誉世界的学术巨子，未得到学界应有的重视与崇敬，反遭清算——这是名分问题；那么，20 世纪 80 年代后，学界虽公认王国维是 20 世纪初对中国学术贡献最大者，但就王国维美学及其与叔本华关系的实际研究而言，则又可说是忧喜参半的。喜，是指王学界自"新时期"以来成果委实不少；忧，则是着眼于现有成果之质量，离巨子应得到的公正而科学的历史评价相距甚远。大凡天才皆难免这一宿命。

对此，叔本华是深有体会的。他说："一个精神上真正伟大的人物，他的完善的杰作对于整个人类每每有着深入而直指人心的作用；这作用如此广远，以至无法计算它那启迪人心的影响能够及于此后的多少世纪和多少遥远的国家。"但或许天才太伟大了，故他又"好像一棵棕树一样"，"高高地矗立在它生根的土地上面"；而且，由于这一距离不会很快消失，即"人类的接受能力远赶不上天才的授予能力，所以不能立刻成为人类的财产”；这就亟待天才能沉得住气，“必须先经历无数次被人曲解和误用的曲折途径，必须战胜自己附和陈旧的谬论而与之合流的试探而在斗争中生活，直到有了一个新的、不受拘束的世代为这（新）的认识成长起来”[①]，天才才能最终赢得世界的认同与敬重。

①〔德〕叔本华.《作为意志与表象的世界》. 第565—566页

不过，与叔本华的生前厄运相比，王国维的身后命运或许更糟。不妨让数字来说明问题。叔本华1818年完成其名著，至1848年后声誉鹊起，其间被埋没了30年；但王国维与叔本华的那段美学姻缘，虽始于1902年，止于1912年，然而直到20世纪90年代，仍未见有一本对上述美学关系进行系统影响比较的专著问世，其间竟长达80年！这与其说王国维美学太超前，毋宁说学界太滞后了。

我所以说学界在1949年后落伍了，是因为发现有两位前辈早在20世纪50年代前便对王国维—叔本华关系颇具卓识了。他们是胡征铸与缪钺。胡征铸大概是最早敏感王国维诗学的人本意蕴的学者之一，因为他在20世纪30年代末便清晰辨出《人间词话》“其立论多从哲学立场，而不从历史立场”，所谓“哲学立场”，即人本忧思也，“受叔本华影响处最多”也[②]；也因此，他深感《人间词话》中“若‘成大事业，大学问者，必经过三种之境界’，‘词人者，不失其赤子之心者也’诸条，最是发人深省。至其谓后主词以血书，比之于释迦、基督，担荷人类罪恶，则信为重光千古知己。词客有灵，定雀跃于地下也”[③]。惜作者执笔时身逢“丧乱中无叔本华书在手，不能一一列举也”[④]，否则，定能从文献学角度写出中国第一篇有关王国维诗学的影响比较论文。缪钺在大陆王学史上的地位更不容小觑，因为他在20世纪40年代写的《王静安与叔本华》一文，堪称中国第一篇从发生学角度揭示王国维为何接受叔本华的心理动因的影响比较专论。他指出：“王静安对于西洋哲学并无深刻而有系统之研究，其喜叔

② 姚柯夫编.《〈人间词话〉及其评论汇编》. 第99页

③ 同上书，第96页

④ 同上书，第99页

本华之说而受其影响,乃自然之巧合。申言之,王静安之才性与叔本华盖多相近之点,在未读叔本华书之前,其所思所感,或已有冥符者,唯未能如叔本华所言之精邃详密,乃读叔本华书,必喜其先获我心,其了解而欣赏之,远较读他家哲学书为易……"[①]可以说,若无皓首穷极王国维、叔本华原著精髓之功力,与潜心洞烛巨魂之睿智,想必谁也道不出这番穿透力极强之高论。30年后,叶嘉莹著《王国维及其文学批评》论及王国维性格,亦可见缪钺之遗响。这就是说,学界早在20世纪50年代前对王国维—叔本华关系便有关注,并且,无论从文献学,还是发生学角度来说,皆有可观的起点,只是未打影响比较旗号罢了。但遗憾的是,在此后的30年间,大陆对王国维美学的影响比较,于名实两方面皆奄奄一息了。

① 缪钺.《王静安与叔本华》,《思想与时代》,1946年第26期

大陆王学史所出现的这一学术断裂,就人格中介而言,当与20世纪50年代前后两代学人风范迥异有关。这就是说,与胡征铸、缪钺等前辈相比,1949年后崭露头角的吴奔星、李泽厚们,似乎多了点什么,也少了点什么。本来嘛,学人应以清寂为怀,唯崇理性之尊与对象之真,不以政教成见杂之。从这一意义来说,吴奔星、李泽厚为隐性政治语系所蔽,遂成误判王国维美学之心理障碍,确实是多了点前辈所不曾有的累赘。但同时,前辈所具备的,也是人文学者所应有的,不为时势所扰的清峻理智,对生命存在的深挚体悟,与对精神现象(包括艺术在内)的纤敏感知,却未见后者传承。记得李泽厚曾把20世纪50年代长大的"解放的一代"称为20世纪中国知识分子的"第五代",说他们"绝大多数满怀天真、热情和憧憬接受了革命","虔诚驯服,知识少而忏悔多,但长期处于从内心到外在的压抑环境下",故"作为不大"[②]。不能不说其中含有李泽厚的自我反省成分。因为从当时李

② 李泽厚.《中国近代思想史论》.北京:人民出版社,1979,第470页

泽厚对王国维美学的误判来看，其学术人格委实被隐性政治语系单向度化了。我总有如下意念：衡量学界开放与否的典型标志究竟是什么？似是这一逆差现象：假如连老秀才都按捺不住地想赶时髦，以点缀若干新词来表明自己也挺新潮，那么，这学界确实真正开放了；相反，若连李泽厚这样难得的独立大脑，曾几何时也未能免俗，也被隐性政治语系懵得套话成串，却又木然不觉，反而津津乐道，为其编织迷人的思辨网络，那么，这年头许是真的可悲到了"万马齐喑究可哀"了。也正如此，我想说，学界却被叶嘉莹不幸言中了。她说："如果社会主义时代的学者，其对学术之见地，和在学术研究上所享有的自由，较之生于军阀混战之时代的静安先生还有所不如，那实在是极大的耻辱和讽刺。"[1]需要补充的是，叶嘉莹在此主要是指"文革"时期，但过来人都明白，"文革"这场悲剧，其序幕其实早在20世纪50年代学界便预演了，否则，王学史大概也不会在那时出现历史性断裂。

由此，不禁想起顾颉刚《古史辨》中的一个精彩思想。他说，"若将伪史置于所伪的时代固不合，但置之于伪作的时代，则是绝好的史料；我们得了这些史料，便可了解那个时代的思想与学术"，只要把伪史的时代移后，"使它脱离了所托的时代而与出现的时代相应"，则"伪史的出现即真史的反映"。同理，若从纯学理角度看，20世纪50年代—20世纪60年代对王国维美学之误判当无大价值。但换一视角呢，若从当代学术文化史角度来考察，则我发现，上述误判又确实是将当时学界的心理障碍与学术贫困惟妙惟肖地文献化即"史料"化了，舍此将无以考证历史的真实。

① 叶嘉莹.《王国维及其文学批评》.第488页

第六章 影响比较方法的两种水平

20世纪的王学史，大体上是对《人间词话》的探讨史，因此，影响比较之贫困，也就首先集中在对王国维诗学的研究上。正有感于此，故，我颇看好佛雏《王国维诗学研究》一书，因为此书不仅在意识上，而且在实际上，已将全书的一半篇幅用于影响比较。虽然这一比较尚处文献学水平，还未深入到发生学水平，但以历史眼光看，则20世纪30年代末由胡征铸为发端的，对王国维—叔本华关系的文献学比较，终于在20世纪80年代佛雏身上得以延续，当属可贺。被尘封了近半世纪的种子有幸破土，且勃勃摇曳成生机盎然的青枝绿叶，这在20世纪王学研究方法史上，堪称一大突破。记得儒学为主轴的中国古代思想史曾有“半部《论语》治天下”之说，将此移植到王学比较研究，我想说，佛雏是“半部比较甲天下”。所以借“天下”一词，是因为在20世纪90年代前（恕笔者寡闻），恐怕不仅大陆，即使在海外华文界似也未出现能与佛雏匹敌的王学比较研究。至少我敢说，叶嘉莹作为海外王学研究之佼佼者，其专著虽有点王国维—叔本华关系比较,但并未达到佛雏的文献学比较水平。故,在着重反思佛雏对王国维诗学的文献学比较之得失前,先来看叶嘉莹对王国维诗学的经验性归纳,如何因缺少文献学比较而导致其诗性敏感被抑,也就能反衬出佛雏的分量了。

第一节
诗学的经验性归纳之盲点

我说过，叶嘉莹所以会对王国维美学作非人本切割，是因为她缺乏影响比较之铺垫，故，也就看不清统辖王国维美学的那个思辨基点，看不清《人间词话》的宗旨，正是要将他青春期的人本忧思及其审美超越，提纯为“境界”这一诗学范畴或规范。这就是说，影响比较不仅是叶嘉莹进行王学整体研究时的盲点，也是她进行王国维诗学研究时的盲点。

作为学者，叶嘉莹无疑是感受型的，情思兼胜，情长于思，对微观局部的细深体味，似胜过对宏观整体的系统观照。这从她对王国维“境界”含义的经验性归纳中即可见出。所谓经验性归纳，要点有二：一是指她在概括“境界”要义时，并未将“境界”作为王国维美学整体的核心部件来思索，相反，她是将“境界”作为游离于王国维美学原理（叶嘉莹所谓的“早期杂文”）以外的局部对象来考察，这就不免有狭隘经验论之嫌；二是指她对“境界”的诗性体味虽富于女性的敏锐、细腻与深切，但终因视野欠阔而有难以自圆之涩。

她是这样阐释“境界”的：“‘境界’实在乃是专以感觉经验之特质为主的”，亦即“境界之产生全赖吾人感受之作用，境界之存在全在吾人感受之所及，因此外在世界在非经吾人感受之功能而予以再现时，并不得称之为‘境界’，而唯有当吾人之耳目与之接触而有所感受之后才得以名之为‘境界’。或者虽非眼、耳、鼻、舌、身五根对外界之感受，而为第六种意根之感受，只要吾人内在之意识中确实有所感受，便亦可得称为境界”[①]。简言之，“境界”之基础在于感受的“鲜明真切”。其条件有二：一是就艺术对象而言，“作者对其所写之景物及感情须有真切之感受”[②]；二是就艺术表现而言，作者“又须能具有将此种感受鲜明真切地予以表达之能力”[③]。由此，叶嘉莹便得出了她的“有境界”[④]。这是叶嘉莹论王国维诗学之纲领。

我用“纲领”一词，并无夸张之意，因为叶嘉莹确实牢牢抓住了“鲜明真切之感受”这一基准，不仅用它来规范“境界”内涵，而且还用它来梳理王国维的其他诗学观点。譬如对“隔与不隔”这一命题，叶嘉莹便认为这是依上述“基准来欣赏衡量作品时所得的印象和结论”。她说：“如果在一篇作品中，作者果然有真切之感受，且能做真切之表达，使读者亦可获致同样真切之感受，如此便是‘不隔’。反之，如果作者根本没有真切感受，或者虽有真切之感受但不能予以真切之表达，而只是因袭陈言或雕饰造作，使读者不能获致真切之感受，如此便是‘隔’。”[⑤]接着以白石词为例：她说王国维“所以认为白石为隔，主要应当乃是由于白石词在感受及表述方面皆不免有造作修饰之意，在真切方面有所不足”，即“‘冷月无声’等文出于有心为之的安排造作之意较多，而‘春意闹’、‘花弄影’等文则出于自然真切之感受者多的缘故”。[⑥]总之，叶嘉莹却给人以如下印象：她坚执“境界”基准就是感受之“鲜明真切”，抓住这一基准，也就抓住了“境界”之魂，抓住了足以统辖王国维诗学网络的要领。

事实上，叶嘉莹并不讳言其抱负，即她确实希望能以她

① 叶嘉莹.《王国维及其文学批评》.第220—221页
② 同上书，第221页
③ 同上书，第222页
④ 同上书，第221页
⑤ 同上书，第251页
⑥ 同上书，第254页

的基准来重注《人间词话》,亦即把王国维诗学重新组织在叶嘉莹框架中。她说过王国维诗学因“为其词话之形式所局限,因而对其中一些重要的批评概念和批评术语的义界,以及其理论与实践相结合的关系,都未能作周密的系统化说明”,故,其使命“便正是想从静安先生所停止之处向前作进一步的拓展”,尝试“把其中缺乏体系的一些散漫的概念,加以组织和理论化之说明”[1]。这便是叶嘉莹基准说的由来与展开。这么一来,《人间词话》确乎更具条理、更具系统了;但同样确凿的是,这一系统已不是王国维的,而是变成叶嘉莹的了。或者说打的虽是王国维旗号,但颜色却走样了,变得单薄且轻飘,没了本色的幽邃与凝重。

① 叶嘉莹.《王国维及其文学批评》.第 313—314 页

这便涉及到王国维“境界”的真髓与构成了。我是这么理解的:所谓“境界”真髓,是指作品中以诗艺形式传递出来的那份人生感悟;所谓“境界”构成,则是指它赖以成型的各艺术元素间的对应关系,其中很重要的一环便是内美与修能的关系。王国维没读过《文学的基本原理》之类教程,但凭他对诗艺的卓识与娴熟,他也主张作品内容决定作品形式。不过《人间词话》未用内容一词,而以内美述之,内美作为“境界”之魂,实为意蕴,颇接近流行教程中的主题,主题当属内容范畴;同时,《人间词话》也未用“形式”一词,而以“修能”一词代之,修能作为“境界”的组合手段或方法即为技巧,技巧当属形式范畴。诚然,王国维作为诗学大师,他对艺术内容与形式关系之透视,又远较流行教程来得深刻且殷实,即他不是空洞地复述“内容决定形式”之公式,而是具体地、卓越地将内容凝结为诗人对生命的遥深关怀,又具体地、精致地将形式规定为是对清新疏朗之情趣的诗语积淀。由此,王国维“境界”便获得了它的诗艺构成的独特规范,即不论从意蕴到情调,还是从质料到包装,“境界”皆堪称是对诗人那深邃而幽美的忧生意念的全息传达。所谓全息传达,是指王国维所神往的人对生命意义的价值探询,并非出于对某教旨的图解或演绎,而是源自诗人历经沧桑后的切身反思。正是在这灵魂焦点上,“诗”与“哲”这两极开始交接且沟通。为什么说爱与死是诗的永恒主题?因为人生中没有比爱与死更能震撼诗人的心了;而爱作为生命的极度肯定,死作为生命的彻底否定,又正是人本哲学家屡屡为之献身的终极命题。故,假如说,诗情激荡的极点往往是关怀生命所致;那么,我要说,生命关怀又恰是人本哲学沉思的起点。诗与哲就这么通过忧生中介而携手。王国维的功绩则在以“境界”范畴将此中介诗学化。王国维所以能完成这一使命,当得益于他那情知兼优之秉性及其青春期的灵魂阵痛。王国维太了解自己了,他知道他是谁,他能干什么。这从其《三十自序》便可看出。他感叹他若当哲学家则苦其情多,当纯诗人则又苦其太理智。他想为自己寻找这么一个位置,既能契合自己个性,又能全面激发自身天赋及其后天储备。这一位置果然被他找着了,这就是撰写《人间词话》,这就是将他青年时的忧生之苦,用“境界”这一诗学范畴凝聚且表达出来。这也就是“境界”为何从内美到修能,从意蕴到形式,皆能充盈通脱灵动的生命质感的缘故。因为它在弘扬诗人的终极关怀的同时,又极珍惜诗人反思生命时的那份诗性氛围,这就使非外观水平的形上之意蕴有可能通过画面般豁人耳目的诗语,来激活读者的再造想象,以期让他们在追慕诗人的辽远神思时(形而上)又分明得到了某种清新疏朗的情调性官能代偿(形而下)。这也就是我所强调的“境界”的全息传达。

很明显,内美—修能作为“境界”的诗艺构成,其关联是结构性的,分属内容—形式不同层次。故,当叶嘉莹执意将“境界”基准定为“鲜明真切之感受”,这在实际上,是将“境界”定位在修能水平,却将更内在、更重要的内美遗漏了。或许有人愿为叶嘉莹辩解，说其基准条件本就有二：一是作者对其所写的情—景须有真切感受——此可谓内美；二是作者须有能耐将此情—景写真切——此可谓修能。且不论将未诉诸文字的审美意象（又曰心象）称为内美已有违王国维本义，我只想说，鉴于旁人一般只能从作品语象去间接推测作者之心象是否真切，而不能直接潜入作者脑海去检察，这就决定了叶嘉莹基准只能从修能角度去审视"境界"，而将内美撇在"境界"之外了。这当然是失之草率的，因为这么一来，仿佛《人间词话》中的王国维只是一个诗味纯正的行家，而不首先是一位在中国文化史上对宇宙人生表现出空前价值自觉的大师了。

但也不能武断地说叶嘉莹基准无价值。细心而论，用叶嘉莹基准去套王国维"境界"，还真像打擦边球，有点若即若离。先看若即："境界"作为"真而不实"的诗艺创造，无论内美、修能皆富于生命质感，这便相当接近叶嘉莹基准"鲜明真切之感受"。再看若离：想到内美—修能这对"境界"构成，虽互渗互补，但又有本末之分，至少在王国维眼中，他之器重内美是在修能之上的，否则，他对美成词也就不会恨其创意少而创调多了。意者，意蕴、内美、人生感悟也；调者，诗律、修能、艺术技巧也，可见叶嘉莹基准与王国维"境界"确实不在同一地平线。准确地说，叶嘉莹基准是将王国维"境界"的高文化品位平凡化了。这里有两个水平。一个是叶嘉莹基准：它是从一般审美参照或艺术惯例角度出发，凡是能写出真感受或将感受写真切的作品，便是"有境界"的好作品，这当是将"境界"的品位降低了；严格地说，叶嘉莹基准仅仅是识别某读物能否称为文学之标尺。因为，若某作品连感受都写不活，它能被冠以语言艺术吗？另一个是王国维"境界"：它着眼于艺术的高品位，凡是未能写出令读者高举远慕之气象与襟怀者，即使"精艳绝人"或"情深语秀"，也不能誉其为

"有境界"的大手笔。无怪王国维又告诫诗人须入又须出。所谓入,就是像飞卿、端己那样,能将活在心头的感受、情景、意象写真切,如闻其声,如见其人,"故有生气";所谓出,就是像李煜、苏轼那样,不为日常境遇所黏滞,而是拉开一段距离,上升到宇宙人生高度去反刍内心郁积,"故有高致",亦即使诗词赋有超越自身之戚之苍茫。但由于叶嘉莹基准未能高攀王国维"境界"之美妙,故,她也就认不准王国维入—出之原义,却贸然借朱光潜曾用过的"距离说"去穿凿王国维,以为王国维之"入"即朱光潜所谓的"感受情绪",王国维之"出"即朱光潜所谓的"摆在某种距离之外去观照",末了得出结论:王国维"入—出说""只是从康德之美学及席勒之'游戏说'所得到的一些概念,与他个人写作和欣赏时所得的一点体悟相杂糅而产生出来的一点心得而已"[①]。殊不知她以布洛的一般审美心理距离,去顶替王国维独特的价值心理距离,已属含混;眼下又将王国维"入—出说"这一独辟"境界"时极要紧的操作法则一笔掠过,更是错上加错。

① 叶嘉莹.《王国维及其文学批评》.第274页

叶嘉莹基准还很难解释王国维"三秀说",即"句秀"、"骨秀"与"神秀"。

关于"三秀说",叶嘉莹曾有如下论述。她说:"飞卿之所谓'句秀',自当指其辞句之华美如'画屏金鹧鸪'之'精艳绝人'。端己词之所谓'骨秀',则当是指其本质上的内容情意真挚之美而言,至于辞藻一方面则端己词但以本色自然为美,决不同于飞卿辞之藻绘修饰,故称之为'情深语秀'而以'弦上黄莺语'拟之。不过端己之以情意真挚之本质取胜者,虽曰'骨秀',然而其情意却又不免过于落实。至于李后主词则其眼界之大,感慨之深,以及气象之广远,有时竟然可以不为其所写之现实情意所拘限,而有着以精神之生动飞扬涵盖一切之意,故曰'神秀'也。"[②]我承认,叶嘉莹这段话说得极漂亮,直逼王国维"境界"之底蕴;但我又要说,这段话所以漂

② 同上书,第285—286页

亮，却是以怠慢叶嘉莹基准为代价的。叶嘉莹基准不是宣称“境界”之妙重在“感受之鲜明真切”吗？那么，飞卿之“画屏金鹧鸪”、端己之“弦上黄莺语”，不是都挺“鲜明真切”吗？为何王国维偏偏挑剔二位只是“句秀”、“骨秀”，还达不到后主词之“神秀”大境呢？可见“境界”之真谛，当不在“感受之鲜明真切”，不在修能，而在内美。内美与“神秀”相通，“文秀”、“骨秀”虽不丑，但还不够内美之标高。王国维内美之本意，当是指人对宇宙人生的遥深关怀，故能不为“现实情意所拘限”，亦即不囿于一己一时，而是放眼人类永恒；若以此为参照，则飞卿、端己所以未臻“神秀”之境，差距也就明朗了，因为前者状物虽精巧华美却失之藻绘，后者写情虽真挚本色又不免拘实，即皆能入而不能出，皆无后主词之眼界或气象，故，不能称“有境界”。这自然是请叶嘉莹基准靠边站了。

有时我好惊奇：当叶嘉莹不自觉地冷落其基准时，她那女性所特有的诗性纤敏便像溢出瓶塞的芬芳随兴释放了。以她以王国维“气象”之出色注释为例。我理解，王国维“境界”拟可分趣、性、魂三个等级，“气象”无疑是“境界”中的“重量级”，远非宋祁辈可比。故，当王国维说某词有“气象”，这实在是对该词所呈示的诗人幽邃雄阔之襟怀的一种美学认同或激赏。正是在这点上，叶嘉莹显出了她的别具慧眼与精工细活。一方面，她先从理论上将“气象”界定为作者“透过作品中之意象与规模所呈现出来的一个整体的精神风貌”，并进而将“气象”一词拆开，释“气”即作者之“精神修养”，浩然之气，释“象”为作品整体规模或气势；另一方面，她又着重剖析李白与李煜，说“太白所以被称为‘纯以气象胜’，便正因为其‘西风残照，汉家陵阙’二句，所表现的精神与气象既然都极为寥阔高远，而其时间感与空间感所呈现的规模也极为宏大的原故。至于后主词的‘自是人生长恨水长东’及‘流水落花春去也，天上人间’诸句的气象”，王国维

"所以认为其非《金荃》、《浣花》所能及,当然也正因为词句的精神与气象所表现的哀感既都极为深广,而其自'花'之飘零,'水'之长逝,以及'人生'之无常的意念之飞跃,与其'天上人间'四字所标示的苍茫无尽之空间,其所呈现的规模也同样极为宏大的原故"[①]。她写得多么好呵!是的,读着如此灵性剔透的文字,我几乎忘了她对王国维"境界"竟还曾生出隔膜。

① 叶嘉莹.《王国维及其文学批评》.第284页

隔膜并不因我的意愿而消失,也未因叶嘉莹的诗性敏感而匿迹。

叶嘉莹的审美触须确实灵敏,其实,她已触及到了王国维"境界"所蕴藉的价值自觉。用叶嘉莹的话说,便是王国维"对于文学原有着一种透过个人而表现整个人生的观念",譬如他说过大诗人"以人类之感情为其一己之感情"(见《人间嗜好之研究》),又说过"诗人之眼则通古今而观之"(见《词话·附录》),可见这既是王国维"作为作者写作之准则,可知他在阅读欣赏诗篇时必然也是以这种准则来追寻作品之意蕴的"[②]。"阅读欣赏诗篇"在叶嘉莹那里,又叫"说诗":"说诗"即是"把自己由联想所得的言外之意,确指为作者之用心"或"遂专致力于寻找言外之托意"[③]。王国维"说诗"又有两个特点:一是选陶、李、苏、辛等"富于理想之色彩,并不为其所叙写之现实情事所拘限的作品"为其对象;二是"对诗句之解说,也并不作任何现实情事之实指,而只是就人生哲理做普遍的申述"。[④]叶嘉莹认为:"这种说诗方式,可以说乃是静安先生把评词之理与说词之实践相结合的一项最高成就。"[⑤]

② 同上书,第311—312页

③ 同上书,第306页

④ 同上书,第310页

⑤ 同上书,第313页

我说,叶嘉莹既能道明王国维诗学的这一"最高成就",其实,这也正是她的王学研究的"最高成就"之所在,因为她已近乎点明王国维"境界"之魂是在"人生感悟"。但让人惋惜的是，叶嘉莹又挺忌讳“人生感悟”这概念似的，她情愿以“联想”一词代替。“联想”当然不是“人生感悟”。严格意义上的“联想”作为心理机能，主要指若干形似意念的无机串连或广延，不含价值动机；但“人生感悟”却是价值的，它是对艺术所蕴涵的生命信息的幽邃呼唤或应答。但叶嘉莹偏用“联想”一词，这除了人本哲学意识淡薄外，更重要的原因，恐是想与她的“基准说”接轨，以期逻辑自圆。譬如她说，王国维“境界说的理论基础原是以感受经验为主的，境界之产生既全赖吾人感受之作用，境界之存在更全在吾人感受之所及，所以如果只写外界事物的皮相，而不能自内心对之有真切的感受，便都不得称之为有境界之作。而静安先生以联想说诗的例子，便恰好正是使这种以感受为主之诗歌生命，透过联想而达到生生不已之感动效果的一个最理想的延续方式”[①]。叶嘉莹这么说的意图，当是想利用“联想”中介，来使其基准与王国维“境界”得以通融。因为“联想”的心理发生往往需要外界媒触，而叶嘉莹所谓“鲜明真切之感受”首先是对媒触的始原感应，于是，“感受”就这样成了驱动“联想”，并始终伴随“联想”之“生生不已”的全过程，乃至直抵王国维“境界”之原动力兼美学基准。于是，叶嘉莹基准与王国维“境界”间的隔膜也就被消解。

① 叶嘉莹.《王国维及其文学批评》. 第312—313页

但这只是叶嘉莹的一厢情愿，因经不起推敲。原因很明显，“境界”在修能上必须“鲜明真切”，但“鲜明真切”者却未必是“境界”。准确地说，即使一般地提“鲜明真切之感受”（而不只囿于修能），似也得有形而上的感悟与形而下的感触之分。不妨以李后主与宋道君略作比较。同是亡君的赋闲之笔，且写得同样“鲜明真切”，哀婉动人，但王国维却声明宋徽宗《燕山亭》词“不过自道身世之戚”，而后主则“俨然有释迦、基督担荷人类罪恶之意”，“其大小固不同矣”。显然，这里有一条将形而上的感悟与形而下的感触分开的原则界限。宋徽宗属形下感触，用叶嘉莹的话说，则是其所写的“裁剪冰绡，轻叠数重，淡着燕脂匀注”及“天遥地远，万水千山，知他故宫何处”等句，“对于景物情事的叙写都极为现实，既把一切已经做了极为琐细的叙述，因此其所写之内容，遂仅限于一时、一地、一人”；“至于后主之‘春花秋月何时了’，及‘自是人生长恨水长东’等句，则其所写的就并不为个人现实生活情事所拘限，而可以透过‘春花’，‘秋月’和‘长东’的‘流水’来表现一份人生共有的无常的哀感”[①]，这就升华为形而上的感悟了。显然，这是两个能量级的作品。问题是若用叶嘉莹基准做天平，则这对分量悬殊的砝码却又无端地变得仲伯难分，因为他俩皆合乎“鲜明真切”之标准。这只能说这架天平有病。

① 叶嘉莹.《王国维及其文学批评》. 第 310—311 页

叶嘉莹基准之缺陷，在论述王国维“用诗”时变得更显眼。

“用诗”是叶嘉莹的一个术语，是指王国维引用他人诗句来“说明自己的意念”，“与诗歌之本意可以全无关连”[②]，似有“六经注我”之风。最典型的例子当是“三境说”。王国维关于“古今之成大事业大学问者必经三种之境界”一说，历来是中国文学批评史上有口皆碑之名言，注家甚多，但叶嘉莹的注释却是自相矛盾的。当她说“三境”“当是指修养造诣之各种不同的阶段”[③]，亦即“是就人类生命中普遍的情感及一般性的人生哲理立说的”[④]，我是极佩服其眼光的；但当她在另处说王国维“三境”“只不过是他自己读词时的一种联想而已。本来诗词这种美文，其特色原在以具象的描写触发读者自觉的感受而不在理性的说明，因此其易引起读者的联想，自是一种必然的现象”[⑤]，亦即将王国维“三境”的深挚意蕴，轻描淡写成是路人皆知，俗子皆为的“联想”所致，而此“联想”也只证明“美文”之成功，而与王国维的诗性哲理感悟无关，我是不敢苟同的。因为这与史实不符。本来，王国维能从晏、欧诗词中读出人生，已非等闲之辈，但王国维并不

② 同上书，第 306 页

③ 同上书，第 224 页

④ 同上书，第 310—314 页

⑤ 同上书，第 305 页

满足，他是再接再厉，或变本加厉，借诸公名句，连缀成另一诗境来倾诉他更为幽深辽远之襟怀。这当是中国诗史中的一大发明，也可说是一种独创性“诗词蒙太奇”，即让各家名句一一游离出原先格局，再按王国维之心裁，剪辑成依次衔接而又逐级递升之台阶，俨然而成人类精神演进的三个高度，从而赢得原来名句所不曾有的，更高深、更美妙、更隽永之魅力，这已不仅是诗，而分明是新的诗学乃至人学了。由此想起俞平伯对王国维《人间词话》之赞语：“几全是深辨甘苦，惬心贵当之言，固非胸罗万卷者不能道。”[1]俞平伯在此是着眼于王国维学识之渊博精深。若着眼于王国维的价值自觉，则我想说，上述“三境”恐非胸怀宇宙人生者亦不能道也。也正在这一意义上，当王国维忧虑“然遽以此意解释诸词(指‘三境说’——引者)，恐晏欧诸公所不许也”，这也并非出于自傲，而是出于自觉且自尊，因为就人本价值意识而言，晏、欧当不能与王国维比。

但也正因为如此，故，将王国维“三境说”解释为一般读者的“联想”所致，实在轻重倒置了。进而，若再用叶嘉莹基准去涵盖这纯粹“凿空而道”的“三境说”，也就更不对路。对此，叶嘉莹多少有点尴尬。但她没有首先检点自己，反而微词王国维遣词不慎，仿佛王国维将“境界”要义定为人生感悟，从而与诗人的精神修炼息息相通——即不严格遵循叶嘉莹基准，便是某种“极易引起读者们不同的猜测与解说”[2]的逻辑“混淆”似的。叶嘉莹为王国维设置了一个框架，王国维没往里边钻，于是叶嘉莹便说王国维错了，且一错百错，不仅数落“他所提出的各种说明及例证者仍嫌过于模糊笼统”，并还指责王国维“境界说”“过于唯心主观，既未能对于作品之‘能感之’‘能写之’的各种因素做精密的理论探讨，也未能对其‘所感’‘所写’之内容的社会因素做客观反映的说明”[3]，这就未免没了分寸。

① 俞平伯.《重印人间词话序》. 开明书店，1948

② 叶嘉莹.《王国维及其文学批评》. 第225页

③ 同上书，第342页

>>>>>>>>>>>>>>

第二节
诗学的文献学比较之得失

在20世纪90年代前的大陆学界，能潜心于王国维—叔本华关系而作文献学比较者，当推佛雏的《王国维诗学研究》。或许，以当下眼光看，某人是否用文献学比较方法来剖析王国维诗学，这纯属个性选择，没什么了不得；但若注意到佛著虽问世于1986年，但其中涉及文献学比较的文字却大体撰于20世纪70年代—20世纪80年代初，你就不能不佩服作者的"先知先觉"了。这就是说，那时大陆"思想解放运动"虽方兴未艾，但远未真正渗透到王学领域，故，当陈元晖著《王国维与叔本华哲学》，因仍囿于"以阶级斗争为纲"年代之心理障碍，便将此项学术课题变成一场由政治话语来执行的清算了。诚然，在此并无指责陈元晖之意，我只想借以说明当时仍在流行"政治过敏症"，不将学术当学术，而当作"敌情"来处置。相比之下，同样是面对王国维与叔本华，佛雏却不是首先将对象打成"封建遗老"与"西方资产阶级反动哲学家"而严阵以待，相反，他是心平气和地将王国维诗学看成是20世纪初中西美学"化合"之结晶[①]，并默默地将王国维生前读过的那本英译叔本华名著找来作重点研读且翻译，对王国维—叔本华关系作文献学比较之尝试。若没有

① 佛雏.《王国维诗学研究》.北京：北京大学出版社，1986，第2页

一点超前意识与过人之坚忍，这一切也就变得不可能。

于是也就不难测出，佛著委实要比当时同行的同类成果显得有分量。其出色处，我以为，恰在他率先从文献学比较角度提出了王国维《人间词》及其《人间词话》的人本忧思源自叔本华。若就公开披露《人间词》与《人间词话》的精神血缘在于“忧生”而言[①]，或许，陈鸿祥未必比佛雏晚（陈鸿祥《〈人间词话〉三考》发表于20世纪70年代）；但就方法之自觉，视野之展开，论述之细密，则佛雏又非陈鸿祥可比。这里有两条线索：

一是《人间词》，佛雏统计出现存115阙中，“人间”一词出现了38次，约每3首即有1个“人间”；而与“人间”形影难离的还有1个“梦”字，“梦”在《人间词》中出现了28次，平均每4首便有1“梦”。[②]“梦”，忧患之兆也。“梦”与“人间”相随，意谓“忧生”情结之难熬也。对此，佛雏的解释是：因王国维受到“叔本华悲观主义哲学之深深的浸染”[③]，于是，“有意无意地以自己的某些词，特别是那些所谓‘力争第一义’的词，来形象地印证叔本华的某些论点”[④]；由于王国维“将词家的性灵与哲人的‘反思’并融于境中”，故王国维词境“颇涉幽渺惝恍”，即“以骚雅之笔，写‘忧生之嗟’；一面企慕独与天地精神相往来，一面又欲与永叔、少游以至纳兰辈相颉颃。其于人生，‘若负之而不胜其重’；于‘尘嚣’，若避之而唯恐其不远。故词中现实成分之稀薄，视其诗文尤甚”[⑤]。极有见地。

二是《人间词话》，佛雏的观点也颇明朗，虽然王国维曾于1907年撰《三十自序》，说自己近年“疲于哲学”，兴趣已“移于文学”，但翌年脱稿的《人间词话》仍与西方哲学特别是叔本华哲学“关系密切”，“故‘移于文学’，实并未真正放弃哲学，只是将某些哲学—美学原理运用于文学特别是词学、曲学领域的研究与独辟而已”[⑥]。于此，佛雏还借用叔本

① 姚柯夫编.《〈人间词话〉及其评论汇编》

② 佛雏.《王国维诗学研究》. 第129页

③ 同上书，第130页

④ 同上书，第146—147页

⑤ 同上书，第147页

⑥ 同上书，第6—7页

华关于哲学是人的智慧“眼睛”一语来解释，说王国维对哲学“可以‘疲’，却又决不可‘无’”，他只是不再直接从事哲学原理研究而已，事实上，其《人间词话》研究“仍不能不时时借用康、叔的‘眼睛’”[1]。鉴于《人间词》的人本哲思本就“极为浓郁”[2]，故，完全可以说《人间词》是对王国维《人间词话》的“一种亲切实践”[3]；而倒过来，也可说王国维《人间词话》是对《人间词》这一不无超前意味的诗艺实验的美学提炼，当然，这一提炼还熔铸着他对中国词史的深邃思考。《人间词》与《人间词话》就这么与（主要）源自叔本华的人本忧思融为一体。

① 佛雏.《王国维诗学研究》. 第8页
② 同上
③ 同上书，第146—147页

诚然，确定《人间词》及《人间词话》之母题应是“忧生”，其意义决不限于提供一条新思路，从此可打通王国维诗词与其学术间的心灵渠道，以便更深地洞察王国维治学的直接动因；我觉得，其更大的启示应在于，抓住“忧生”，亦即抓住了青年王国维灵魂演化之焦点。这就是说，“忧生”不仅是他倾心叔本华哲学的内驱力，也是他探索且创立人本—艺术美学的内驱力；或者说，王国维美学研究本是其人生探询的一种分泌物或学理沉积，于是，作为其精神支柱的“忧生”情怀，也就成了他美学整体（包括诗学）赖以建构的起点与内核。为何叶嘉莹看不到王国维美学的内在整体性（即格式塔质）？又为何叶嘉莹仅仅将王国维“境界”归结为“鲜明真切之感受”？我以为，根子仍在叶嘉莹对王国维诗学所蕴藉的“忧生”母题缺乏敏感。而文献学比较恰恰给佛雏注入了这份敏感。于是，叶嘉莹的盲点也就转换为佛雏考察王国维诗学的新视点。此谓诗学的文献学比较之“得”矣。

但文献学比较只是影响比较方法之初阶，它亟待深化，即只有深入到发生学水平，其文献学比较才可能获得坚实的支撑与导向，以免在宏观思路方面陷于迷茫。故，也可说影响比较若发展到发生学水平了，它才真正赢得了方法论意义上的成熟与自足。不妨作一对照。我觉得,佛雏所用的文献学比较,其实颇接近王国维的“二重证据法”。陈寅恪曾说“二重证据法”形态有三:“一曰取地下之实物与纸上之遗文互相释证”;“二曰取异族之故书与吾国之旧籍互相补正”;“三曰取外来之观念与固有之材料互相参证”[1]。显然,文献学比较是可归入第二形态的,只需将叔本华哲学与“异族之故书”、王国维诗学与“吾国之旧籍”相对应,你就不得不承认,“二重证据法”似也含有文献学比较之因素,只是王国维生前未这么说罢了。但就像当今学界已有人提出应以“三重证据法”来更新“二重证据法”一样[2],与发生学水平相比,文献学比较也确实流于粗疏,即它只注重比较对象间的互证性考据。譬如读叔本华,它仅埋首搜集似可印证王国维诗学的那些思想、语录或概念,却很少问甚至一点不问王国维为何接受叔本华?怎么接受?接受了什么?接受物与原型对象有何异同?是什么铸成了这一异同?……这就是说,发生学比较不会满足于在文献学水平陈述对象间的形似或沟通,不,它肩负的担子更重,也走得更远,它不仅要深入揭示王国维为何接受叔本华之内在动因,还要循序描述这渐进性接受之过程,更要确诊王国维对叔本华的扬弃度,即王国维在师承叔本华时舍弃了什么,进而辨别王国维美学典籍中的译介与再创……可见,发生学比较委实比文献学比较多一个心眼,它仿佛替后者设置了一个恢弘而精致的逻辑—实证框架,多一份参照,也就少一份随意,这是方法上的“兼听则明,偏信则暗”,以防后者因迂执而迷失。

①《王国维遗书(一)·序一》

② 叶舒宪.《人类学“三重证据法”与考据学的更新》.载《书城》1994(1)

打个比方吧。发生学比较犹如到剧院看戏,光凭票入场不够,还得对号入座,这才能为自己在那有序编排的观众席中觅得可靠的位置;若怕麻烦,即兴乱坐,虽可侥幸一时,但最终仍得位退原主,此刻再想找回自己的座位也就难了,因为戏已揭幕,你已被闲置在黑暗中。这落实到佛雏身上,亦即当他从文献学角度发觉《人间词》、《人间词话》“忧生”甚浓，这意味着他已经得了一张好票，座位挺靠前，但当他捷足先登，见剧场颇空，便又不愿按图索骥，而是就近安顿，离舞台甚远，且架一副“老花镜”，戏当然是愈看愈花，转为迷蒙了。这便导致诗学的文献学比较之“失”。

明言之，最能体现佛雏之闪失的，是他发现了《人间词》的“忧生”基调，却未能抓着牛鼻子作追踪式比较；相反，却让思路偏移到叔本华“理念”（王国维译为“实念”），结果，得而复失。大凡细读王国维者（如赵庆鳞）皆知，王国维虽有“美之知识，实念之知识也”一语，但这是在1904年撰《叔本华的哲学及其教育学说》时说的，嗣后，包括《人间词话》在内的王国维美学著述几乎从未引用叔本华“理念”一词。[①]这一史实表明什么呢？至少表明如下两点：(1) 从王国维怎样接受叔本华的过程来看，王国维委实经历了自模拟性学识领悟到再创性学理沉积之转折，前者以《红楼梦评论》为标记，后者以《人间词话》为界石，故，他在以前译介时用过的叔本华概念，到后来独立科研时便弃之不引，此即扬弃。(2) 王国维所以扬弃“理念”，从王国维为何接受叔本华之动力来看，并非偶然。因为，人的存在即生命体验是比哲思更本原的。这就是说，由天才情结与人生逆境的严重失衡所激化的灵魂之苦，是直接驱使王国维倾心叔本华之原动力。这就决定了王国维不能也无需将叔本华作为西方哲学史对象来作学究式探讨；相反，他有意无意地撇开叔本华的宇宙图式外壳，而径直把握其人本忧思内核且感奋不已，亦即他对叔本华的人本主义解读大有“六经注我”之意，却无“我注六经”之心。是的，王国维不是叔本华，他富于人本哲学意识，却不是哲学家，也未曾建构德国古典哲学式的宇宙框架，故，也就不必对叔本华“理念”感兴趣。因为“理念”不是别的，正是叔本华用来构筑宇宙图式的逻辑枢纽或脚手架。显然，若提升到发

① 赵庆鳞.《融会中西哲学的王国维》.上海：上海社会科学院出版社，1992，第239页

生学水平，则不论着眼于接受动力还是接受过程，皆不会轻易将王国维诗学托付给叔本华“理念”。但佛雏走了另一条路，他不仅疏略了王国维对叔本华的接受动力之探究，不仅漏掉了王国维接受过程中的扬弃与再创，即把王国维平庸化为毫无创意的“叔门学子”，而且，其文献学比较最后竟因望文生义式的逻辑错位而走向思维内讧。

现在我们来看，失却发生学导向的文献学比较，是怎么使佛雏逐步从望文生义式的逻辑错位走向思维内讧的。

毛病仍出在佛雏将王国维—叔本华关系简单化了，以至把王国维诗学“理想”等同于是叔本华“理念”的东方版。

是的，王国维确有“大诗人所造之境，必合乎自然，所写之境，亦必邻于理想”[①]一说，佛雏将此视为王国维诗学“体系的骨架”也未尝不可，但问题是，能否粗略地在王国维“理想”与“叔本华式的‘人的理念’”[②]之间画等号？这便涉及到怎么看王国维的“理想”了。

细读《人间词话》，不难发觉王国维的“理想”是个复合型概念，可在两个层面展开：(1) 当《人间词话》条目二提出大诗人“所写之境，亦必邻于理想”时，此“理想”当指诗境所凝结的“内美”、“意蕴”，即对人生的遥深感悟，因为王国维历来强调只有对人生怀有价值自觉者才无愧为“天才”，只有诗性地传达出这份文化关怀的作品才算有“境界”，因此，该“理想”实指诗境的高文化品位，饱和着浓郁的人本哲思。(2) 但当《人间词话》条目五论及“自然中之物，互相关系，互相限制。然其写之于文学及美术中也，必遗其关系、限制之处。故虽写实家，亦理想家也”[③]。——显然，王国维在此主要是从艺术操作层面来谈“理想”的，因为不论该“理想”是否蕴藉王国维所热衷的忧生母题，作为艺术创作，皆亟须对素材原型实施想象操作，使之形变或涵变，以适创作意图

① 《王国维遗书（九）》，第459页

② 佛雏.《王国维诗学研究》，第189—190页

③ 《王国维遗书（九）》，第460页

之履，这便是王国维所谓“必遗其关系、限制之处”，亦即使原生即“自然”形态的素材经艺术加工而转为能凝结作者创意的诗性载体即题材，于是，“故虽写实家，亦理想家”一语也就不难理解，它无非指，即使是追求状物毕肖之写实风格之诗人，说到底也是为了艺术地传递自己的创意，而为了实现创意，总要裁剪素材，亦即为了“理想”，“自然”务必就范。

综上所述，实已勾勒出了王国维“理想”的复合结构，即它在人本哲思层面是特指诗境之魂在于人生感悟，在艺术操作层面则泛指一般创作皆有的异质于现实的诗性意图。又可称前者为狭义“理想”，后者为广义“理想”。诚然，既曰“理想”是复合型，那么，它在不同条件下必然可分也可合。当王国维用“理想”来解析陶、李、苏、辛的高品位诗境，则此“理想”当是指人生感悟之遥深，同时也是赏其诗作之创意；或者说该创意所以不俗，正在于道出了旷世情怀——这便将狭义“理想”与广义“理想”合二为一了。但也可分，因为诗艺并非巨子之专利，温、韦、冯、周，在王国维眼中虽稍逊风骚，但也有权浅吟低唱，也有清词丽句传世，即使其诗品仅“句秀”、“骨秀”，不及重光“神秀”，还攀不上王国维“境界”，但不排斥其诗作也自有异趣于功利之创意——这又将广义“理想”同狭义“理想”的界限划清了。

其实，王国维“理想”之复合性在《人间词话》曾一再呈示。如条目六十，当王国维直言“美成能入不能出”[①]，显然是以狭义“理想”为参照的。因为在王国维看来，美成虽能入乎其内，“言情体物，穷极工巧”，故多生气，“不失为第一流之作者”[②]；但终究深远之致不及欧、秦，即未能出乎其外，故欠高致。高致者，“境界”之“第一义”，人生感悟也。但条目六十一，当王国维补白：“诗人必有轻视外物之意，故能以奴仆命风月”时[③]，似又是从广义“理想”着眼的，因为只要诗人想诉诸笔墨了，必有创意躁动于内，不论此意是否王国维“第

① 《王国维遗书(九)》，第474页

② 同上书，第466页

③ 同上书，第474页

一义”，诗人对素材（即“风月”）之加工（即“以奴仆命”）则是势在必行的。这里姑且不论王国维“理想”之复合结构是否易生歧义，我只想说，无论从人本哲思（狭义），还是从艺术操作（广义）角度来看王国维“理想”，它皆不是对叔本华“理念”的简单翻版。

看来，佛雏是从狭义角度让王国维“理想”向叔本华“理念”靠拢的。证据有二：一是擅长哲学体系建构的叔本华无意琢磨艺术美学，他不可能像王国维从艺术操作角度去阐释广义“理想”；二是佛雏确实一再申明王国维狭义“理想”与叔本华“理念”有等价关系，如“王国维的美的‘理想’并未越出叔本华式‘人的理念’的轨则之外”[①]；又如王国维“所谓‘第一义’终不差‘忧生之嗟’，仍略相当于叔本华的在最高等级上的‘意志之恰当的客观化’”[②]，等等。应该说，能发现王国维狭义“理想”与叔本华人生“理念”有思想渊源，这表明佛雏确有眼光，亦即是文献学比较之“得”；但王国维“理想”与叔本华“理念”除了相通处外，是否还有不同点呢？佛雏没说。似乎他还未看到这一点。而这，正是文献学比较之“失”。

① 佛雏.《王国维诗学研究》. 第180—181页

② 同上书，第189—190页

王国维“理想”与叔本华“理念”，乍看仅一字之差，其实蕴涵着两种曾有交接的人学观念的不同走向。亦即在人生观上，两者有所同，也有所异。简言之，在承认苦痛为人所与生俱来之本体现象方面，两者同；但在人能否超越这一生存苦痛方面，则叔本华要比王国维悲观得多。叔本华认定人除非走宗教禁欲之路，否则永远不得解脱，至于艺术—审美不过是灵魂的片刻麻痹罢了，故，叔本华坚执以宗教来驱逐艺术—审美；相反，王国维虽也承认艺术—审美是精神鸦片，但同时他又看到沉浸于琴棋书画之古雅，总比一味寻求官能刺激，醉生梦死，更能熏陶或滋润人性，故其坚执以艺术—审美来代替宗教，且提出教育之宗旨应培养德、智、体、美全面发展之人格，这比叔本华以人生的自残自毁来换取安魂之阴郁教义，不知要明朗多少倍。

叔本华的人学姿态所以如此阴沉，除了他久陷逆境外，在逻辑上，则是因被其无所不包的宇宙图式所累，既然他想把他的个体生命苦痛泛化为宇宙本原，那么，他也就无计走出这永恒之黑洞。这就是说，叔本华意志哲学虽是反黑格尔理性主义的，但其宇宙意志自在自为之演化模式却酷似黑格尔“绝对理念”，也让人去充当宇宙本原赖以顾盼自身之明镜，于是便借柏拉图之“理念”，作为本原之逐级显现的一般表象（即可供人作审美观照或知性认识的非欲念性个别对象），而人生感悟在叔本华看来，也就成了宇宙意志在人这一最高等级上的客观自省。也正是在这意义上，我承认，佛雏将王国维“理想”“略相当于叔本华的在最高等级上的‘意志之恰当的客观化’”，是很有道理的；但若因此而疏忽这两者之差异，则又转而没有道理了，因为这将无法解释王国维诗学为何不引叔本华“理念”，却反而频频引用叔本华“直观”概念这一史实。说白了，无非王国维是将叔本华作人本哲学来读的，故，他只对其体系中的忧生内核感兴趣，而对其僵硬的宇宙图式外壳则不敢恭维。于是，当他穿越外壳、直取内核时，他也就将故作玄虚的“理念”放在一边，而独钟其人本气息馥郁之“直观”了，因为“直观”不是别的，正是指通过自身生命体验来逼近存在之“真”，这也就是人生感悟本身。这就正中王国维下怀。由此看来，王国维“理想”确跟叔本华“理念”有别：假如说，前者旨在弘扬人对主体生命之价值自觉，崇尚人是目的，是值得艺术去探询且表现的形而上的对象；那么，在后者那里，人则萎缩成了“原罪”，仅仅是宇宙借以照亮自己的道具或摆设。总之，王国维“理想”虽与叔本华“理念”有关，但并未黏滞于后者，而是再创性地走了出来。也可说是“青出于蓝于胜于蓝”。青出于蓝，但已非蓝。若青蓝不辨，当有望文生义之嫌。

佛雏的文献学比较，在论及王国维诗学的“自然”概念时，似错位得更明显。

与王国维“理想”相仿，其“自然”的含义结构也呈复合型，也可在两个层面展开：(1) 当《人间词话》条目二说“大诗人所造之境，必合乎自然”，王国维是就诗境的修能（形式）而言的，即规定“境界”除了其内美（意蕴）应凝结高品位的人生感悟外，其诗语造型还得有清新疏朗之风，犹如豁人眼目的画面能激活读者的再造想象，以便在其心中唤起鲜亮活脱之意象，亦即不像是文字施予的，而是自己切身感受到似的，毛茸茸，水灵灵，“天然去雕饰”。(2) 但当《人间词话》条目五十二说“纳兰容若以自然之眼观物，以自然之舌言情”[①]，显然，这一前一后两个“自然”指的不是同一意思。假如说，后者当属诗境修能之顺延，那么，前者则是指那种未被功名利禄之“汉人风气”所染的纯审美的“赤子之心”[②]。这就是说，“自然”既可在形式美学层面当作一种诗语风格，也可在本体美学层面用来表征非功利、非粗俗的旷世情怀。诚然，在王国维那里，“自然”的这两层含义也是可合又可分的。若无“自然之眼”，当无“自然之舌”，此谓可合；但“自然之眼”毕竟异于“自然之舌”，又谓可分。然而，不论分也罢，合也罢，王国维的“自然”皆在美学领域展开其内涵，则无疑。

① 《王国维遗书（九）》. 第471页

② 同上书，第462页

但是，王国维的“自然”到了佛雏笔下，却从诗学命题演变成了一个反映论（或以反映论为基准的流行文论）命题，我称之为逻辑偏移。这一偏移拟可分如下四步来解析：

第一步，是对王国维“合乎自然”作随意阐释。所谓随意，是指佛雏在界定上述“自然”时，未能恪守语境规则，即不是始终按上下文关系来确定概念本义，而是时而规范，时而豁边。譬如，当他企图以“赋”来注疏“合乎自然”时[③]，他是将此“自然”置于诗艺形式层面的，也是合乎王国维原旨的；但当他在另处将“合乎自然”解释为“摆脱‘意志’的束缚，忘

③ 佛雏.《王国维诗学研究》. 第164页

掉自己的个人存在,而'自由'地进入审美静观之中"时[1],这就不是在形式风格层面,而是偏到审美本体层面去穿凿"合乎自然"了,这就有违先定语境,而将"自然之舌"等同于"自然之眼"了。事实上,在佛雏心中,"自然之眼"、"自然之舌"本为同义。

① 佛雏.《王国维诗学研究》. 第174页

第二步,既然"自然之舌"与"自然之眼"同义,则,王国维"自然"的复合内涵也就简化为"无我之境"式的审美静观。佛雏以为,"无我之境"之出现须具备内外两种条件:(1)"客体的'美'或'崇高'的景象(所谓'天下清景')足以吸引(甚至强制地)主体,使之一刹摆脱意欲的奴役,而进入'自由'状态。"(2)"此际的诗人业已成为'纯客观的直觉的观照者',或者照亮事物真正面目的'一面纯净的镜子',他的情感进入了一种'净化状态'。"[2]换言之,"诗人在审美观照中客观重于主观",亦即使诗人"由现实的'我'转变为一个'认识的纯粹主体''"[3]。这里有两个环节亟待澄清:首先,摒弃了世务俗趣的审美心境能否说是"客观"的?从现代心理学角度看,审美心境近似马斯洛的"生命高峰体验",在这瞬间,包括生理欲念在内的日常思虑皆被排除在兴奋灶外,灵魂由于充实而弥散宁静的蔚蓝,这与其说是忘了自己,毋宁说是对自身诗性生命的美好实现,它似乎证明,人之所以为人,因为他(她)在审美瞬间可使自己的生物性存在净化为某种纯精神的价值存在,这当是情调性的、主观的、非客观的。进而,能否将这一情调性审美静观归结为"认识"?不能。因为审美心境之发生,本就意味着情感圈之放大与认知圈之缩小,这是现代心理学的常识。佛雏所以不顾常识而轻信叔本华,将审美静观等于"客观""认识",这除了他对叔本华尚缺辨析力外,更重要的原因,是想为下一步偏移铺路。

② 同上书,第197页

③ 同上书,第195—196页

第三步,既然审美静观等同于"客观""认识",那么,这体现"在艺术创作中"便是"再现重于表现"[①]。佛雏是这么解释上述转换的：当"诗人独自'观'出并且沉浸于眼前事物之活的意态中，他的自由的想象力，把这一画面跟人生中某些类似表象天然'凑泊'一起；不是以某种既定概念注入此画面中，使之成为可观照的概念，而是原有画面之自然地扩展与延伸；结果是，通过使人精心选定的此物之某一侧面及其'生发'，而此'物'与'人'的某种内在的本质力量，同时获得了鲜明的呈露"[②]。这段话乍看颇为辩证，既讲主体的情态想象，又讲客体的意态画面，更讲彼此的天然凑泊，仿佛和谐统一得天衣无缝似的。但若细细品味，你又会觉察味道不正。因为按此思路，似乎诗人想象或创作意图总是被动的，非有赖于外界媒触的刺激不可，而且，其诗艺造型也并非匠心之独运，而只是"原有画面之自然地扩展与延伸"，诗写得好不好，仅取决于意—象之间能否对应即"巧于比类"，这在实际上，无异于是将诗人的艺术创造贬为镜像式机械摄录或剪辑了。这当是艺术美学之大忌。譬如，王国维为何推苏轼《水龙吟》咏杨花为咏物之"最工"？难道仅仅是"由'巧于比类'得之"吗？是否还有比"巧于比类"更深沉、更带决定性的根由才使苏轼成"一代词豪"呢？否则，为何杨花年年飘零，却只有苏词"最工"呢？看来，苏词之成功决不取决于"巧于比类"，也不取决于杨花的对象性意态，而是取决于他那饱经沧桑的主体性慧眼，正是那双魂系古今、情归天人的"诗人之眼"，才从那沦落风尘的杨花身上读出了一般眼球读不出的人生真谛。这就是说，苏轼心中的杨花其实已不是自然实在之杨花，而是已内化为既融杨花表象于内，又被兴衰荣辱之沧桑感所渗透、所泡软的统觉性审美印象了。这也就是说，就像郑板桥将竹分为"眼前之竹"、"胸中之竹"和"笔下之竹"一样，所谓杨花也应有上述三种形态，分属波普尔的"三个世界"，其中物理性"眼前杨花"属世界一，心理性"胸

① 佛雏.《王国维诗学研究》.第195页

② 同上书，第184—185页

中杨花"属世界二,艺术性"笔下杨花"属世界三——如此看来,佛雏所强调的那个为诗人提供视觉信息的"眼前杨花",充其量不过是可能诱发诗人之命运叹喟的外源性媒触罢了。它犹如火柴,火柴自身不会爆炸,直接决定诗兴爆发之规模或力度的是诗人的精神储备本身,亦即诗情郁积若过久过盛,即使一时没有外界媒触,它也会自行引爆的。若这么来看诗人创作,则创作之原动力也就不会源于外在物理—现实空间,而外界物象若想进入艺术世界,也必须先内化为诗人的精神存在即素材,才可能经加工而被组织为题材。这就不是什么"在艺术创造中再现重于表现",恰恰相反,是诗人欲艺术地"表现"什么了,才去虚构某一"再现"性载体,再现在此是作为手段而从属于表现的;犹如在王国维诗学中,再现性"合乎自然"作为修能、作为某一形式风格,是依附于诗境内美之表现的。故,艺术创作是再现重于表现,还是倒过来,表现重于再现?粗看只是一念之差,其实却贯穿着两种艺术观的对峙:若你把艺术视为不同于认知的审美创造,则你就会坚执艺术确是表现重于再现;相反,若你把艺术当作认识活动之分支,或本是披上形象外衣之认识,则你就会同意艺术是再现重于表现。佛雏当属后者。

第四步,当佛雏默认艺术为认识之变体,这在实际上,离将王国维"合乎自然"之诗境蜕变为一个反映论(或以反映论为基准的流行文论)命题,也就只剩一步之遥了。值得指出的是,在变前者为后者的过程中,叔本华"理念"起了中介作用。凭据有二:(1)在思辨上,佛雏不仅抓住王国维1904年译介叔本华时所写的"美之知识,实念之知识也"一语不放,而且还特别钟情于同文中的"个象"一词并反复引用,因为在王国维眼中,"个象"作为足以表征某一物种之一般的个体表象,正是"理念"本身。于是,(2)在诗艺上,也就不难理解佛雏为何要竭力推崇王国维对冯延巳"细雨湿流光",与周邦彦“水面清圆，一一风荷举”之赞词了？因为当王国维夸冯延巳真“能摄春草之魂者”，周邦彦“真能得荷之神理者”[①]，在佛雏看来，似乎并不是在举例说明诗境风格之清新疏朗，相反，而是在暗示王国维“境界”本是对叔本华“理念”的诗艺注释。用佛雏的话便是：“所谓‘魂’与‘神理’，其实都指以‘春草’与‘荷’的某一侧面，代表各自的全体族类之一种‘恒久的形式’，充分显示各自的内在‘本质力量’之一种‘单一的感性的图画’，简言之，就是‘理念’。”[②]再联想到佛雏所说的审美静观之“客观”，“又指审美客体本身之客观的‘内在个性’”，“这在叔本华，也就是对客体的‘理念’之领悟与再现”[③]，如此推导下去，当佛雏道出：“王国维的诗词‘境界’跟叔本华的艺术‘理念’，是平行的美学范畴。离开作为理念之显现的那种‘个象’或者‘图画’，也就不成其为‘境界’了。”[④]你也就无需惊讶了。

重在人生感悟的王国维“境界”于是彻底地被“理念”化了，从此，“境界”之魅力也就不再是以诗艺形式表现作者的忧生情怀，而仅仅在于它对外物之再现能否蕴有足够的逻辑涵盖面或概括力。那么，怎么才能让诗人抓住足以代表“理念”之“个象”呢？佛雏给出的良方是“典型化”，即“把典型化当作境界的基本特征”[⑤]。其操作方案如下：为了“使个别‘景物’转化为‘理念’（相当于‘典型’）”，“由不完全的美进到‘完全的美’”，艺术创作“必遗其（自然之物——引者）关系限制之处”；“所谓‘遗其关系限制’，一般讲，即‘遗其’物之空间‘并立’与时间的‘相续’，即一刹超乎时空的‘限制’，同时摆脱物物之间的偶然‘关系’，物我之间的利害‘关系’”，从而使“艺术作品中的‘景物’，已不复是某种偶然的特殊的单独的个体，而是‘代表其物之全种’的‘个象’，即充分显示其物之‘内在本性’或‘理念’的个体形象”[⑥]——这也就是所谓“典型”即“境界”。最终佛雏得出结论：“境界”“是

① 《王国维遗书（九）》，第467页

② 佛雏.《王国维诗学研究》，第183页

③ 同上书，第199—200页

④ 同上书，第204页

⑤ 同上书，第162页

⑥ 同上书，第182—183页

抒情诗人对生活、自然之美的一种独具只眼的发现与改造，而非诗人意志向外在世界的投影。境界已不同于生活、自然的原型，而是依照客观存在于生活、自然本身的'美的法则'，而予以艺术加工的创造性产物。"[1]简言之，"境界"是"生活、自然之美"反映在诗人头脑中的观念形态的产物。

诚然，我猜佛雏本意，其动机是想发掘且放大王国维诗学中的所谓"现实主义因素"[2]，以期王国维诗学能朝他心中的那个"现实主义"（实为反映论为基准的流行文论）模式上靠。且不提该模式同经典现实主义差距甚大，我只想说，若王国维"境界"真的被现实主义化了，则"境界"也就不成其为"境界"了。这便涉及到对现实主义的美学界定了。我以为，作为19世纪中叶便风行西方文坛的经典现实主义，是有其独特的美学规定的，它所以苛求艺术应用高度逼真的日常细节来构筑典型性格及其世俗场景，是为了让形式也能凝结或折射作家对现世秩序的批判眼光，即清醒理趣。这就是说，现实主义是以鲜明的时代指向性而著称的。这便与王国维"境界"相悖，因为"境界"要义是忧生，而非忧世，它重在关注人对生命价值之探询，"而不顾时代与社会之'兴味'如何"。惹人费解的是，佛雏并非没有看到这一点，如他说过："试看《人间词话》举了那么多诗词例句，总的看，其中反映时代的重大事件与趋向的成分，总是相当的稀薄。他自己的词作也是如此。执著于'忧生之嗟'的悲观主义……"[3]但疑惑也就接踵而来：既然已经认准王国维《人间词话》的人文主题是人生感悟，既然已经认定忧生甚重的《人间词》本是对王国维诗学的亲切实践，为何佛雏还要从反映论（即认识论）角度去阐释"境界"呢？还不是思维内讧吗？

明明佛雏自己误入思维内讧，他却倒过来批评王国维诗学有"一个基本矛盾及其重大局限性"，这就是："唯心的悲

① 佛雏.《王国维诗学研究》.第158页

② 同上书，第162页

③ 同上书，第386—387页

观主义的世界观,历史观,往往限制着,阻碍着诗论中健康的现实主义因素之有力的发挥”,以至“冲淡了文学艺术对现实社会、自己时代的再现的内容”[1]。具体地说,便是王国维虽“将诗的美之本质放在‘境界’(意境)上,而境界之为境界就在它来自‘自然与人生’”,“但与此同时,他眼里的‘自然及人生’却往往是个脱离具体时代与历史发展的自然人生,其中弥漫着灰暗的悲观的色调”;“这样,他就势必转过来极力限制‘境界’说中具有先进的部分之功能的发挥。例如他的‘境界说’准确地抨击了诗词境界的‘隔’,但其自身却往往从根本上疏远以至隔离了现实社会,疏远以至隔离了狂飚般的时代精神,而导引人们走向‘安得吾丧我’、‘了却人间是与非’的冥漠混沌的境界”。“他一面倡言:‘诗词者物之不得其平而鸣者也’;一方面又高扬‘以物观物’的‘于静中得之’的‘无我之境’,将那种‘不平’之气削弱到最低限度,甚至不惜将艺术境界拉向某种神秘的宗教境界。诸如此类,都反复表明,王国维的唯心的悲观主义的思想体系,往往冲淡了,缩小了他所提出的某种具有现实主义意义的艺术观点、原理之巨大启蒙作用。前者成了后者的对立物。”[2]

① 佛雏.《王国维诗学研究》.第386—387页

② 同上书,第383—385页

诚然,作为学术,佛雏怎么看王国维诗学都行,那是他的“一家之言”。我感兴趣的只是:发现“境界”真髓为忧生,本是佛雏文献学比较之实绩,为何到头来又遭佛雏嫌弃了呢?根子可能是佛雏一时消化不了,但又不甘说自己消化力不强,于是便指责对象不易消化,扔了。当然,我所说的消化实为理解或皮亚杰式的同化。胃只能消化它所能消化的食物,每个学者也只能同化与其学养相适宜的那些学术对象,一俟对象逾出其学养范围,主体之局限也就开始露馅。面对忧生甚重的王国维诗学,我以为佛雏在如下两方面尚有欠缺:一曰方法,二曰观念。

先看方法。我说过,文献学比较固然为佛雏带来了新视野，如发现《人间词》、《人间词话》的母题是忧生，但由于缺乏发生学比较的深层导向，便未能进而确认忧生作为整个青年王国维的灵魂聚焦，当然也应是他的诗学建构的思辨根基。这就是说，王国维所以能对思想庞杂的叔本华作扬弃性人本解读，并所以能以忧生主线来再创性地纵贯诗学整体，而不像在1904年时亦步亦趋地模拟叔本华，就是因为他心底蕴有一片远比人本哲思更本原、更幽邃，且日益成熟的价值情怀。这是导致青年王国维建树卓绝的第一能源。但这又必须靠发生学比较的深入发掘才可能勘探到。这就解释了，佛雏的文献学比较虽已绵密到了“史无前例”之境，几乎为王国维《人间词话》的每一重要条目都要找一组相对应（或自以为对应）的叔本华语录，但为何在评判王国维诗学时仍陷于思维内讧呢？要害乃在于：失却发生学导向的文献学比较是无力将它的科学发现贯彻到底的，即光靠文献学比较势必消化不了其实绩。

再看观念。或许有人会问：为何佛雏不从文献学比较走向发生学比较呢？答曰：佛雏为何一定要从前者走向后者呢？若后者与其观念不契的话。这就是说，观念对学者而言，可能是比方法更深邃、更刻骨铭心的东西；当主体以为某对象若靠先在观念便能洞察，他便无意去拓展新视角了。王国维诗学的忧生主题便正是这类对象。因为佛雏早有定见，即像忧生这类精神现象，若仅“限在一个人的内心进行”，“而无涉于社会实践，故全属于唯心论的范围”[①]。这便清楚了，原来，佛雏在哲学观念方面仍坚执基本哲学命题只有一个，即从认识论角度回答人（精神）与世界（物质）的关系，至于人对自身生命的价值关怀（生存哲学），则对不起，因与社会现实隔了一层，故纯属邪道，不屑深究。与此相匹配，假如哲学上只有唯物反映论才是过硬的，那么，落实到美学上，当然也只有再现现实才是“健康”的了。这也就解释了，佛雏为

① 佛雏.《王国维诗学研究》.第27页

何要将王国维之“合乎自然”夸张为“现实主义因素”之余，又无情揭露王国维忧生为“唯心”了。

不妨让佛雏与李泽厚作一对照。李泽厚在1957年撰《“意境”杂谈》，其意图也想将王国维诗学“现实主义”化或反映论化，就此而言，也可说佛雏是在20世纪80年代重复李泽厚曾走过的老路。当然佛雏的鞋是新的，这双新鞋叫文献学比较。但耐人寻味的是，李泽厚至20世纪70年代末已悟得此路不通，并接连撰文以示自我超越，但佛雏却执拗得多，愈走愈远。

第三节
发生学比较:王国维从青年到晚年

① 《王国维遗书(一)·序一》

学界素有"文如其人"一说。若此说之要义在于揭示作品与作者间的精神血缘,则也就不难理解,纵贯20世纪的王学为何要在深究其学问的同时,又竞相洞幽其人格构成了,却又不免惹出新的是非。借陈寅恪的话说,便是:"今先生之书流布于世,世之人大抵能称道其学,独于其平生之志事颇多不能解,因而有是非之论。"[①]这就意味着,虽说王国维著作等身,以至只需提其姓名,便足以令人敬畏;却不宜追溯其"平生",否则,疑云骤起。至少有如下两大疑点或悬案:(1) 王国维作为一代巨子,固然在哲学、美学、戏曲史、训诂、小学、古史、地理诸领域有划时代建树,但他从文哲之学转向考据之学为何如此急遽?(2) 王国维之死,一个曾如此激扬近代人本价值的青年先驱,为何晚年竟愿拖一条前清长辫,自沉湖底?……这大概是王学界的"哥德巴赫猜想",历年来熬白了几代学人的青丝。叶嘉莹大著所以冠以《王国维及其文学批评》,究其意,恐也想在析其学之前,先析其人吧。

这便给了学界一个启发:既然析其学,必先析人,那么,在王国维从文哲向考据的急转弯及其晚年自沉的背后,或许真有一个远比心智性学理深邃的东西在导演着王国维的人生戏剧——我将这沉潜到价值观念水平，来勘探王国维心理与行为发生之动因的方法，称之为发生学比较。

发生学方法不同于时下所谓的“论世知人”。“论世知人”本是王国维论述历史人物的准则之一，可惜日后被“历史决定论”机械化了。要害是在对“世”作何界定。据赵庆麟释：“王国维所说的‘世’含义很广泛，包括政治制度，阶级关系，本人的政治境遇，生活环境，家世，文化氛围，道德风尚，以及地理环境、人的气质等方面。”[1]若此说成立，则王国维之“世”应特指缠绕于给定人物的，能具体影响其人格、命运的那些现实关系或微观境遇，而不是泛指在背景意义上推动民族或社会演化的那种宏观时势。这便意味着，同一宏观时势辐射到每一个体周围，所形成的微观境遇不会决然相等；而每个人的生理禀赋、心理素养和价值期待又不尽一致。——这就势必可排列组合出千姿百态的主客关系，只有这现实关系才是给定个体所处的真实世界，他对此世界的感应、体悟与评判才是其生命存在之本相。所以，若仅仅着眼于宏观背景，而把王国维学术转向简化为是“世变”所致，这就很难解释王国维在1902年为何放弃罗振玉让他学的数理之学，而迷上文哲之学，至于他在20世纪初为何热衷于人生探询，而不像康、梁、严、章从政、参政或搞经世之学，或许更难说清了。诚然，王国维所倾心的人本哲学本是“西学东渐”之物，是东方古国被迫开放后才有的现象，但同样确凿的是，与康、梁、严、章的伟业相比，青年王国维所率先关切的，毕竟不是事关民族存亡的紧迫命题。这也就是说，王国维对人本意义之关注，与其说是普遍流行的社会意识，毋宁说是一种过于超前、近乎天才的先驱意识。故，若用“社会存在决定社会意识”公式来套青年王国维的价值定位，当有生硬之嫌。这就提醒学界，所谓“历史决定论”之“决定”一词，拟作宏观阐释为宜；至于对微观个体而言，则历史大体是为个人提供

① 赵庆麟.《融通中西哲学的王国维》.第94页

了某一可能的机遇、舞台或空间,而决不是像幕后人操纵木偶的一举一动那样,直接强制个体命运。即使个体难逃历史浩劫,则该宏观劫难也得通过现实化的微观境遇中介,才能最终落到个体头上。故,教条化了的“论世知人”委实不同于发生学方法:假如说前者企图以历史时势来僵硬地穿凿个体命运;那么,相反,发生学恰恰主张可从微观定势角度来描述个体为何及其如何感应上述宏观时势——以免将个体沦为一面只配被动反射历史的镜子。

当我从发生学角度去考察王国维的人生跌宕,他便在我眼前一分为二了:我称之为“青年王国维”与“晚年王国维”。诚然,这“青年—晚年”除了表示生理年龄之别,更是为了表征王国维在不同生命时段的价值对峙;或者说,王国维所以会从青年时的文哲之学转向晚年时的考据之学乃至自沉,其根子是在他青年时奠定的价值支柱后已发生位移。这一价值位移,可从他对政学关系的态度变异中析出。

青年王国维对上述关系的态度无疑是重学轻政的。王国维人本—艺术美学之内核,说白了,便是高扬非功利的诗性人生与价值自觉,以期超越生存之痛苦,因此,他坚执只有具备审美眼光、艺术技巧与文化关怀者才是“天才”,只有诗艺地传递出这一忧生感悟的作品才算有“境界”;故,他主张诗词应“不为美刺、投赠之篇,不使隶事之句,不用粉饰之字”[①],声称若“忘哲学美术之神圣,而以为道德政治之手段者,正使其著作无价值者也”[②]。但时过境迁,王国维晚年食言了,他不仅屡屡拈笔“投赠”、“怀古”、“隶事”,对废帝前朝颇有谀词之媚与挽歌之悲,且不再恪守纯学者之圣洁,而蠢蠢欲为溥仪之幕僚,并以是否有益复活前清秩序为“利害”标准来抑学扬政[③],俨然有遗老之怀。前后判若两人:从“忧生”到“忧世”;从“无用之用”到“经世致用”;从不无新潮的

①《王国维遗书(九)》.第473页

②《王国维遗书(三)》.第539页

③《王国维学术研究论集》(第1辑).上海:华东师大出版社,1983,第407页

近代人文本位倒退到儒生道统本位。一根人格独立之“毛”最后仍归附到权力政治这张“皮”上。

毛病最早是出在1912年。是年，王国维举家随罗振玉东渡日本。据罗振玉说，是他劝王国维改治朴学，遂使王国维诀别文哲，且取行箧《静庵文集》百余册，付之一炬[1]。有人怀疑罗振玉此说之真假，我却以为大体可靠，因为嗣后王国维自编《观堂集林》，委实未录《静庵文集》及《续编》所载之一字。另一个叫狩野直喜的日本学人也曾回忆，王国维在日“总是苦笑着说他不懂西洋哲学”，并“常谓杂剧的研究以《宋元戏曲考》为终结，以后不再研究了”[2]。王国维对前此所学之决绝，可见一斑。刘蕙孙称：“这一件事是静安先生一生重要的转折点。”[3]我深有同感。但关键在于：为何偏偏是1912年成了王国维从文哲向考据的转折点？亦即，到底是什么逼迫王国维非在1912年割爱他曾痴迷的文哲不可？

① 《王国维学术研究论集》(第1辑).第466页

② 叶嘉莹.《王国维及其文学批评》.第37页

③ 《王国维学术研究论集》(第3辑).上海：华东师大出版社，1990，第466页

应该说，对世变与王国维学业转向之外部对应一题，学界早就有敏感。这里有两份年谱：一是记载宏观时势的，即王国维在世50年(1877—1927年)，恰逢中国从近代转向现代的多灾多难之乱世：从甲午中日之战(1894年)、戊戌变法(1898年)、庚子八国联军侵华(1900年)、辛亥革命(1911年)、袁世凯称帝(1915年)、张勋复辟(1917年)、北洋军阀混战(1924年)，到孙中山联共(1925年)、国共两党之争及北伐战争(1927年)——这已是王国维自沉之前夜了。二是记载微观个体的，即王国维学业也酷似世道一波多折，转向频频。先是17岁始知世有“新学”，于是弃科举而神往数理之学(1894年)；21岁抵沪进《时务报》(1898年)，后由罗振玉资助留日修数理(1900年)，却又因病辍学，回国恋上文哲之学(1902年)；28岁《静庵文集》问世(1905年)，但两年后撰《三十自序》又称自己将从哲学、美学移至诗词、戏曲创作(1907年)；31岁《人间词话》脱稿(1908年)；嗣后虽未见其

有戏曲力作,却推出了《宋元戏曲考》(1912 年)——但也正在亡命日本那年,他又告别戏曲史,而一头扎进朴学的故纸堆而没出来……两份年谱,互为参照,犹如一出戏的剧情背景与表演主角,若有心,是不难为角色的某一转向叠出一个相匹配的世变场景的。但这是表明,并非说明。因为这么做,仍未解开为何偏是 1912 年,而不是其他年份迫使王国维从文哲折回考据这一疑团。这就是说,若一味飘浮在宏观时势太空,而不沉潜到微观个体定势,恐永远找不着导致王国维势必转向的内在动因。

若换一思路,从发生学角度去追寻王国维学业转向背后的价值转换,则不能不承认,在王国维生命史上的如下三大转折:1894 年从举子业→神往"新学",1902 年从数理之学→文哲之学,1912 年从文哲之学→考据之学,似更值得重视。因为它是表征王国维在其三个人生季节,即从少年忧世→青年忧生→晚年忧世的价值轮回。仿佛画了一个否定之否定的圆圈。

不妨稍作分析。在我看来,1902 年前王国维的价值取向为"忧世",不仅其应付科举本是有意无意适应现存秩序之举,即使转向数理之学,其动机背景也是洋务运动之绵延,似乎引进"夷技"及其科学知识便能救国强兵。这当是少年王国维师承传统教育之结果。少年王国维的师教有二:一是封闭式塾学;一是其父"每深夜不辍"的"口授指画"。[①]但不论其父如何"博涉多才"且开明,以至在戊戌年每每获《时务报》便与王国维"烧烛观之"[②],仍未离儒生"忧世"之道统。也因此,后被《学衡》喻为"议论新奇而正大"的少年王国维诗作《咏史》20 首,也重在抒发其重政轻学之经世抱负。证据有二:(1) 从题材看,诗作"分咏中国全史",其间秦以前直溯远古有 7 首、从汉至唐得 10 首、宋元明各 1 首,皆属恢弘"怀古",讴歌舜禹、汉、武、文皇为"神武"、"雄材",对萧纲、萧绎等"江南天子"则不客气,以"词客"鄙之,只擅酣歌恒

① 《王国维学术研究论集》(第 3 辑),第 477 页
② 同上书,第 481 页

舞，而无横朔疆场之命世胆略。[①]（2）从风格看，《咏史》“重阳刚的美，气象阔大，昂扬、乐观”[②]，跟青年王国维《静庵诗稿》中一派“伤心人”语即“忧生”情调，相去甚远。

这又证明青年王国维（1902—1911 年）之“忧生”倾向，并非源自其“忧郁悲观的天性”[③]，而是源自他对天才情结与人生逆境严重失衡所酿成的灵魂苦痛的一种价值颖悟。其特征是为了自身安魂而去探询人本意义。这是近代人文水平上的个体本位，而非传统儒教水平上的“社稷本位”或“官本位”，故与外部世变无直接关联。这也可从他与西方哲学的关系见出。1902 年他所以倾心叔本华哲学并作人本主义解读，是因为想借此澄清他的生存苦恼，由此，他便从数理转向哲学；但一俟他驱散了心头疑云，且从中汲得再创活力，使其在学界功成名就后，他又疲于哲学，而想到诗词、戏曲领域一振雄风了。于是又有撰于 1907 年的《三十自序》。简言之，他恋上哲学是为了消解自己的人生之惑，他割舍哲学则是为了更好地实现自我。——相反相成，其目的是要让自己从观念到行为即身心两方面皆得到充分施展。也因此，只需稍加留意，你很快就能从青年王国维的诗文系列中（自《红楼梦评论》→《静庵诗稿》→《人间词话》）读出他的“忧生”母题。“忧生”是王国维在青春期的价值基调，所不同的只是写作年份不一，其基调演绎不免有浓淡之分罢了。这么看来，青年王国维所以要对其《咏史》以“少作”轻之，一首也不入选《静庵诗稿》，其根由与其说是因为“审美观点”有变[④]，毋宁说是在总体价值取向上，青年王国维同少年王国维毕竟有了一道界限。

但问题的微妙处是在：此界限到底有多深？人文研究很难定量，却不妨定性。我发现青年王国维在价值取向上虽有别于少年，但同样确凿的是，他对其少年情怀却从未有卢梭、列夫·托尔斯泰式的价值忏悔或自我清洗，而仅仅流于某种

① 佛雏.《王国维诗学研究》. 第 347—349 页

② 同上书，第 353 页

③ 叶嘉莹.《王国维及其文学批评》. 第 11 页

④ 佛雏.《王国维诗学研究》. 第 345 页

模糊防范。这就不得不惹人猜测，"忧生—忧世"这对迥异之取向，在青年王国维心中大概并未紧张到尖锐冲突之程度，而只是一个倾向随机地、无痛苦地压倒或掩盖了另一倾向。这就是说，既然"忧生"没吃掉"忧世"，那么，"忧世"也就会作为被冷落的意向，从主流转为支脉而植入心底。——这就从根本上决定了王国维"忧生"决不会像叔本华彻底到出世之境，而充其量只是黏滞于遗世水平。遗世者，介于出世与未出之间也，身居书斋，心未敢忘世也。若此推导成立，则我还想说，在青年王国维的灵魂深处，很可能埋着一份由"忧生"与"忧世"签署的无形契约：前者为主，后者为辅；前者为显，后者为隐；不是前者强暴地囚禁后者，而是后者甘愿将自己软禁在心灵角落，以屏息等待未来的突围。窃以为，这便是最终诱发王国维 1912 年价值哗变的灵魂密码之所在。当然乃亟待作深入论证。

当我说青年王国维心中埋着一份"忧生—忧世"协议，并非故作玄虚，而是有迹可循，有案可证的。

譬如《静庵诗稿》。它主要搜集王国维 1904 年前后的独抒性灵之作，其旋律是"忧生"之苦，但其间也偶尔有"忧世"之遗响。如《八月十五夜月》："一餐灵药便长生，眼见山河几变更。留得当年好颜色，嫦娥底事太无情？"[①] 此诗作于庚子中秋。据萧艾考，那是王国维因受战事影响，东文学社停办而提前毕业，由沪返海宁后而作。王诗是反李商隐之义而用之。李商隐曾有名句"嫦娥应悔偷灵药，碧海青天夜夜心"，重在悔矣；但王国维却刻意让嫦娥扮演一个唯求长生、不顾山河变色的无情女，以反衬这位"宵深爱诵剑南诗"的作者[②]，遗世而未敢忘世之忧思。或许有人会说《夜月》作于 1900 年，似不宜表征青年王国维的典型心境，我却以为，《夜月》作为《静庵诗稿》对"忧生"主题的哀婉补白，恰巧是青年

① 《王国维遗书（三）》，第 554 页

② 同上书，第 555 页

王国维为自己留下的全息诗性心迹，舍此不足以完整表现其心灵真实。

再看王国维诗学。诗学作为王国维人本—艺术美学的重头部件，其最高成就为“境界说”，而“境界”之要义当是对人生感悟（内美）之诗艺传递（修能），这已无需争议。但细读王国维，你又隐约发现，其人本诗学主干似有两三疏枝并不直指人生，而是在悄悄斜涉宗法社会乃至政治。比如王国维《屈子文学之精神》一文便注意到北方因受儒教浸润甚重，故其诗题亦多“周施于君臣父子夫妇之间”，于是，其所描写之人生，亦“非孤立之人生，而在家族、国家及社会中之生活也”[1]。这当然不是指向近代人文本位，而是指向封建宗法本位了。又如《人间词话》曾提到“客观之诗人”同“主观之诗人”之别，主张前者“不可不多阅世，阅世愈深则材料愈丰富、愈变化，《水浒传》、《红楼梦》之作者是也”，后者则“不必多阅世，阅世愈浅则性情愈真，李后主是也”[2]。这在实际上是触及到了叙事艺术与抒情艺术作为不同的文学走向，亟待作家有迥然异趣之才华情思与其匹配，若曹雪芹应较多地关切尘世，则李煜应较多地观照心灵。第三，便是《人间词话》和《宋元戏曲考》所提出的文学的艺术形式的历史演化命题了，皆启迪后人可从艺术与时势变迁角度去沉思。上述三点，拟可说是王国维诗学中的一条非人本思路。称其为“路”，当是图表述之便，其实，该三点远未串成一线，还处于胚胎状，没能形成一条足以同“忧生”为主轴的人本诗学路线相抗衡的“忧世”思路。但同时，你又不得不承认，王国维诗学除了“忧生”主线外，确还伴随着一条“忧世”副线——能否说，这本是对遗世而未敢忘世的青年王国维心境的一种诗学注释呢？

王国维之遗世而未敢忘世，还可从他对文哲的功能阐释中见出。其阐释之特点是：在高扬学问的非功利的“无用之

①《王国维遗书（三）》，第634页

②《王国维遗书（九）》，第462—463页

用”的同时,又强调学问有“来世之用”——所谓“今不获其用,后世当能用之”;“学问之所以为古今中西所崇敬者,实由于此。凡生民之先觉,政治教育之指导,利用厚生之渊源,胥由此生,非徒一国之名誉与光辉而已”[①]。这当是非书橱蠹虫所能言。也因此,颇有人赞王国维“目光远大,在学术道路上始终与时代一起前进,将个人的科研目标与国家、民族的需要密切结合”[②]云云。其实,若平心而论,则王国维所以要屡屡表白他对“无用之用”与“来世之用”的一视同仁,就其始原动机而言,恐首先是为了替自己维系心理平衡。这就是说,一方面,王国维作为悟性极高、极富历史感的大学者,当然明白他是谁,他在干什么,或对中国学术发展来说,他可能意味着什么——这一切他在《论近年之学术界》一文已有涉及;事实上,当时他已在为20世纪中国美学开创新纪元了。但另一方面,他似也觉察其美学再创之活力源自“忧生”,源自对人生意义的孤苦探询,此属纯个性行为,而于当世现实无补,这又不免与蛰伏心底的“忧世”情愫有隔。若此说成立,再品味其《屈子文学之精神》一文,也就不难悟出他对我国儒、道两派价值取向之比较,颇有夫子自道之意了。简言之,当他将我国古代思想史上的儒家与道家,概述为“北派”与“南派”,“入世派”与“遁世派”时,他是无意有意地将自己划为“南派”即“遁世派”的。在他看来,“南派”本是自相矛盾的:一方面,他确认“南派”并“非真遁世派”,只是“知其主义之终不能行于世,而遁焉者也”;于是,另一方面,出于无奈,“长于思辨,而短于实行”的“南派”只得“于其理想中求其安慰之地,故有遁世无闷,嚣然自得以没齿者矣”,但与热衷从政的“北派”相比,终究欠缺“坚忍之志”与“强毅之气”[③]——而此“坚忍”、“强毅”不是别的,正是少年王国维《咏史》所赞美的帝王将相勇为天下立功之命世胆略也;然而,这一不无崇高的理想政治人格在青年王国维“忧生”诗文

① 《王国维遗书(三)》.第207—208页

② 周锡山.《王国维美学思想研究》.第14页

③ 《王国维遗书(三)》.第634页

中却又被冲得很淡了。至此,人们发现,青年王国维心中的"忧生—忧世"这对关系还真难协调,恩恩怨怨挺多似的。或许,也正因为有感于此,才使王国维执笔作儒道文化比较,以至学界分不清:这到底是对自我价值抵牾之历史放大呢,还是相反?即青年王国维的价值并存本是否对儒道互补传统的一种近代变奏?

但无论如何,有一点可以肯定,即青年王国维已认准其文哲于当今无裨。这又可在两方面展开:(1)就人类精神活动方式类别而言,王国维确实不屑让纯粹文哲对政治功利俯首称臣,在他看来,"今之士人之大半,殆舍官以外无他好焉",本属社会病态。(2)从价值取向来看,王国维早已敏感到其文哲研究是同传统规范相悖的。从《红楼梦评论》的"自知有罪"[①],到《奏定经学科大学文学科大学章程书后》的斗胆上书,到《屈子文学之精神》所谓的"南方学派之思想,本与当时封建贵族之制度不能相容"等[②],皆表明王国维是很清楚其锋芒所向的。但他又委实不忍心"真遁世"。这样,便只剩下最后一条路:只有刻意从"无用之用"的学问中掘出"来世之用"来,他才可能因理得而心安。这当属灵魂的自我安抚。因为,他生怕心中那对"忧生—忧世"犬牙交错之齿轮,会因滑牙而错位而铸成灵魂的瘫痪。故,他想多加润滑油。这润滑油的名字便叫"来世之用"。借叶嘉莹的话说,就是:青年王国维"既关心世变,而却又不能真正涉身世务以求为世用,于是乃退而为学术之研究,以求一己之安慰及对人生困惑之解答;而在一己之学术研究中,却又不能果然忘情于世事,于是乃又对于学术之研究,寄以有裨于世乱的理想"[③]。这便是所谓遗世而未敢忘世,这便是所谓从"无用之用"掘出"来世之用"也。

这是一种极富理趣的文化现象:前额"忧生",后脑"忧世";前额新潮,后脑传统。这是对立的,但在青年王国维身

① 《王国维遗书(三)》. 第431页

② 同上书,第636页

③ 叶嘉莹.《王国维及其文学批评》. 第33页

>>>>>>>>>>>>>>

上却又是互渗的、统一的。大概这也是没有办法的办法。若不遗世，他就不能实现其文哲“天才”梦，也就无计缓解其生存苦痛；但若忘世，他又不甘将少年时植下的命世抱负连根拔掉。他想走第三条路。准确地说，即使他早就见出其文哲同传统规范之错位，该错位主要也是在价值论或知识论、教育学水平上展开的，而绝对没想到其学问对当局所可能含有的隐性颠覆因素。事实上，尽管青年王国维对时局不乏微词，但在心底，他仍期待其学问与当局之间有某一心照不宣之默契。用他的话说，便是：“夫就哲学家言之，固无待于国家之保护。哲学家而仰国家之保护，哲学家之大辱也。又国家即不保护此学，亦无碍于此学之发达。然就国家言之，则提倡最高之学术，国家最大之名誉也。有腓立大王为之君，有崔特里兹为之相，而后汗德之《纯理批评》得出版而无所惮。故学者之名誉，君与相实共之。”[1]当王国维尚在企盼自己有朝一日能像康德一样，与明君贤相共享举国之盛誉，自然也就不会想到“颠覆”一词了。

应该说，青年王国维大体上是幸运的，因为从1902年—1911年即辛亥革命前，不论宏观时势，还是微观境遇，仿佛都想成全他似的，竟使他那一厢情愿式的企盼近乎成真。不妨先看宏观时势。有人曾指出戊戌变法流产后，中国思想文化界又被驱入严寒，“朝旨禁学会、封报馆”，“在这种文化专制主义的统治下，动辄得咎，严重地压制着知识分子的思想言论”[2]。但这终究是强弩之末，难持久矣。在八国联军的枪炮面前，朝廷如泥菩萨过江，自身难保，于是对社会意识的大一统也就自行失控，出现真空，造成王国维自由进行文哲研究之沃土。这真可谓“国家不幸学家幸”。试想，若让王国维退到冤狱遍地的康熙年间，他那惊世骇俗之论能像雨后春笋郁勃不已吗？幸亏他晚生而逢乱世，仿佛“春秋战国”第二，谁也不能说了算，谁也没想到要管制这小子，而这小子倒用

① 《王国维遗书（三）》，第645—646页

② 赵庆麟.《融通中西哲学的王国维》，第19页

足了这历史机遇，而使自己的勤奋与天赋如火山作迅猛喷发：1904 年发表处女作，1905 年便有《静庵文集》问世，1907 年刊行《静庵文集续编》，1908 年完成经典《人间词话》……最绚丽的学术奇葩，竟只能绽放在礼崩乐坏的废墟之上；忧患深重的民族危境，倒反过来拓宽了人本探询的自由空间。——这一奇特的"二元价值并存"现象，既是 20 世纪中国学术奇观，也是 20 世纪中国历史奇观。再看微观境遇。我说过，宏观时势若不现实化为个体的微观境遇，那么，它对个体命运也就无所谓影响。这就是说，青年王国维所以能成为"时代骄子"，外因之一，是历史在他身边安排了罗振玉这一角色。以"前朝遗老"自居的罗振玉，在甲午战争以后也曾是"弄潮儿"，力倡"新学"，提携后进，尤重人才。有意味的是，罗振玉不是没意识到青年王国维"想搞'思想革命'"[1]，却依然聘他，且后委以重任。更有甚者，1906 年王国维曾就"经学科大学文学科大学章程"一题发难，矛头直指清廷大臣，但翌年他仍能倚重罗振玉而进学部任总务司行走和图书局编译，主编译及审定教材，可见当时罗振玉之宽容、时局之宽松已到了何等程度。这表明中国委实变了，也正是这一历史机遇，使青年王国维的人生之路由坎坷转坦荡了，故他也就一时蒙蔽，误将历史偶然等于价值必然，也就真信其"无用之用"之学问定有巨大的"来世之用"，以至只要悦学之风"不为风俗所转"，它也就能倒过来"转移风俗"即改造世界了。[2] 文哲与现世秩序的价值错位，也就这样被文哲与所谓"来世之用"的价值匹配一举掩盖了。

①《王国维学术研究论集》（第 3 辑），第 481 页

②《王国维遗书（三）》，第 202 页

但纸是包不住火的。靠放大文哲的"来世之用"做纽带，来维系"忧生—忧世"的价值平衡，终究经不起历史的锤击。因为这纽带纯属愿望或想象，太虚了，当会被辛亥革命所扯断。

这就是说，青年王国维所以能在辛亥年前遗世独"思"于

书斋,其前提是因为那纲纪为政伦规范、帝制为政体骨架的传统秩序虽已摇摇欲坠,但名义上仍为中国的最高权威,故,无需王国维"忧世"过甚,相反,他还想以其纯粹学问来点缀朝廷的泱泱之风呢。这也就是说,尽管他极鄙视官场腐败与陋儒老朽,但对君权帝制却颇少质疑。也因此,纵然他常常出言不逊,但当局仍能重其才,因他毕竟未冲撞封建本体。说实在的,1907 年进学部后,其在京城的日子也委实好过多了,不再如檐下冻雀可怜兮兮,而是活像士大夫,清寂儒雅之余,也平添一份甜俗与疏狂(这可从他晋京后的若干词作见出)。简言之,辛亥革命前夜的王国维无论在地位、立场、行为、心态诸方面,皆表明这根曾独立不羁之"毛"其实已粘在帝制之"皮"上了。故,一俟帝制崩溃,他也就像被掘了祖坟似的惶然,竟举家随罗振玉仓皇东渡。

严格地说,王国维自 1912 年后舍弃文哲,重操考据,可谓又清醒又糊涂。清醒的是,他总算看透其文哲在价值取向上与帝制相悖,故,想以其"来世之用"来梦幻般地润泽帝制近乎滑稽,于是,当帝制覆亡,"皮之不存,毛将焉附",他也就从根本上失却了遗世忧生之雅兴,而代以"入世"、"忧世"与"救世",从文哲转向考据,这倒是合逻辑的。但他又挺糊涂,当他矢志以国学来"经世致用","继绝世,兴灭国",这又离一个纯学者所应具备的品格——唯问对象是非,不以政教之见杂之——相距甚远了。因为其对象已不再是思辨文哲与逻辑实证,而换成世变后亟待他焦虑的政治课题,即如何重整纲纪,为复辟帝制鸣锣开道。这当不是学理的冷静演绎,而只能说是封建道统的热情重建,这就很难有科学品格,因为其立论、推导将无一不以政治功利为转移。王国维也正是以此利害标准来重估西学与国情关系的。在他眼中,以叔本华、尼采哲学为表征的西方哲学所以不宜在华流行,因为"其病在贪"。其推理如下:"西人以权利为天赋,以富强为国是,以竞争为当然，以进取为能事，以致国与国相争，上与下相争，求富强的结果，反以自毙……”其病例有二：一是欧洲作为西学发祥地，在大战后“也已弄得情见势绌，道德堕落，本业衰微，货值低降，物价腾踊，加以工资之斗争日烈，危险之思想日多。甚者如俄国竟至赤地数万里，饿死千万人”；二是历年来“中国亦深受其影响，使纲纪扫地，财政曰蹙”[1]。且不提如此归罪西学是否与王国维以前的见解反差过大，我只想说，即使西方哲学之价值取向与帝制不一，也不能将清末衰败之责倒栽在西哲身上。记得王国维1905年撰《论近年之学术界》，浩叹国中向西方学习者甚众，但大多热衷政、法、经等实用之学，而能潜心于文哲等形而上学者极少，能真正读通叔本华、尼采者也就更少了。原因无非有二：一是曲高和寡，能攀哲学顶峰者总在个别，再说中国人本就拙于思辨，除王国维这一凤毛麟角，当时还真难找出第二人来；二是西方哲学纯属形而上之学，对缓解民族安危绝无“当世之用”，这也使人纷纷敬而远之。但不论何种原因，皆表明西方哲学在当时中国并未出现罗振玉所危言的“流弊滋化”[2]，以至铸成政局与国运俱衰。陈寅恪有段话倒很中肯，他说：“自道光之季，迄于今日，社会经济之制度，以外族之侵迫，致剧疾之变迁；纲纪之说，无所依凭，不待外来学说之抨击，而已销沉沦丧于不知觉之间；虽有人为强聒而力持，亦终归于不可救疗之局。”[3]这就是说，民族衰落之根首先不在纲纪，而在制度；而纲纪沦丧之根首先不在西学，而在自身。至于说西方哲学是引爆欧陆大战的精神燃索，那更是出于对西方政、经、军之陌生。就此，罗继祖说过一句真话：“王先生虽然早就研究过西洋哲学，但仅限制在哲学范围，对西洋政治几乎没有牵涉到。”[4]王国维学风谨严，历来主张“做学问的头一件事就是老实，知之为知之，不知为不知，是知也。不好对不知道的也装做知道”[5]。但他对西方近、现代史到底懂了多少，便

① 《王国维学术研究论集》. 第1辑，第407—408页

② 叶嘉莹.《王国维及其文学批评》. 第38页

③ 《王国维学术研究论集》（第1辑），第409页

④ 同上书，第408页

⑤ 《王国维学术研究论集》（第3辑），第19页

草做上述结论呢？只有一个解释：王国维撰《政学异同疏》不是在搞学问，而是在搞政治，故也就谨严不起来。

诚然，王国维所以要对西方哲学反戈一击，除宣泄失望外，更重要的目的乃想重整纲纪。纲纪是帝制赖以复辟的价值依据与动力。王国维曾对俄国十月革命有如此议论："罗刹分裂，殆不复国，恐随其后者当有数国。始知今日灭国新法在先破坏其统一之物，不统一然后可唯我所为，至统一既破之后，欲恢复前此之统一则千难万难矣。"[①]这亟待复活的"统一之物"对辛亥后中国来说，便是纲纪，便是周孔之道。"多更忧患阅陵谷，始知斯道齐衡嵩。"[②]王国维在1912年写的这一诗联，既表白了他的价值位移，又预示了他的学业转向，因为他也想"自中国古代经史中别寻一可以挽救时弊之方法者"[③]。这就是说，王国维所以重操考据，并不仅仅是想重温少年梦（据说海宁本有重史学、精考证之风），也不仅仅是挡不住清朝出土文物甚多之诱惑，更不仅仅是出于无聊，"坐觉无何消白日，更缘随例弄丹铅"[④]，而实在是想"古为今用"，让国学遵命于政治。果然，五年后即1917年，他推出其呕心沥血之作《殷周制度论》。王国维委实是敢想敢做的。据说严复也曾有此意，却只是流于意向，并未动真格；王国维却不仅想，而且干出来了。《殷周制度论》当可从两个角度去评估。若作为古史研究，其成就历来为史学界（如郭沫若、侯外庐）所称道；若作为"寓经世之意"之政论，以期通过对"周改商制"的周正考据，来呼唤20世纪的周公旦一举扭转乾坤，复活远古之德治、礼制，使上下尊卑以此重新"合成一道德之团体"[⑤]，这就未免太不识时务了。因为这不仅是对辛亥革命之反动，也不仅是对其少年时便有的君主立宪要求之背离，就治学心态而言，我以为王国维是近乎"利令智昏"了。诚然，我所谓的"利"，非指市井小人所苟营的蝇头小利，而是指亡朝遗老式的政治功利——可以说，正是这份过于焦灼的

①《王国维学术研究论集》（第1辑），第401页

②《王国维遗书（二）》，第609页

③叶嘉莹.《王国维及其文学批评》，第46页

④《王国维遗书（二）》，第639页

⑤《王国维全集·书信》.北京：中华书局，1984，第214页

复辟狂热搅糊了王国维的学术睿智，使清醒变得昏眩、澄澈转为混沌。王国维老了！仿佛一下从青春跃向年迈似的，老得太快，快得令人心酸。

最令我心酸的，是他对年轻时关于“古今之成大事业，大学问者”的人生“三境说”之重释。本来，从“昨夜西风凋碧树，独上高楼，望尽天涯路”之第一境，到“衣带渐宽终不悔，为伊消得人憔悴”之第二境，再到“众里寻她千百度，蓦然回首，那人却在灯火阑珊处”之第三境，明明是重在对逐层深入的生命体验作诗性描述；可到20世纪20年代初，王国维却将这幽美深邃的“三境说”彻底政治化了，篡改成：“第一境即所谓世无明王，栖栖皇皇。第二境是知其不可而为之。第三境非归欤归欤之叹欤？《湘山野录》：‘李后主神骨神异，骈齿，一目有重瞳。笃信佛法。殆国势危削，叹曰“天下无周公仲尼，吾道不可行”。著杂说百篇以见志。’然则具周思孔情乃为大词人。”[1]这就将他年轻时曾神往的诗境要义为人生感悟甩得净光了。是的，王国维在此甩掉的还不仅仅是“忧生”之魂与文哲之学，而且，一个学人所最珍贵的宁静心态乃至纯正本色也被他甩掉不少了。

学界早就注意到辛亥年后政治倒退者远不止王国维一人，可以说，当时有一批曾矢志求变之激进文人如严复等，皆逆潮流而动，倒戈而退。有人将此归咎为是他们受旧教育影响太深，故“在观念上遂不免对于新文化有着一种不能完全适应接受的心理差距”[2]。此言大体不错，但总嫌宽泛。窃以为直接诱发动因拟为政体观。正宗儒教为历代文人设置人生之路，其实仅此一条：修身、齐家、治国、平天下。故，“学而优则仕”，内圣而外王，以期帝王之辅，当为神圣道统。在他们眼中，帝制稳固与国泰民安诚为因果。故，甲午战争以后，他们中的激进者即使亟盼变法，也是帝制的自改革，用王国维先君乃誉的话说（1896年6月15日记），即“由皇上至

① 王国维.《人间词话》.成都：四川人民出版社，1981，第214页

② 叶嘉莹.《王国维及其文学批评》.第44页

合朝悉心竭力，去旧维新”[1]。这是他们在政体观上所能容忍的最高限，而断然无法接受用革命暴力来废黜帝制。在这里，梁济自沉不啻为以死抗争之典型。其遗言是：“辛亥革命如果真换得人民安泰，开千古未有之奇，则抛弃其固有之纲常，而应世界之潮流，亦可谓变通之举。乃不唯无幸福可言，而且祸害日酷。观今日之形势更虐于壬子年（1912年——引者）十倍，直将举历史上公正醇良仁义诚敬一切美德悉付摧锄，使全国人心尽易为阴险狠戾，永永争欺残害，无有宁日，而民彝天理将无复存焉，是乌可默而无言耶？”[2]于是有赴水殉志之悲剧。显然，梁济亦视帝制稳固为国泰民安之根本，若基石被毁，则国民安泰、人心古朴也就无所归附；故，与其让革命革得国几不国，有亡族灭种之殷忧，还不如当初墨守成规，维持现状为宜。诚然，这里还有一个对政体急剧转型所引起的社会震荡缺乏足够的心理准备问题。因为政治革命总比朝代更替深刻，也更艰难。但若遗老坚执帝制神圣不容推翻，则他在感情上也就不愿再去辨析哪些是政体转型即“破旧立新”时所必须付出的代价，哪些是旧制度本身遗下的溃疡，哪些是新制草创时的生糙，哪些是卑劣人格的窃国窃钩……他们不屑区分，也不擅区分。他们已被政治悲恸所淹，故除长歌当哭，似已失却起码的历史评判之清醒。王国维1912年作《颐和园词》、1913年作《隆裕皇太后挽歌辞九十韵》，所以会对亡朝俯仰低回，凄婉备至，甚至对极端凶残之慈禧也褒美有加，其源盖出于此。

提及王国维的政体观，便不能不谈他与废帝的关系。这是王学研究的热门话题。有人惋惜：王国维在1923年已是国中公认的学术巨擘，何必应召入值南斋，任废帝之五品行走，“如其稍有一点政治头脑，是决计不会应召的”[3]。我的看法却相反：王国维绝非为“政治头脑”之缺乏所误，而

① 佛雏.《王国维诗学研究》.第359页

② 同上书，第368—369页

③ 同上书，第371页

恰巧是为太有“政治头脑”所误，或说得更确切些，是为政治冲昏了头脑所误。陈寅恪说对了，王国维所以欢跃应命，此乃“国士知遇之感也”[①]。请注意“国士”一词。“国士”与“学士”虽一字之差，却表征着两种异质参照、两种人格品位。这也可说是青年王国维同晚年王国维在价值取向上的尖锐对峙。从前者即近代人文本位出发，一大文豪之身价当比一般政治家高得多，而废帝作为被黜帝制之人格表征本属腐朽，故，所谓“赏食五品俸”，“赏在紫禁城骑马”，实在算不了什么；但从后者即封建道统本位出发，则此乃不世之荣，因为在清朝只有出身翰林甲科者才有资格入值南书房，而王国维无此头衔，故，罗振玉会说“静安得到布衣入值南斋的殊荣，是二百八十年间朱竹垞（彝尊）后唯一的一人”[②]，无怪王国维当时也为这“南斋之命”感动得“惶悚无地”，“断无俟驾之理”[③]。当前者以为轻如鸿毛，后者偏偏视为重如泰山。于是，不禁联想到1917年王国维为张勋复辟流产之有“曲江之哀，猿鹤虫沙之痛”，称“三百年乃得此人（张勋——引者），庶足饰此历史”[④]；联想到1916年—1923年间王国维于沪任教仓圣明智大学时，亲自设计搭盖“芦殿”，指点学子“演习古礼”，并赞此为“极美之事”[⑤]……你不能不猜测，当王国维得知他以布衣之卑，骤擢“侍讲”之尊，其受宠若惊之态，恐不在中举范进之下的。因为这既是天降大任于斯，也是王国维的梦想成真，使其可在乱世废帝身边，一展“奇节独行与宏济之略”，以承诺“一代兴亡与万世人纪之所系”[⑥]，这将何等壮烈且崇高！这也可说是晚年王国维为自己所作的政治形象设计。认准了这一点，则也就不难洞察：为何诗品甚高之王国维竟甘愿虔恭颂圣题御笔，而不畏后人责其肉麻？又为何面对武装逼宫，一向静默沉敛之王国维能于“惊涛骇浪间”，坦然“随（溥仪）车驾出宫，白刃炸弹，夹车而行”[⑦]，且几近自殉于御河？……因为他明白他正在一场历史活剧中，为其心

① 《王国维学术研究论集》（第1辑），第405页

② 《王国维学术研究论集》（第3辑），第470页

③ 《王国维学术研究论集》（第1辑），第404—405页

④ 同上书，第400页

⑤ 罗继祖.《王国维笔下的仓圣明智大学》. 载《社会科学战线》1982（2）

⑥ 《王国维遗书（二）》. 第571—572页

⑦ 佛雏.《王国维诗学研究》. 第368—369页

中"至尊"即"中国将来之共主"(参阅溥仪:《我的前半生》第三章),扮饰百年难遇之政治配角,犹如其远祖王禀曾因保宋皇忠节而"耿光百世"一样。[1]

但王国维毕竟与王禀有别,翌年初春,奉废帝"面谕",他受聘于清华研究院。原因大致有二:一是废帝被逼出宫,寄日本使馆篱下,王国维当难续食五品俸;二是他本非干政治的料,不擅权术,势必厌倦废庭内部之倾轧,故他致友人书曰"离此人海,计亦良得"[2],当为肺腑之言,似又不乏无奈。因为他对自己入值南斋进而参政,似从未有过1907年《三十自序》式的冷静自省。记得那年他欲从哲学、美学研究转向诗词、戏曲创作时,于对象之是否"可信—可爱"及其主体禀赋是否匹配等问题,曾辗转三思,慎而又慎;但到1924年,他这份择术之慎却不知跑到哪里去了,既不问自己能否当一流政治家,也忘了检点自己是否真有从政之才干或手腕。这或许是苛求了,因为政治对晚年王国维来说,已非知性分析之对象,而实在是其"忧世"情怀之寄托了。故,这与其说是"知其不可而为之",毋宁说是"不知其不可而为之"。作为一个政治迷狂症患者,他已很少有年轻时的自知之明了。有人或许会问:为何王国维精于治学而不擅政治?这不仅因为治学与从政实为人类两种不同的活动方式,故,亟需不同的品性与才能;而且,更是因为王国维知情兼胜,严于律己之秉性用于治学甚优,若用于政治则反倒自造麻烦。叶嘉莹是这样解释的:"因为学术研究的对象只是单纯的学问而已,而现实生活的对象则是复杂而多变的人世。学问可以由一己之意愿来取舍和处理,可是人世的纠纷则无法由一己之意愿来加以解决。"然而,偏偏王国维"既以其深挚的感情对于周围的人世有着一种不能自已的关怀,又以其明察的理智对于周围的罪恶痛苦有着洞然深入的观照,于是在现实中常徘徊于去之既有所不忍,就之又有所不能的矛盾痛苦之中"[3]——这就跟

① 佛雏.《王国维诗学研究》.第332—371页

② 同上书,第371页

③ 叶嘉莹.《王国维及其文学批评》.第10页

政治家应有的刚毅果敢之铁腕相距太远了。也因此，当他想退隐书斋，“收召魂魄，重理旧业”[①]，于己于学，皆为大幸矣。

① 佛雏.《王国维诗学研究》. 第371页

但王国维“魂魄”其实已经一去而召不回了，这就像耿耿思妇，既已婚嫁合欢过了，其内心也就不再静若处子。总有一缕“剪不断，理还乱”的无形情丝将他与亡朝废帝暗暗相牵。这可从他与蔡尚思的那段对话中见出（那年蔡尚思赴清华园，20岁未到）。他说：“中国历来的知识分子都以做官为最大目的，所谓‘学而优则仕’是也。而思想家更没有一个不谈政治思想的。其实治学与做官是两途而不是一途。做官要到处活动。治学要专心研究。二者很难兼长。大政治家多，大学问家少；大学问家而兼政治家则更少。究竟最可贵的是哪一种人呢？多一份努力就多一份心得，这是做学问的人所必须首先知道的。我希望年少力富的人，能专心一意地治学。”[②]乍看王国维铁心治学已成定局，但细细品味，那委婉若悟的语调背后也不能说没有慨叹或丝毫憾意，故，他对莘莘学子当可教诲治学须“专心一意”，但他自己却已很难像年轻时那么遗世静思了。亦即作为学者，晚年王国维恐已不那么纯了。譬如，当看到北京大学教授因反对清皇室成员擅拆古迹而发的《宣言》“指斥御名（按，溥仪）至于再三”[③]，他竟怒发冲冠，愤而辞去北京大学研究所国学门导师之职，且立即中止接待北京大学研究生的咨询，制止北京大学《国学季刊》排印其文稿。可见其“身在曹营心在汉耳”。“汉土由来贵忠节，只今文谢安在哉。”[④]这是王国维在辛亥年后写给日本友人的两句诗。假如说，王禀是因忠节而赴水的，梁济是以赴水来忠节的；那么，在矢志以文信国、谢叠山自许的王国维眼中，能最好安置其生命之净土，恐也唯剩昆明湖“此一湾水耳”[⑤]。

②《王国维学术研究论集》. 第3辑，第12—21页

③ 佛雏.《王国维诗学研究》. 第371—372页

④《王国维遗书（二）》. 第610页

⑤ 佛雏.《王国维诗学研究》. 第374页

文章写到这里，是该谈谈王国维之死了。

王国维自沉当是王学研究的焦点。我发觉学界从外部环境来试探王国维死因的人甚多,但笔者仍意在追溯他何以投湖的价值背景。不知生,惶论死。若连晚年王国维赖以“忧世”维生的价值尺度都吃不准,当然很难甄别其真实死因了。这就是说,为了弄清他为何要死在此时此地,首先得说明他为何想死乃至非死不可。据史载,他死得极其从容不迫,纯属深思熟虑之抉择,仿佛不是步向生命终点,而是潜入某一营构良久的理想境界似的。正是在这意义上,我想说,若将王国维1927年的舍身自沉喻为其人生悲剧高潮,则这一悲剧框架恐在1912年“价值位移”时就已奠定了,亦即当他义无反顾地从“忧生”转向“忧世”,从文哲转向考据,从“无用之用”转向“经世致用”时,其生命也就被赋予悲剧气质了。嗣后便有1917年《补家谱忠壮公传》所蕴涵的“忠节赴水”之悲剧意念,与1924年“逼宫”时的自殉御河之悲剧预演……这也就是说,“五十之年,只欠一死”虽是1927年之绝笔,但他将与其所信奉的文化同归于尽之种子,想必是早就埋在心底,且扎了根,发了芽的;而“逼宫”将军冯玉祥再次威逼京城,不过是使“经此世变,义无再辱”的王国维撞上了一个兑现其夙愿的机遇罢了。[①]总之,王国维最后死在何时何地似属偶然,但他终将为“忧世”捐躯则属必然。故,当陈寅恪称:“古今中外志士仁人,往往憔悴忧伤,继之以死。其所伤之事、所死之故,不止局于一时间一地域而已,盖别有超越时间地域之理性存焉。”[②]我是深有同感的。明言之,王国维自沉并非殉清,而是殉文化;目睹“赤县神州值数千年未有之巨劫奇变”却又无力补天,王国维作为“此文化精华所凝聚之人,安得不与之共命而同尽”[③]?于是也可说,王国维之死是对处于价值转型期的传统文化危机的悲剧性放大,亦即民族或人类价值转型首先是通过其文化精英的心灵裂变来演示的。由此,精英也就成了超前预示民族或人类价值替嬗的人

① 叶嘉莹.《王国维及其文学批评》.第57页

②《王国维遗书(一)·序一》

③《王国维学术研究论集》(第1辑),第409页

格试管。换言之，民族或人类文化是在其精英身上体现得最纯粹，故其裂变之阵痛，也是他们体验得最深刻，若至痛不欲生处则舍身耳。假如能这么看王国维之死，当不得不承认王国维确实死得回肠荡气，凝重而悠远。若进而再读王国维之书，无论青年还是晚年所撰，便会有“钻味既深，神理相接”之感，“不但能想见先生之人，想见先生之世，或者更能心喻先生之奇哀遗恨于一时一地”[1]，但给后世留下的却是无尽的悲悼与省悟。

① 《王国维遗书（一）·序一》

晚年王国维从容赴水，就形态而言，当属悲剧性“奇节独行”，因为既非朝廷赐死，也无世俗酷逼；但就价值参照而言，则骨子里仍与“学得文武艺，卖与帝王家”，或贾宝玉所嘲讽的“武战死，文谏死”无大异，皆属对封建道统的深挚归附，也就无所谓近代人文意义上的“人格之独立”与“思想之自由”了。青年王国维确实曾将“人格之独立”、“思想之自由”演绎得很精彩，但随着他跌入晚境，那份精彩也就如落霞黯然，最后被一潭死水吞没。故，当有人“臆测”王国维自沉“除当时政治环境与传统伦理因素外，还跟他的相当深固的美学体系”有关[2]，我是不敢认同的。因为就价值尺度来看，青年王国维的人本一艺术美学之形而上的取向，与晚年王国维的政治抉择差距太大。也有人将王国维之死归咎为受叔本华悲观哲学浸润太深，这也没有说服力。且不提辛亥年后他已同文哲诀别，我只想说，若王国维一生皆能像青年时那样与叔本华结伴，则他也就不会有1912年之“价值位移”与1927年之生命绝唱了，这不仅因为叔本华反对自杀，更是因为叔本华是真正遗世独立了一辈子的哲学强者，始终像“北斗星”似的，静思在“政府的意向、国教的规程、出版人的愿望、学生的捧场、同事们良好的友谊、当时的倾向、公众一时的风尚等等”[3]之上。也有人叹息王国维不逢时，若无世变，以其天赋才性，即使不成为“第一流之哲学家或文学家”，“必当为第

② 佛雏.《王国维诗学研究》，第364页

③ 〔德〕叔本华.《作为意志与表象的世界》，第20—21页

一流之批评家或史论家则必无疑”，即不会舍弃文哲。这当属“极哀深惜”之声，若冷静分析，难成立。一是若无世变，王国维可能一辈子皆像其父湮于海宁，博涉多艺，然终未能卓越成一大家；二是王国维从青年到晚年价值位移或裂变，本是对急剧转型中的中国文化危机的人格缩影——这便决定了王国维品格的文化丰富性与历史性，导致王国维作为一个但丁式继往开来的学术巨子，既举现代人本之曙光，又不幸被传统阴霾所掩。此为宿命。[①]

① 叶嘉莹.《王国维及其文学批评》.第 101 页

王国维宿命之深刻，拟有两个层面：一是其青年时的人本自觉之超前，不仅使他的时代顿显滞后，而且当整个 20 世纪成为历史的今天，学界也未必已普遍认清青年王国维对当代中国文化建设之意义；二是青年王国维作为 20 世纪中国人本自觉之先驱，最后竟还是走了绝路，这又表明传统之惰力不可低估，与其说它像酱缸，毋宁说它酷似引力之黑洞，否则不足以使王国维皤然自首，自己打倒自己，即“晚年王国维”打倒“青年王国维”，而无须旁人插手。

第四节
结　语

现在已是本书的尾声了。

掩卷默思，脑海马上浮现出一串硕大的问号：王国维究竟为20世纪中国学界留下了什么？仅仅是学术吗？还是他那用毕生来支付的价值探寻及其跌宕？或许，后一笔遗产比前者更沉重，更具文化神韵，故在你眼中，王国维又成了可能藏匿大陆人文学者的命运密码之预言和镜子？

是的，说王国维是超前演绎现代学人的价值困境之预言，并不过分。因为不论从胡适到瞿秋白，还是从冯友兰到何其芳，这些知识精英似皆未能找到足以安魂的价值定位。他们老在读书与做官、治学与宣传之间痛苦地迂回；而迂回的结果又往往归一，即皆不像青年王国维那样执著于个性本位与学理纯正，倒皆像晚年王国维自觉不自觉地让时势—政治牵着鼻子走，也不问自己是否真有从政才干。用瞿秋白的话说，这是“犬耕”；用我的话说，则是价值自虐。

价值自虐在观念上有如下特点：惯于让“忧世”压倒“忧生”，让“经世致用”压倒“无用之用”，让政治本位压倒个性本位。价值自虐在行为上的形态有二：个体自虐与群体自虐。所谓个体自虐,是指学人硬让自己干他本不愿干,或日后思想虽通,却仍不宜干,也干不好的事(如何其芳,本是诗人,独钟艺术美,却让自己扮演“批判家”,晚年有所悔,欲重操尘封多年之锦瑟,无奈老矣,没时间了,只得遗恨于九泉)。所谓群体自虐,则是指学人阶层的“窝里斗”或自相残杀,不仅自己不务正业,也不准他人务正业,近半个世纪来,几乎所有政治运动无一不拿学人开刀,但“操刀者”却又无一不是要笔杆的秀才。今天你整我,明天我揪你,酷似阿Q、小D扭作一团,斗得昏天黑地。时过境迁,双方固然可捂着各自的伤痕一笑泯恩怨,但彼此的韶华却俱付东流,只留下苍白的虚空。只有那真正耐得住寂寞、将生命托付给遗世静思者,才可能拥有心灵的充实与欣慰(如钱钟书,“抗战”八年他写《谈艺录》,“文革”十年又从《十三经》啃出数卷《管锥篇》,构筑起周览通观人类文化的中国学术故宫)。

其实,人文学者在当代的价值定位,关键是要实事求是——既不像青年王国维纵情放大人文学科之功能,仿佛真的“万般皆下品,唯有读书高”(当然此“书”非指儒教经学,而是指王国维曾酷爱的文哲之学);也不像晚年王国维羞于染指非功利之文哲,似乎既无“经世致用”,也就一钱不值,乃至自暴自弃。从一个极端跳到另一个极端,从“什么都是”跌到“啥都不是”。我的意思是说,假如真的将王国维的人生曲折做殷鉴,当代学人是可能认清自己本是什么,应干什么,即找到自己如何生存,及其为何如此生存之意义或理由的。

首先,文哲之学既是人文学者赖以谋生之职业,更是其事业或生命的第一需求。他们可以设想失去健康、爱情、地位与金钱,但不能设想失去他们曾为之呕心沥血之文哲。这是他们的人生寄托。尽管名利聒噪之世已很难安置平静之书桌,但一旦真的伏案笔耕,他们乃会因内心充实而弥散蔚蓝的安宁。文哲已内化为他们的脉搏、呼吸,即生存方式。

他们似乎只有这么活,才活得舒心,进而怨时间过得飞快,但又快得问心无愧。除此之外,他们几乎尚未想过世间竟还有其他活法?若有,想必也是属于人家,而不是属于自己的。这就像世上的路有千万条,但真正适合自己走的,大概只有一条。这是选择,也是权利。他们有权将自己的生命灌进文哲这一瓶子里,而不计这是否给他们捎来清贫。因为与生存意义相比,钱袋是否鼓囊,毕竟是低一档次的。诚然,若联想到只要地球上还有人,只要人类中还有严肃者在探询生存意义,那么,人文学者所苦恋、所繁衍的文哲对他们来说,也是有价值的,虽不宜说前者是后者的灵魂工程师,但若能为人类生存智慧宝库增添一份色泽或参照。这也足以证明学人对文哲的情恋未必纯属私人性质,同时也有益于人类。

其次,文哲之学既然可以作为学人的生存方式而存在,该学问的魅力也就可能通过如下两种形态来呈示:学理与人格。或许,借助坚贞人格形态来演绎的活的文哲,要比单纯的思辨推导更具高贵、灵动之气质。有人担忧,学者若唯求真理是非而不旁骛时势,是否将导致学者人格萎缩?但历史却提供了另一信息:当有的学者愿为其创新独白而承受铁窗时,又有几个政治家敢为国为民"披逆鳞",并始终不媚不昧,不渝不悔呢?

进而,学者既然可通过其人格形态来辐射文哲,那么,有出息、有抱负的学人应有如此自信,即他们不仅以文哲为生,同时他们也是文哲赖以发展的活力或能源,他们本身就是文化载体,文哲的未来是在他们身上。故,他们须有两种时空观念:现世与来世——而不屑将自己变成现炒现卖的时鲜,急吼吼地兜售。当然,我不是说文哲不必研究潮流,我是说学人写什么、怎么写,不应先迁就市场,而应先考察自己有否强烈的创作冲动及能否写好。好文章未必定有同时态轰动效应,而轰动一时的也未必定是好文章。若叔本华当时只为

>>>>>>>>>>>>>>

时势而撰,则其文也就不可能在另一时空感动青年王国维。同理,若青年王国维当时也盲从“经世致用”,则中西美学关系暨中国现代美学之发生在20世纪初也就将出现空白。尽管当初王国维在建构人本—艺术美学时,其原动力还是出于自己喜欢,或情有所系。这叫“有意练功,无意成功”。若后世多能领悟于斯,则敢说,王国维没有白死,因为他不仅活在中国学术史中,更活在当代中国知识分子意蕴幽邃的价值反省中。

平生於小學最服膺懋堂先生以為許洨長後一人也顧其手迹傳世甚稀往見高郵王氏藏先生致懷祖觀察手札十許通歎為巨觀此紙出唐棲勞氏與乾嘉諸名人致藏脩能書札同在一冊中皓藏氏物耶味蘼先生抑脩能父辛塘之別號耶辛酉長至後三日付兆成 國維記

初版序

刘辉扬

1

夏中义的学术新著《世纪初的苦魂》完稿，且继其《艺术链》后又被收入《文艺探索》书系，带给我双重的喜悦。

周围的世界名利聒噪，“安贫乐道”的古训已显得太不合时宜，夏中义却苦恋文哲之学，心无旁骛，伏案笔耕，与王国维这位世纪初的苦魂娓娓对话，终于写出了这部追求人生苦痛的审美超越的王国维美学的专著。读着夏中义的著作，如同聆听一首弥漫着对人生价值遥深关怀的安魂曲，眼前似乎升起一片蔚蓝，心灵变得更加宁静，充满安慰和喜悦。

商风商雨铺天盖地，那只“无形的手”操纵着一切，凡不能直接带来经济效益或回答实际现实问题的学问备受冷落。上海文艺出版社《文艺探索》书系这套纯学术探讨性和高文化品位的丛书，竟然仍能出下去，就如同在寸土寸金商厦林立的南京路上，得以保留一片绿茵。深知这片学术绿地的继续存在是何等的不易，想象到在这片绿地上将继续播散出鸟语花香，内心更是充满安慰和喜悦。

2

在《艺术链》问世后，夏中义对“20世纪的中西美学关系和中国美学”这一疑难重重、同时也极具魅力的学术领域发生了浓厚的兴趣，王国维是他选定的第一个研究对象。

王国维可以说是本世纪学术史上的一个天才。他虽然只活了50岁，其学术生涯更为短暂，却在许多性质迥异的学科领域都做出了堪称卓越的建树。他从事美学研究的时间更短，只是在青年时期五六年间醉心于美学，旋即放弃，却一身兼二任：既揭开了中西美学关系史的序幕，又为现代中国美学举行了奠基礼。王国维如同群星璀璨的美学天空倏然划过的一颗流星，王国维美学却在中国美学史上放出一段异样的光辉。所谓“异样”是指：它既与中国传统的文论、诗论骨肉相连，又与西方现代哲学、美学的哲理情思脉搏与共；既绽露出20世纪西学东渐、中西文化冲撞背景下兴起的现代中国美学的新面貌，同时又带着文化价值转型期难以避免的新旧交织及理论形态尚欠成熟的特点。从这一意义上可以说，王国维是旧世纪最后的一个美学家，又是新世纪的第一个美学家。夏中义《世纪初的苦魂》以剖析王国维与叔本华的美学关系和王国维美学为主题，并得出了与前人不同的结论。

3

方法论的高度自觉，研究方法与研究对象的圆融契合，是夏中义治学的一贯追求。体现在《艺术链》里，就是把握文学的审美特性，将文学研究从认识层面沉潜到文化心理层面，用文化心理美学的方法，构建了一个文艺理论的新体系。在《世纪初的苦魂》中，就表现为强烈的比较美学意识，用文献学比较和发生学比较相结合的影响比较方法，考察王国维与叔本华的美学关系和王国维美学。夏中义把自己的著作命名为《世纪初的苦魂》,似乎形象地表征,他用文献学一发生学比较,精细审视叔本华和王国维的美学文献,探寻王国维接受叔本华影响和构建其美学时的心路历程和心灵跌宕,终于发现了两个灵魂发生跨时空心灵感应的奥秘,并破解了王国维美学中潜隐的心灵密码,那就是:以"忧生"意识为核心的生命感悟。是为"苦魂"。

夏中义认为,影响比较是对王国维美学进行整体研究的前提。影响比较可以在两个层面上进行:文献学比较是影响比较的初级阶段,发生学比较是影响比较的高级阶段。两者之间的关系,我套用一个著名的公式就是:发生学比较有赖于文献学比较,文献学比较有待于深化为发生学比较。

影响比较是要回答王国维受过叔本华的哪些影响?是什么性质的影响,是译介和模仿还是扬弃和再创?那就决不能停留在印象阶段,也不能仅靠语录引证或经验归纳,而必须把影响比较安放在扎实的文献基础上,进行文献学比较。影响和接受是双向互动的复杂过程:其初始总是带有译介、模仿、转述的性质;其后才有再创性成分渗入并逐渐增加;再创性内容与译述引证往往浑然杂陈,还常以变本义引用的形式呈现,致使扬弃和再创与译述和引用交结难分,有些研究者就是由于缺乏扎实的文献学比较,而迷失于译介和再创之间。夏中义的研究是建立在扎实的文献学比较的基础上的,这从他对于叔本华《作为意志与表象的世界》的把握和理解上可以看出;从他不仅注意王国维那些直接引用叔本华的论文,而且更注意绝少叔本华语汇的《人间词话》和并非理论著作的《人间词》,并从中发现了它们与叔本华具有更加内在的血缘关系,更可看出。

但是单凭文献学比较,只能回答王国维接受了叔本华什么影响,还不能回答王国维何以会接受叔本华的影响,即这种影响和接受是如何发生的。为了回答这些问题,就必须把文献学比较深化为发生学比较。发生学比较,就是要阐释影响—接受的动力和过程。

夏中义运用发生学比较,有一个深层理论背景,那就是与传统不同的思想史观。传统的思想史观,或者把思想史看作纯粹是概念的自己运动,或者是认为经济、政治、文化背景或宏观世势直接决定思想家的思想。这两种表面截然对立的观念,有一个共同的致命弱点,那就是对思想家个体的主体价值的漠视,即认为思想或理论由谁提出纯属偶然,并不重要,历史要求某种思想理论出现,总会有人把它提出来,如果不是"你",自然会有"他"。运用这样的观点、方法,即使能清晰勾勒出思想发展的历史轨迹,并且在每一思想理论上冠以思想家的名字,思想家个人的主体价值也并未得到确认。

夏中义认为确认思想家个人的主体价值,就要承认思想史首先是思想家创造的历史,思想的发展并非简单地由经济政治文化背景直接决定的;经济政治文化背景,只有通过思想家的中介,才能对思想史发生作用。因而由"这一个"而非"那一个"思想家来体现历史的要求,并非可以忽略不计的偶然因素,思想家的个性追求和灵魂跌宕,必然会给思想史打上自己的印记,甚至成为思想史发展到某一阶段的人格表征。

所以,用发生学比较法考察不同思想家之间的影响—接受关系,重在探索影响—接受所以发生的个体内在心理动因,它是以文化—价值观念为核心的,故称价值心态定势,可以用思想家个人的微观人生际遇加以说明。这与夏中义在《艺术链》中把文学研究沉入文化价值心理层面,在观念和方法上有明显的一致性,可谓异曲同工。

确实,任何一个真正的学者,其所以会接受另一个学者的影响,都不可能是强制性和被动的,而只能是主动的选择。

一个学者只能接受他愿意和能够接受的东西。经验表明，接受的诱因，常常是因为影响者对接受者提供了某种启发或表达：启发是指，影响者使接受者由心存困惑忽觉豁然开朗；表达是指影响者能将接受者难以言说的心中所思，说得明白、痛快。但影响—接受发生的深层原因，却是双方存在着共同的文化价值心理因子，即双方潜在着——影响者对于接受者的合目的性和接受者对于影响者的合对象性——这样一种双向对应关系，夏中义称之为潜在的“文化契约”，影响—接受的发生不过是这种潜在的“文化契约”的兑现，就如同两个半圆合成一个圆一样。在影响与接受之间，接受者处于主动地位，因此发生学研究重在揭示接受动因，从这个意义上说，发生学研究实质上是对接受者曾有过的灵魂波动的一种挖掘或确认。

4

《世纪初的苦魂》由内、外两篇构成。夏中义在其学术论著中，常用音乐术语来隐喻某一理论架构构件间的有机关联。袭用他的方法，我把本书的内、外两篇也比作一部乐曲的两个乐章。

内篇实际运用文献学—发生学比较方法，剖析王国维与叔本华的美学关系和王国维美学。这是第一乐章，奏出了主题，主旋律充分展开。

外篇是对前人王国维研究的研究，在方法和对象两方面与内篇紧密呼应，既是对前人运用的方法和所得出的结论之得失的检讨，也是对自己的方法和结论的再验证，而且使自己的方法和结论得到了深化。这是第二乐章，乃是主题的变奏，同一主旋律反复出现，并变化发展。

两个乐章的节奏、旋律是和谐的，内、外两篇的方法和对象是互渗互证，相辅相成的。对于全书主题的分析和论证，都是不可缺少的。

出于谋篇布局的考虑，我想先谈一点对外篇的感想，把对内篇的理解放到稍后再谈。

我认为，《世纪初的苦魂》的外篇，似可当作王国维美学研究小史来读。因为在这里，夏中义对将近七十年来的王国维美学研究作了相当系统全面的回顾和总结。举凡专门研究王国维美学或较多涉及王国维美学的重要著作和论文，大多考察到了。夏中义在考察时，力求对前人研究之得失，做出全面的分析：对前人之得，热情给以肯定彰扬，虽非名家也不轻慢，唯恐留遗珠之恨；对前人之失，也直言予以指点评说，虽是大师也不讳言，但求无不实之词。他仔细阅读前人论著，在掌握材料上狠下功夫，态度谨严，在分析检讨时，开门见山，一针见血，文风犀利。近年来读多了那种背靠背不得罪、面对面不碰撞、不痛不痒的论文，读本书的外篇顿觉耳目为之一新，竟然会心动加速，精神为之一振。心想且不论文字的内容，就是这种文体风格就有不容低估的文化意义。

在读本书外篇的同时，也读了被他用作分析对象的某些前人论著中的文字，尤其是那些在学术与政治不分，把学术研究和学术争论政治化，用政治话语代替学术话语的年代里写出来的文字。如夏中义所概括的，那动机的实用主义、思维方法的简单僵化、态度上的蛮横独断，真是感慨良多。

《世纪初的苦魂》外篇的主旨虽在对前人的王国维美学研究，作价值评判和逻辑评判。但其中所包含的文化信息量是相当大的，其对学人的启发意义，当不限于王国维美学研究。

5

夏中义在《世纪初的苦魂》内篇中，已对王国维与叔本华的美学关系及王国维美学做出了主要结论，参照他在外篇中的补充，试将其主要结论用压缩式表达如下：

（1）天才情结与人生逆境严重失衡的灵魂之苦，是驱动王国维接受叔本华影响和投身美学的价值心理动因。

（2）王国维接受叔本华影响的过程，也就是他建构自己美学的过程，两者具有内在的同步性。

王国维的《红楼梦评论》（1904年）→《静庵诗稿》（1905年前后）→《人间词话》（1906—1908年），标志着王国维心路历程的三阶段，大体对应着王国维对叔本华由学识领悟→情态反刍→理性积淀（或学理再创）的接受"三部曲"。

（3）王国维以生命感悟对叔本华作人本主义解读和悟性扬弃，为构建自己的美学找到了坚实的思辨基点。

这主要表现在：突破叔本华泛意志论的外壳，直取其人本内核；将人的定性与定位变化无常的叔本华"人学复调"，转化成自己的"人学主调"，这是通过将叔本华的"生存欲望说"，发展成为生理性的生活之欲与精神性的势力之欲的"异质欲望说"才实现的。

（4）人生痛苦的审美超越是王国维美学的思辨基点，它来自叔本华，但已经过价值扬弃和方法重铸。

因为人生苦痛已不再是物质匮乏引起的欲念受阻，而是势力之欲受阻引起的灵魂之苦；审美也不再是暂时麻醉痛苦的镇静剂，而是对人格更新或灵魂净化有潜移默化之功，即无用之用。

这一思辨基点，既是沟通王国维与叔本华对人的价值关怀的共鸣点，也是导致他们价值分野的临界点，更是凝聚王国维美学理论构成的聚集点。

（5）王国维美学由四大板块构成（略举其目，精彩论述无法详叙）：

"天才说"——审美—艺术主体论。

“无用说”——审美性能论。

“古雅说”——艺术程式论。

“境界说”——诗学理想论。王国维美学的峰巅。

(6) 王国维美学是一个再创性的、人本—艺术美学的准体系(或半体系)。

所谓再创性是与模仿性或原创性相对而言，那是指王国维深受叔本华影响，又加以扬弃从而创立了既有西方风采又有中国气质、中西合璧、古今融会的美学。

人本—艺术美学是指，王国维美学是在人本忧思即对人的价值关怀的水平上去展开对传统艺术的研究的；同时，他之所以热衷于中国艺术研究，其原动力也是来自他对生命价值的执著。

准体系是就其理论形态而言，王国维美学有一个思辨基点，有一套核心概念，其思辨基点本来能够统辖这些概念形成一个有序的整体。但王国维毕竟未将它们培育成一个轮廓分明且逻辑自圆的概念演绎系统，其基本概念与核心概念间的有机联系是潜在的。所以，它并不具备体系的外观，但又具备了形成体系的基本条件，是一个不成体系的体系，即准体系或半体系。

夏中义美学研究的突出贡献之一，就是把握住王国维美学的思辨基点，揭示了它与其核心概念间的潜在逻辑关系，把一个隐性结构变成了一个显性结构，把如同散珠片玉般的王国维美学连缀成一条珠玉纷呈、璀璨夺目的项链。

以上，是我所理解的夏中义对王国维与叔本华美学关系和王国维美学的研究的主要结论。这样抽象、概括不可避免地把一个血肉丰莹的肌体，剥离得只剩下几条筋骨，但也许比借一斑窥全豹略胜一筹。

6

王国维只是揭开了20世纪中西美学关系的序幕,夏中义的《世纪初的苦魂》也只是写下了20世纪中西美学关系史的第一章。等待他去研究的课题尚多,在本世纪中国美学大家中,能够同时构成中西美学关系史和现代中国美学史重要环节的美学家,就有鲁迅、朱光潜、李泽厚等人。对于鲁迅与尼采,朱光潜与克罗齐、李泽厚与黑格尔(不是康德)同样可以和应该用他在本书中运用得卓有成效的文献学比较和发生学比较相结合的影响比较方法加以研究。这样不但会对鲁迅、朱光潜和李泽厚的美学获得新的认识,也会对现代中国美学在西方美学影响下的发展形成新的认识,而且,会使文献学—发生学比较方法得到发展。

读了本书以后,总感到有一种遗憾,就是对王国维受中国传统美学的影响,着墨太少,如中国传统文化中的"忧生"意识、主悲倾向、意境学说等等在王国维构建其人本—艺术美学中究竟有无作用?夏中义能从《人间词话》那没有叔本华语汇的地方看到叔本华的身影,可谓目光如炬,为什么却看不到皎然、司空图的身影,哪怕模糊朦胧些也无妨,这里试问是否也存在着什么障碍?虽然是瑕不掩瑜,也希望在今后的研究中加以注意。

1994年5月

新版后记

旧著新版，给笔者捎来的欣慰，大概可与日常居所的乔迁之喜相媲美。

如此类比并非无理：若曰学人著述，本是灵魂出窍时落在白纸上的墨痕，那么，这块借文字来编码的精神存在，当它有幸辞别沪版老屋，而不远千里，晋京入籍燕园新居，不亦乐乎？

新居装潢想必焕然生辉，但户主仍性情依旧。与沪版相比，京版所做的修订，几乎纯属技术性。所以矜持如此，无非是鉴于《百年学案典藏》书系既属史学范畴，则与此相关的研究成果，亦宜保留其应运而生时的胎记。

感谢北京大学出版社总编辑张黎明先生和北京大学出版社综合编辑室主任杨书澜女士，正是他们的诚意和襟怀，让我又一次领悟，“思想自由，兼蓄并包”的北京大学的传统仍活在未名湖畔。

夏中义

2005 年署于沪上学僧西渡轩

>>>>>>>>>>>>>>